JN033329

橘しづゑ【著】

ボストン美術館 富田幸次郎の五〇年

たとえ国賊と呼ばれても

彩流社

はじめに

ボストン美術館で活躍したアーネスト・フェノロサ、岡倉覚三研究の先へ

富田幸次郎（一八九〇―一九七六）は東洋美術コレクションで名高い、米国ボストン美術館のアジア部長を戦前、戦中、戦後の三三年間（一九三一―一九六三）という長きにわたって勤めた人物です。また彼は、「岡倉覚三（天心一八六三―一九一三）最後の弟子」と伝えられながら、日本では現在に至るまで、経歴や業績など不明な謎の人でもあります。

本書の目的は、この富田幸次郎という人物は、一体どのような生い立ちをもっていたのか、どういういきさつでアメリカに来ることになったのか、彼はアメリカでどのような人々に出会い、またどのような活動をしたのか、これらのことを探りながらその人物像を明らかにすることにあります（第一部）。またそれのみに止まらず、彼の生涯に迫ることにより、二〇世紀前半の日米間の緊張を背景に、日米の文化領域における彼の働きはどのようなものであったか、そして彼の関わった日米交流がどのように行われたかについて検討いたします（第二部）。

初めに富田幸次郎の生涯を簡潔に見ておきましょう。彼は一八九〇年（明治二三年）、高名な蒔絵師であった富田幸七（一八五四―一九一〇）の長男として京都に生まれました。京都市立美術工芸学校卒業後、一六歳で農商務省海外実業練習生としてボストンに赴任中、岡倉覚三（天心）の知遇を得、請われてボストン美術館中国・日本部のアシ

スタントとして働くことになりました。一九〇八年頃のことです。彼は一九二一年、同職場で出会ったボストニアンのハリエット・ディッキンソン（Harriet Dickinson, 1889-1985）と結婚しました。その後アジア部次長を経て一九三一年四一歳でアジア部長に就任し、太平洋戦争が始まってもその職にとどまっています。一九五三年米国籍を取得し、一九六三年に退職すると名誉部長の称号を贈られました。そして一九七六年（昭和五一年）八六歳でその生涯をアメリカ合衆国で閉じました。

ところで日本では一九三三年（昭和八年）、「重要美術品等ノ保存ニ関スル法律」が成立しています。これは富田が超国宝級の絵巻『吉備大臣入唐絵詞』を、ボストン美術館の代表として購入したことが発端といわれています。そして彼は当時、日本の国宝クラスの美術品を海外に持ち出した張本人として、「国賊」と呼ばれるほどの激しい非難を祖国から受けたのです。それもあってなのか、彼の業績はこれまで正当な評価を受けていないのが実情です。

富田幸次郎の前任者たちともいえる、同様なポジション（日本部長）に在ったアーネスト・フェノロサ（Ernest Francisco Fenollosa, 1853-1908）、岡倉覚三（中国・日本部長）については、これまで様々な研究が発表されております。けれども、ボストン美術館における在任期間は、フェノロサは一八九〇年から一八九六年までの六年足らずであり、一方岡倉の場合、一九〇四年から一九一三年までの九年間ボストン美術館と関係を持ちましたが、実はボストン滞在期間は合計しても二年にも満たないのです。富田がアジア部の名声を保持しつつ五五年（アジア部長としては三二年間）勤務したという事実は、フェノロサや岡倉に比べ、美術館へ貢献した期間がはるかに長期に及んだことを示しています。後にも触れますが、富田部長時代をボストン美術館では、ウィリアム・ビゲロー（William Bigelow, 1850-1926）、チャールズ・ウェルド（Charles Weld, 1857-1911）、岡倉覚三等が築いた東洋美術収集の黄金期に対し、「第二ゴールデン・エイジ」であるとしています[1]。

富田の先輩の一人であるフェノロサは、明治初期のお雇い外国人としてアメリカから来日した美術史家であり哲学者でした。彼は『東亜美術史綱』（一九一二）などを著し、日本美術を評価し欧米に紹介しました。日本での仕事を離れたその後のフェノロサは、欧米の多彩な芸術家たちと交流を持ったことが知られています。今日までの様々な研究により、フェノロサが日本美術の研究に惹きつけられ、この分野で名を成した最初の外国人であったことが確認できるでしょう。

一方、キュレーターとして富田の直接的な先輩に当たる、岡倉覚三に関しては、フェノロサ以上に研究が進んだ状況であるといえるかもしれません。東京大学でフェノロサの弟子となった岡倉はその感化を受け、早くから伝統的な日本美術の精神性の高さを見抜きました。やがて文部官僚を経て数え年二九歳で東京美術学校校長となった岡倉は、近代日本における美術史学の開拓者となり、その生涯を美術の世界で生きることになったのです。

傍ら、岡倉は欧米諸国民に伝統的な東洋文明の意義を知らせようと、自身の英文著作として『東洋の理想』（一九〇三）、『日本の覚醒』（一九〇四）、『茶の本』（一九〇六）を世に発表しました。これら英文三部作のうち、ボストン美術館での講演が基になった『茶の本』は、出版から一一〇年以上を経た今日、数ヵ国語にも翻訳され世界各国で読み継がれています。一輪の野の花の風情と一碗の茶、茶室での瞑想を愛した岡倉が、晩年に到達した境地を、時にユーモアを混じえつつ東西の文明批評を盛り込んでさりげなく語っています。人々は、岡倉の軽やかな筆致で描かれる物質文明への批判に普遍的な共感を寄せるのでしょう。

実は、このように今日日本で岡倉のボストンでの業績が知られるようになったのは、富田幸次郎が日本にもたらした資料に負うところが少なくないのです。私はその意味でも富田幸次郎について知見を深めることは、岡倉天心研究にも資すると考えているのですが。

このように、ボストン美術館が東洋美術コレクションで名高く、そこでフェノロサや岡倉覚三が貢献したことについてはよく知られています。しかしそこで途切れてしまっているかのように私には思われるのです。戦前・戦中・戦後という日米関係が最も緊張した長い時期に、彼等よりずっと長くアジア部長（岡倉以後「中国・日本部」はさらに拡大し「アジア部」となる）に就任し、冒頭述べたように、アメリカ合衆国の人々にアジアの美術を紹介し続けた、富田幸次郎について知る人は多くありません。その生涯は謎に包まれていると言って過言ではないでしょう。

著名なアメリカ・東アジア外交史家のウォレン・コーエン（Warren I. Cohen）は、『アメリカが見た東アジア美術』（一九九九）を著し、「東アジア美術は、現代のアメリカ文化の重要な要素の一つであり、アジアの文化がアメリカの生活に溶け込んだよい例であると思う」と述べています。[2] コーエンはこの著作において、一八世紀から二〇世紀にかけての、中国と日本の美術がアメリカ文化に入った過程、蒐集、展示の歴史を述べ、さらに、それらのことについての本を著す、あるいは講義をしてきた人々の物語を紹介しています。フェノロサや、岡倉、富田も、先駆者たちとして本著作に登場しています。しかしながら富田に関する記載は断片的なものです。

本書は富田の誕生から死まで、日露戦争以後次第に緊張度を増していく日米関係を背景に、彼の生涯がどのように呼応していったのか、二〇世紀における彼の波乱に満ちた米国での人生をトータルな形で描き出す試みです。そしてこの作業を通じ、ボストン美術館を舞台に、明治以来の日米文化交流と、戦後の両国の和解に至る経緯を明らかにしたいと思うのです。本書によって、富田幸次郎が美術を通して日本とアメリカ合衆国の絆を深め、合衆国で最も成功した日系アメリカ人の第一世代の一人として認識されることを、私は期待しています。

ところで、アジア部長であった富田が日本美術としてボストン美術館のために購入した作品は、先に言及した『吉備大臣入唐絵詞』以外にさほど多くはありません。実は、希代の目利きとしての富田の名声は、閻立本『帝王図鑑』や、徽宗『五色鸚鵡図』などの、中国絵画の名品をアメリカにもたらしたこと、つまり中国美術研究の功績が大きいことに拠っているのです。彼がアジア部長に就任したのは一九三一年のことです。まさに満州事変が勃発した年です。彼の部長時代はこの日中戦争を背景にしています。そしてそのような時代に冷静さを失わず、日本人であっても中国美術にも尊敬を抱きつつ、米国の人々に中国、日本を含むアジアの美術を紹介し続けた富田幸次郎という人物は注目に値するでしょう。

さらに、富田のアジア部長時代は言うまでもなく日米戦争をも背景としています。ボストン美術館はこの間、敵性外国人となった富田を当局の催促にもかかわらず日本へ強制送還させておりません。このような事実は一九四一年の真珠湾攻撃以降に行われた、日本人強制収容が代表するアメリカ人の激しい日本人への偏見とは別の、アメリカ合衆国の側面を明らかにするものでありましょう。アメリカ東部のボストン美術館という一つの空間、一つのコミュニティが日本人排斥一色に染まっていないことを示しています。歴史の多様性を示す好例といえるでしょう。

富田幸次郎は、二〇世紀前半の日露戦争を境により困難になった日米関係を背景に、美術を通して日本や東アジアとアメリカをつなぐ仕事をしました。その仕事がどのようなもので、どのような困難に直面したかについての研究はいまだ少ないのです。その意味で本書は新しい知見を日米文化交渉史に与えうると思っています。

いずれにしましても、これまで富田幸次郎の研究はあまりされておりません。理由はいくつか考えられるでしょう。第一には、富田は少年期をのぞいて七〇年という歳月を米国で過ごし、アメリカ人女性を妻にし、戦後米国籍を得ました。長い間、大方の日本人はもとより親族からも米国人と思われており忘れ去られておりました。そのため資料発掘が十分に行われなかったことが考えられます。第二にはすでに述べたように、美術品国外流出問題が語られる時、常に『吉備大臣入唐絵詞』を富田がボストン美術館に購入したことが俎上にあがるという、つまり日本にとって彼にはずっと負のイメージがつきまとっていたことが挙げられるでしょう。さらに、第三の理由を考えるとすれば、米国側では、彼が現実には六三歳まで日本国籍であったので同胞としての関心を抱きにくかったこと、また、彼が遺した多くの日本語資料を判読するには、不自由さがあったのかもしれません。

本書が依拠した資料のこと

より正確な富田幸次郎に関する情報を提供するために、私は日米において調査を行い、それまでの断片的な資料からなる知見の欠落を補おうと努力しました。

新資料としての主なものは、米国マサチューセッツ州ダックスベリーに所在する、アート・コンプレックス美術館（The Art Complex Museum, 189 Alden Street, Duxbury　以下、ＡＣＭとする）が所蔵する資料群です。これは「富田幸次郎資料」（The Kojiro Tomita Archives）と名付けられています。本資料は富田幸次郎夫人ハリエット・ディッキンソン・富田が遺したもので、未整理な状況に置かれたまま、これまでほとんど公開されなかったものでした。

そのいきさつについて少し述べておきます。富田の人生には分からない部分があまりに多く、私は修士論文「富田幸次郎の生涯」を提出した後も調査を続ける必要を感じていました。前に述べましたように、私はハリエット夫人が遺言でACMに富田夫妻の遺品の総てを遺したことを知るようになっておりました。そして、修士論文執筆時プリマスからほど近い海辺にＡＣＭを訪ね、その日本庭園に存在する「松風庵」という茶室で行われた、茶道裏千家ボストン支部による、「富田幸次郎に捧げられる茶会」に出席しました。その折、館長チャールズ・ウェヤハウザー（Charles Weyerhaeuser）氏に資料公開をお願いしたのですが、その返答は、「まだコンフィデンシャルである」だったのです。

ウェヤハウザー氏とは、近況報告や私の論文が掲載された学会誌を送るなどして細々と交流はつづいておりました。そうこうするうち二〇一七年の春、ウェヤハウザー氏から「資料を見せたいが、いつアメリカに来るのか」という手紙を突然受け取ったのです。そのような経緯を経て、その年の夏、ＡＣＭにおいて「富田幸次郎資料」の調査を行うことになったのです。その資料を取り入れて執筆しましたのが私の博士論文、『富田幸次郎研究――日米文化交流における役割』です。本書はこの論文を下敷きにしています。

この「富田幸次郎資料」の中には、富田が書いた農商務省海外実業練習生時代の家族宛の書簡や、エドワード・モース（Edward Sylvester Morse, 1838-1925）が、富田の目の前で書いて見せた鉛筆画での走り書きのスケッチも存在していました。さらに、彼自身や彼の周辺の人物たちからの書簡や写真等も含まれていました。また、数々の書類は富田にとって太平洋戦争中の出来事を明かすものでした。彼自身が書いた手稿や、ハリエット夫人が夫との思い出を語った手稿などもありました。ＡＣＭが独自に集めた富田夫妻に関する資料もありました。富田夫妻の肖像画や、幸次郎の父富田幸七による蒔絵作品、及び富田が終生所蔵した富岡鉄斎（一八三七―一九二四）の作品や、岡倉から譲られた濃茶道具など、私には初めて見るものばかりでした。また、水晶や翡翠等の材質に彫られた東洋的な図柄の、根付にも似たいくつもの印章の数々は、富田が愛用した文房具として私の記憶に今も残っています。

ＡＣＭ以外の資料としては以下を挙げておきます。第一は、ボストン美術館図書館（The William Morris Hunt Memorial Library）がまとめて所蔵する『ボストン美術館紀要』、『ボストン美術館年報』及び書籍となっている富田幸次郎の著作です。第二に、イザベラ・ガードナー美術館が所蔵する富田とガードナー夫人（Isabella Stewart Gardner, 1840-1942）の間に交わされた、書簡や富田が夫人に贈ったパゴダ等があります。ガードナー夫人と富田との細やかな交流はこれまで知られていないと思います。

また日本国内においても私は新資料の収集に努め、富田家親族や富田のアジア部での後輩にあたる人々にインタビューを試みました。彼等から聞き得た肉声の情報は、文献資料に無い厚みを加えたように思います。親族からは父富田幸七による自筆履歴書や、幸次郎の戸籍などの提供を受け、これらの資料により、富田父子の人物像の輪郭を明確にすることが出来たように思います。国立国会図書館が所蔵する「重要美術品等ノ保存ニ関スル法律」をめぐる国会議事速記録等の、日本国内における一次資料や関連資料も参照しました。

日米両国で、富田幸次郎最晩年を知る人々はすでに高齢となっています。その人々に聞き取りを実施し提供された貴重な資料を纏めるという機会を、私は最後にとらえることが出来たのではないかと思っております。

なお参考資料として、「富田幸次郎略年譜」（二一七頁）、「富田幸次郎著作目録」（横組み27頁）を作成し添付します。

また本書では「アジア部長」を、正式な呼称である「アジア部キュレーター」と同意味に使用しています。富田自身が「私が部長になってから……」などと和文で記しているからです(3)。

目次

第一部　ボストン美術館アジア部キュレーターへの道のり

第一章　父、蒔絵師富田幸七――漆の近代を見つめて（一八五四―一九一〇）

さて、富田幸次郎の生涯を語ろうとする前に、振り返りまして幸次郎の父富田幸七の生涯を描いてみることにしましょう。幸次郎の生育環境をより深く知るためですが、私は幸七の生涯こそ実は本書の出発点であるかもしれないと考えているのです。

富田幸七は幕末明治京都工芸界を代表する蒔絵師であり、海外の顧客にも目を向けた一人の伝統工芸師でした[1]。幸次郎が農商務省海外実業練習生として、米国ボストンへ塗料調査及び蒔絵の市場調査に赴いたのは、一九〇六年、日露戦争後のポーツマス条約が締結された翌年であり、彼が一六歳の時でした。幸次郎自身が望んだことかもしれませんが、京都で伝統工芸を生業とした家に生まれ、その修行に明け暮れていたことを想像すれば、この年齢での渡米という人生の選択は、やはりやや唐突であるとの印象は否めません。

富田幸七

家族の勧め、特に幸次郎が学んだ京都市立美術工芸学校描金（蒔絵）科教員であった、父幸七の勧めがあったとの推察が可能でしょう。遅くできた一人息子の長男幸次郎に、幼い時から蒔絵師としての訓練を施し、日本漆工史上、最高の技術を競い、幕末明治期に腕を振るいながら、なぜ父は少年をボストンに赴かせたのか、本章はその意図を探ることを重点とします。つまり、明治初期という時代に、一蒔絵師であった幸七が海外に目を向けたそのまなざしが、一体どこから来たのかを探ってみることにしたいのです。
富田幸七の年譜的事項は、本章末尾に付した「付表1」にまとめました。「付表1」は、富田家より、私に手渡された「富田幸七自筆履歴書」（以下、「履歴」とする）を基にしています。(2)

第一節　徒弟制度という職人の掟と明治維新

（一）山本利兵衛という漆工房への奉公

幕末安政年間の江戸ではなく、京都庶民の生活を想像するのは難しい。御所を中心に神社仏閣ひしめく洛中に、江戸時代の身分制度から言えば、士農工商の工に属する相当数の人たちが腕一本で暮らしを立て、それらの人々の中に孤児となった富田幸七も居りました。

幸七は一八五四年二月四日、京都上京六軒町に生まれました。幸七が誕生した一八五四年は、ペリーが再来航し日米和親条約が締結された年に当たります。日本国内では東海地震津波や南海地震津波があり、京都では御所が炎上するという多難な年でした。幕府はこのような黒船来航、地震津波、内裏炎上などの災異のため、一一月、嘉永から安政に改元しました。またその頃の京都はご承知のとおり幕末討幕運動激化の地でありました。

幸七の父は職工であった奥村廣助、母の名前はタミ、兄弟姉妹がいたのかは不明です。一八五八年母タミは病没し、同年父廣助はふと旅に出て行方不明となってしまいます。幕末という時代、騒乱の京都という場所、また五歳（満四歳）で孤児となるという境遇を背景にして、幸七は孤独で不安定な幼児期を送ったと思われます。やがて数え年一〇歳になり、幸七は祖母の家から蒔絵師四代山本利兵衛のところに奉公に出されたのでした。

奉公先は、高価な金、銀を贅沢に工芸品に取り入れることが許される、蒔絵師山本家(け)でありました。孝明天皇の即位、和宮降嫁、明治天皇即位の際の、調度品の制作に携わった由緒ある工房です。
この山本家とはどのような奉公先であったのでしょう。黒田譲の『名家歴訪録』（一九〇一）に、幸七の師となる五代山本利兵衛が語った次のような記述があります。

初代も御所の臨時御用を勤めまして、傍ら加賀さんや、薩摩さんの御用も致して居りました。二代は短命で、三代は私の祖父に當たりますが……勿論蒔絵と塗師の両方をやって居りまして、弟子も大分多ふ𠆢いました……その頃には，御所向は勿論、諸侯方に納めまするものは、銘をきることはならんもので……ハイ、只今は何程金粉をつかはむと自由で𠆢いますが、昔はそれ程窮屈で𠆢いましたので……古は蒔絵と申しますと、當地が重で𠆢いましたが、追々江戸でも出来ることになり、後には彼地の方が盛んになって……安政御炎上の後に、遂に（父四代山本利兵衛は）常職御出入を仰せ付けられることになりました。安政御炎上の砌は、私は十六歳（幸七より一五歳年上：筆者注。以下同様）で、御造営の御道具を調進致し、三か年経て、私が十九歳の時には和宮様の御降嫁が𠆢います。國事はそろそろ多端になって、御大名方も此地へはいってきやはります。将軍家も追々威権が落て、之まで通り勝手に御所の御賄向を制限することが出来んようになり、御所の御金も以前より多く廻はります處から、段々御道具も出来、蒔絵などでも……大抵御買上になって、私方の職業も忙しくなって参りました。(3)

幸七が奉公に上がった頃の活気のある山本家の様子がうかがえます。利兵衛に蒔絵を注文する依頼主たちは、教養ある皇族や高級武士、裕福な町人たちでした。彼等を満足させる蒔絵調度品には高い技術と古典美が要求されたと考えられ、幸七が古典的な花鳥山水蒔絵を修行するには好都合な奉公先でありました。また、塗と蒔絵両方の技を幸七は身に着けることが出来ました。幸七は京都における伝統工芸の在り方について次のように語っています。

（光琳蒔絵作品などは）信実の畫風などが厶いまして雅というものか、温厚と申ものか、第一に品格が備わって厶います。然るに近世に至りまして、兎角浮世絵風を学んで、品位が下って参りまするので。別して京都蒔絵の衰えました原因は、蒔絵に四条風の畫がはいったからであらうと存じまする。また以前に鈖櫛と申す、蒔絵をした櫛が関東（ひがし）から流行って参り、一時此方でもなかなか盛んに流行いたしましたが。これが北斎の畫を類りにつけまして、いよいよ畫風が卑しうなったように存じまする。尤も北斎のも一種の畫風で、畫そのものとして強ち品格がないでも厶りますまいが、他の者が蒔絵などにとりますと、どうも品格を失うてしまいますので……それで品格ということは、京都の土についたもので厶いますから、当地の蒔絵は第一にどうぞまあ、品格を墜さぬように致したいものと、愚考致します。[4]

幸七が繰り返し言う「品格」とは、説明するのが難しいのですが、「静かで控えめな美しさ」とでも解釈できるのではないでしょうか。山本家での修行中からなのかはっきりしませんが、『京漆器――近代の美と伝統　資料編』によれば、富田幸七はのちに漢籍と水墨画を富岡鉄斎（一八三七―一九二四）に、国学を猪熊夏樹（一八三五―一九一二）、図案意匠を岸光景（一八三九―一九二二）という、京都を代表する文化人に学んでいます。このことからわかるように、彼は京都という長い伝統に支えられた地で育まれた美のセンス、あるいは教養といったものを自分のものにしたいと願い、蒔絵制作を通してその伝統美を探求し続けたのでありましょう。もちろん一蒔絵職人としての試みではありますが。

また前述した利兵衛の文で、彼が名工でも当時は工芸品には銘を切ることが少なかったことを指摘しているのは興味深い点です。木地師、塗師、蒔絵師等の共同作業品である、蒔絵作品という工芸品の特性と持ち主への配慮がよく表れていると思います。

（二）徒弟制度とは？

蒔絵師富田幸七は、幕末の京都で、伝統工芸職人を養成する徒弟制度の中から誕生しております。徒弟制度とは江戸時代、代々の家業でない者が職人としての技術習得が可能な一般的な方法でした。一般に一〇年を年季（年期とも）とし、徒弟は衣食住を親方から支給され、衣はお仕着せで夏冬二回、また藪入りといって盆正月に三日ずつ、年に六日のみが徒弟の休日でした。年季が明けても一年間は礼奉公、それが済んでようやく一人前の職人になったのです。また徒弟職人は技術が学べるので、給金をもらえない場合もあったといいます。

幸七の「履歴」を見ると以下の様に記載されています。

一〇才　弟子奉公。
一四才　半元服。
一七才　元服　幸七と号し羽織を戴く。
二二才　年季奉公満ち樽入れ披露。
二三才　礼奉公満ち通勤の格となる。

このように、幸七は徒弟制度という技術習得の場において、いくつかの通過儀礼を経ていることがわかります。徒弟全員がこの通過儀礼を全うできるとは限らなかったでありましょう、ものつくりへの才能と惜しみない努力と忍耐が要求された制度でありました。また、幸七が数え年一〇歳という若い年齢で、住み込み弟子奉公を始めたのは、それぞれの職人にふさわしい、十分な技法を身に着けるには、年少の柔軟な身体が適していたからでした。さらに、職人に当然必要な、自分の手足の延長の如くに、その職人にふさわしい道具を、自由自在に操つる技術を学ばせる、あるいはその職人が仕事をする上での独特な職場環境に慣れさせる等には、徒弟制度で行われる一〇歳前後からの修行が好都合であったのです。

義務教育制度や徴兵制などがまだなかった幕末時代に、徒弟時代を送った工芸職人たちが、明治時代欧米で開催された万国博覧会で絶賛を浴び、日本工芸史上最高の技と称賛され、人々を魅了することができた理由の一つには、この制度が貢献しているように考えられます。

幸七同様徒弟から出発した工芸家の一人に高村光雲（一八五二～一九三四）が居ります。光雲は一一歳で仏師の高村東雲に弟子入りしています。光雲は後に東京美術学校彫刻科の教授に迎えられました。同じく東京美術学校の彫金科教授となった金工師の加納夏雄（一八二八―一八九八）は六歳で刀剣商加納治助の養子となり、その後彫金を学び始めています。海野勝珉（一八四四―一九一五　彫金師。のちに東京美術学校教授）は九歳で海野美盛に弟子入りしています。蒔絵師の柴田是真（一八〇七―一八九一）もまた、一一歳からの弟子入りでした。[5]このように明治の名工たちは幸七同様一〇歳前後から修行を始めていることが多いのです。

次項でも触れますが、幸七が元服をし、羽織を師から戴いたのは一八六九年（明治二年一二月）のことです。天皇東行により京都工芸界は数多のパトロンを一度に失い、山本家の弟子たちが離散するという大危機の最中でありました（後述する）。幸七の腕を師も認めていたのでしょうか、彼の元服という通過儀礼を山本家は滞りなく行っています。年季が一二年とやや長いような気もしますが、蒔絵修行にはそれだけの年月が必要であったのかもしれません。幸七にとって、四代、五代山本利兵衛は技を学べるという点ではよき師であったと思います。

（三）目を覆う京都の荒廃ぶり――「美術品壊滅　習フニ物品ナシ　其ノ惨状言フヘカラス　辛苦ノ上」という有様

東京が首都となり、その後の京都の寂れ方は酷いものでした。明治政府は一八六八年に「神仏分離令」を、一八七〇年「帯刀禁止」、一八七六年、正式に「廃刀令」を発令しております。京仏師や、刀剣の装飾に携わっていた金工師たちは皆落魄していきました。蒔絵師も例外ではありません、幸七の師五代山本利兵衛は次のように語っています。

然るに御一新の際に、ころっと変わってしまいまして、上は宮方より摂家、清華等に至りますまで、皆お蔵を開いて、御道具類をお払ひになり、蒔絵のよいものなども、ズンズン外國へ行き、また此方で潰して金だけを採るといふ形成でムいますから、私方なども極困難で、為ることがムいません。僅かに古いものの繕いなどして、やっと糊口致して居りましたが、此際に塗師屋や、蒔絵師の有名な者は、皆影も形もないようになってしまいました。(6)

前記で利兵衛が語っているように、山本家は重要な得意先と注文をほとんど失い、どん底に追い込まれてしまったのです。かつて多くの弟子たちで賑わいを見せていた利兵衛の工房に、弟子として残ったのは兄弟子の常七と幸七のみとなり皆離散してしまいました。幸七が「履歴」に記す通り、京都は「……美術品壊滅……習フニ物品ナシ其ノ惨状言フヘカラス　辛苦ノ上」という有様になってしまったのです（「履歴」）。

この窮状を打破すべく、一八七二年（明治五年）、幸七は「外国向粗製蒔絵見習ノ為　新柳馬場仁王門南入川端喜助方へ助手」として、三ヵ月間出向き、「後師宅ニテ同粗製蒔絵」の製作を行います。職人が生きていくには、何かを作り出すしかないからでしょう。幸七は「師ニ乞テ」と自らの「履歴」に記してはいますが、年若い幸七のみが「御所常職御出入」というプライドを捨てて事に当たれたのだと思います。古くから宮中の御用をし、京蒔絵の枠外に一歩も出たことがない、師や兄弟子には外国向け粗製の制作など、雲をつかむような遠く及ばない考えでした。またそのような考えがふとよぎっても、利兵衛や兄弟子にはそれまでの経歴がそれ許さず幸七に負わせたとも考えられます。この出来事は幸七の行動力の一端がうかがわれる注目すべき事実であるといえます。明治初年、若い蒔絵師富田幸七に「外国」が視野に入ってきた瞬間です。

その後の利兵衛は次のように語っています。

然し（京都では）中等以下の蒔絵師は、案外忙着ふ（原文のまま）ムいまして、蒔絵の重箱が割りに諸国へよく売れます處から、つい我も我もと其の方を致すようになりましたが一旦そうなりますと、悪い癖がつきまして、なかなか良い方へは戻り難いものでムいます。……前年（一八九六、七年頃のことかと思われる）から官の奨励がムいますなり、共進会やの、いろいろありまして、蒔絵なども大分回復つてまいりましたが、夫れでも以前に比べますと、職人がすくなふムいます。(7)

「悪い癖」とは、幸七たちの粗製製作を指しているのでしょう。しかしながら師は弟子たちに、満足に給金をも払うことも叶わぬこの時代を乗り切る策を、もつには至らなかったようです。幸七の中に何か反発するものが芽生えたとしても不思議ではないでしょう。幸七は外国向けの粗製など、生きるためとは言え好んで作りたくもなかったでしょうから、彼の生涯に汚点を残す結果になったと思います。優れた職人は手を抜いた仕事を嫌うものです。

（四）密かに旅装を整え東京へ出発

京都の沈滞した空気をなんとか打開しようと、一八七二年（明治五年）、京都博覧会が西本願寺、建仁寺、知恩院などで開催され大成功をおさめました。京仏師たちは「廃仏」で仏像を作ることが出来ない代わりに人物の木彫りを制作し、これを見た外国人を驚嘆させたといいます。また都踊りが評判になるなど京都は久しぶりにかつての賑わいを見せるようになりました。ようやく、明治の人々に日本古来の伝統や歴史を尊重する気持ちが動き出したのです。幸七は「履歴」に、「少数宛内国向家具類蒔絵モ行レ少々安堵ス」、「蒔絵業概ネ挽回セリ」と記し、うれしさをにじませています。

一八七五年（明治八年）幸七は二二歳となり、晴れて年季が明けました。幸七の名前が入った樽酒が得意先や近所に配られ、一人前の蒔絵師として認められることになったのです。その年いっぱいは礼奉公。それも無事終え、翌一八七六年（明治九年）には、師の片腕として讃岐金毘羅宮の本宮格天井と桂壁板の蒔絵修理に従事しました。もはや彼は徒弟ではありません、住み込み奉公から通勤の格となり、給与が支給されることになったのです。

ところで漆蒔絵装飾の技に一番禁物なのが空気中の埃（ほこり）であるといいます。それ故漆職人の家では埃を避けるため、夏でも仕事部屋を閉め切りにするのが一般的でした。この金毘羅宮への一ヵ月間の出張は、京都の仕事場からほとんど出たことがなかった幸七にとって、おそらく生まれて初めて屈託なく、胸一杯に海山のさわやかな自然の空気を思うがまま吸い、蒔絵師としての腕を振るった初仕事となったことでしょう。金毘羅宮は円山応挙（?—一七九五）や伊藤若冲（一七一六—一八〇〇）の障壁画があって有名です。彼は日夜飽かず眺め、刺激を受けていたのではないかと推察されます。そんな刺激的な日々を過ごした後、翌一八七七年（明治一〇年）、幸七は二四歳となり一大決心をします。密かに東京へ向かおうと決断したのです。幸七は「履歴」において次の様に述べています。

維新後文化開明ニ随ヒ　蒔絵業概ネ挽回セリ　然ルニ製業道ハ博ク精粗トモニ研究進取ノ必要ヲ感シ　各生産地ヲ訪問セント欲スルモ　如何ニセン同門業ハ当時一五才ノ戸島新次郎一人ニテ　工場不整の故ニ師ニ乞フモ許サザル事必セリ　依之密ニ旅装ヲ整へ　七月八日首途ス　陸路東海道ヲ東京ニ上リ　日本橋本銀町一丁目清川守貞氏ニ就キ　愚意ヲ述べ依頼シ　同氏方ニ助手ス　同年秋　上野公園ニ第一回内国勧業博覧会開設セラレ数度観覧シヌ　同地斯業大家及起立工商会社ノ工場ヲ歴訪シ　大イニ得ル処アリ。

幸七は二、三年東京へ出て修行をしたいと考えていたが、その頃の山本は人手不足であった。申し出たところで許してくれないだろう、密かに旅装を整え京都を出た。四日市から船に乗るつもりであったが、西南の役の最中で、船の都合がつかなかった。そこでさらに東海道を徒歩で東京へ向かった。このようなことを記しています。

伝承によれば、これに先立つこと四五年前、歌川広重（一七九七～一八五八）は、一八三二年（天保三年）、幕府八朔御馬献上の行列に加わり、江戸から京への道を実際に歩き、後に『東海道五拾三次続絵』を発表したといわれております。幸七はのちにその逆コースをたどったことになりますが、歩きながら刻々と変わる風景の美しさと各地の風物は、広重同様、幸七の眼や耳、心にも届いたことでありましょう。この東上は、幸七の生涯にとって忘れられない出来事であったのでしょう、『名家歴訪録』で詳しく語られています。

「製業道ハ博ク精粗トモニ（高級品であろうとなかろうと）研究進取ノ必要ヲ感シ」、東京で清川守貞の助手をしながら、幸七は上野で開催された第一回内国博覧会に数度足を運んでいます。そこに出展された柴田是真（一八〇七―一八九一）や小川松民（一八四七―一八九一）の蒔絵作品を研究するためでした。更にそのような蒔絵の大家を訪問し、「大イニ得ル処」があったと記しています（「履歴」参照）。

幸七は、輸出向け製品の工場であった起立工商会社の工場見学も精力的に行っています。起立工商会社は輸出向け工芸品の制作から輸出業務全般を行うもので、いわば日本国立初の貿易会社というべきものでした。漆工、陶磁、七宝、金工、染織品などを大量に輸出して外貨を獲得する、工芸による殖産興業時代の幕開けに立ち会っていたのです。

彼は「精粗トモニ」東京の蒔絵研究に没頭しています。その行動力の源泉は、京蒔絵以外からも学びたいという探求心以外の何物でもありません。東京で彼が見たものは、高級武士に替わって、新政府の役人たちや軍人、新興の大商人たちが、美術工芸品の新しいパトロンとして台頭している姿でした。また、外国人さえも工芸品を大量に買い付け、市場は海外にまで伸びているのを肌で感じたのでした。

東京で喝采を浴びている柴田是真（次節参照）等の蒔絵作品、明治という新しい時代、新しいパトロン、新たな市場、かつてみずからが行った外国向け粗製品制作の経験など、東京行きは、幸七に新たな蒔絵に対する展望と、外国に対するまなざし、凝視をつよくしたといえるでありましょう。激変した時代に蒔絵師として向き合わざるを得なくなったと思われます。京都から呼び戻され翌年から幸七の生活はまた元に戻ってしまうのですが。

第二節　幸七の成功――ベンケイ（フランシス・ブリンクリー）に認められて

（一）柴田是真作漆絵額に魅入られ自ら制作に挑戦する

幸七に転機が訪れたのは一八七八年（明治一一年）、東京から帰って間もなくのこと、再び山本に通勤するようになってからです。幸七は次のように語っています。

さて帰って見れば、師匠の方も手少なで厶いますから、つい自分の自由にも参りませず止むを得ず其のまま落ちついてしまいました、其頃京都府勧業課の御世話で、東京に在住していた独逸人ベンケイといふのが、金（粉）をつかはずによい蒔絵をせいといふ師匠への注文で、師匠も種々やって見ましたが、どうも思はしく参りません。それでどうしたものであろうと、相談されましたか、私が見ますと、之は是真の創製（原文のまま）れる蒔絵の風で、私も学んで参りましたことで厶いますから、早速手当して之を仕上げ、大に好評を得まして、それからは彼方此方よりご注文を受けることになりました。(8)

是真創製の漆絵とは、漆塗の板に蒔絵で絵画的な図柄を描き、これを漆塗の額に納めた作品です。幸七が第一回内国勧業博覧会で目を見張ったであろう『温室盆栽蒔絵額面』は、柴田是真により出品された三面の蒔絵額のうち、宮内省の買い上げとなった作品です。「西洋画の体裁とその耐久性、油彩独特の画面の艶やかさ等を意識して、柴田是真が内外の博覧会に向けて新たに編み出した、明治期に特徴的な作品である」と説明されています。黒漆地の上に蒔絵で植木室や、苗木を育てる穴室が表現され、蒔絵技法を駆使し、土壁や屋根、すだれなど、それぞれの質感を見事にとらえておりました。

この漆額は、実用性よりも鑑賞に重きをおいたもので、明治という西洋風な趣味に乗って評判となり、おそらく是真やその一門だけでは顧客の需要に応えきれなかったのでありましょう。ベンケイこと、フランシス・ブリンクリー[9]が、東京から京都の山本に漆額制作を依頼したところ、うまくゆかない。そこで師匠である五代山本利兵衛は、実際に是真を訪問し彼の額をつぶさに東京で研究し、絵心もあった幸七に任せたところ、大成功となった。ブリンクリーは大喜びとなり、幸七の蒔絵額は近隣で評判となり、「其ノ後縷々（幸七個人に）依頼品アリ」となったのです。東京で学んだことが生きた出来事でありました。

その後幸七は骨董商富田伊助（一八二四―一八八九）の次女ラン（一八五六―一九二四）と結婚し[10]、富田家の養子となっています。やがて師匠の山本から独立し営業することになります。富田伊助は京都で若手蒔絵師として評判をとっている幸七の腕を見込んだのでしょう。孤児であった幸七に初めて家族が出来たのでした。

ところで、幸七への初注文主が外国人であったことは注目される点です。外国人の注文主の要望に配慮しなければならないことを意味するからです。日本人であれば、古典的な花鳥山水図には日本の季節感を、ある図柄には、特定の和歌や歴史を、という共通のイメージがあります。そのイメージはたとえるなら、連想ゲームのような感覚に似ています。そのことを私はよく四季折々の茶席の設えなどで感じるのですが、日本の工芸品の図柄に散りばめられた、このような隠喩は、歴史と風土の異なる外国人の顧客には通用しないのではないかと不安になることがあります。

幸七自身は前にも述べましたように、「京都の土についた品格」を重んじる古いタイプの蒔絵師でした。けれども、独立自営し弟子をとり、京都漆工会の要職に就き、後に教員にもなる幸七の人生を考えると、ブリンクリーとの邂逅は、西洋人が好む図案や意匠の研究が必要なこと、彼らとの打合せをスムーズにするためのビジネスに、語学が必要であることを、痛感させられたのではと推察できるのです。

幸七が海外にまなざしを向けた要因を探るという本章の趣旨から言えば、外国向け粗製制作に携わった経験が第一点目の要因でしょう。第二点目には、東京で工芸による殖産興業の時代の幕開けに立ち会ったことが挙げられるでしょう。そしてブリンクリーの注文に応じたことで、輸出品制作には市場調査が必要であり、外国語の習得は不可欠であるとの認識を得たことは、は第三点目の要因であるといえるかもしれません。

（二）漆工会の一員として

幸七は、私生活では妻ランとの間に、長女ハル（一八八一—一九六四）、次女ヨネ（一八八三—一九七四）、三女アサ（一八八七—一九五五）、そして一八九〇年（明治二三年）、幸七三七歳の時、本書の主人公である長男幸次郎が誕生します。[11] 幸七の作品は内外でつぎつぎに賞を取り、また宮内省や東京博物館に買い上げとなってゆきます。一八九六年（明治二九年）には、同志と共に京都漆工青年会を組織し、また一九〇四年（明治三七年）、幸七は名刹金閣寺の修理漆工工事監督に任命されるなど、名実共に京都工芸界の重鎮となっていったのです。

富田ラン

ここに『日本漆工會報告書』という小雑誌があります。幸七はこの雑誌に数度寄稿しておりますので購読者であったことが考えられます。『日本漆工會報告書』第二回（一八九三年）の号に、「米国ニ於ケル日本漆器ノ実況」という記事があります。

> 日本漆器ハ美術工芸中ニ在テ上位ヲ占メ、宇内無双ナリト雖モ、唯一ノ欠点アリテ其レカ為メ、米国市場ニ於テ声価ヲ落シ、実ニ目下困難ナル有様ニ陥レリ……内地ノ漆器ハ盛ニ欧米各国ニ輸出、彼ノ喝采ヲ受ケシ事モ少カラズ、然ルニ欧州ニテハ別ニ甚シキ不都合モナカリ

シガ、米国ニ於テハ大ナル悪結果ヲ醸シタリ。其故ハ日本ノ漆器ハ外観美麗ナリト雖モ、独リ素地ノ不良ナルガ為メ、米国ノ如キ空気ノ乾燥非常ニ甚シキ土地ニ耐ヘズ。[12]

また、『日本漆工會報告書』第三回（一八九四年）の号には次のような記載も見られます。一八九三年開催のシカゴ万博の見聞として、「米国ニ於ケル漆器ノ見聞」が掲載されています。

ソコデ米国ハ、流行ト不流行トカ日本ヨリ非常ニ早ク一年毎ニ変リマスカライツモ同ジ物ヲ送ルト倦キマス。何デモ考案ガ肝要デ有マス……今回博覧会場ハ……気候ノ好イ時分デ御座リマシタ故ニ、出品ノ漆器モ餘リ損シマセンデシタガ、到底損シナイトハ申サレマセン……扨独逸ニテ製スル模造漆器ハ沢山紐育ニ売ル店カアリマス。[13]

幾冊かの『日本漆工會報告書』を読みますと、官民挙げての工芸品の輸出による外貨獲得が、急速に近代化を推し進めるのに一役買った実態がよくわかります。日本漆工會のメンバーが感じた危機感は、日本の伝統工芸に携わっていながら、漆工たちが日本という域内だけでは安穏叶わない、国際競争力にさらされているという一八九〇年代（明治二〇年頃）の現実でありました。幸七もその認識を共有していたことでしょう。

前記二つの報告からは、大規模な山火事が多発するような米国の乾燥風土では、漆器輸出は苦戦を強いられていたことがわかります。またドイツ製の堅牢な紙製の模造日用品漆器（盆や塵取り等）が米国に出回って、大層に売れていることが危惧されています。それらは大工場内で製品化し、大量生産され米国に輸出されているのでした。ドイツ人はかつて、模造漆器は日本が師匠であるはずであったのに、もはやドイツがその儲けを独占してしまっている。今日図柄を花鳥に絞る装や髪形が中国人なのか日本人なのか判然としない人物を描いて悪評をとっていたのですが、ことによって好評を得ていたのです。

さらに、『日本漆工會報告書』第四回（一八九五年）の号には、「漆器の原料となる生漆の生産額は、中国は日本の四倍半である。一方、価格においては日本産は中国産の三倍ほど高価である」と記されています。[14]

「履歴」にあるように、明治初年、「美術品壊滅ノ時期ニ遭遇シ　同門生多ク離散シ終ニ兄弟子常七ト予ノ両人トナリ習フニ物品ナシ其ノ惨状言フヘカラス　辛苦ノ上」を経験した幸七は、もはや自分の作品作りだけに没頭するわけにはいきません。時代に向き合い、京都の漆工たちの生活が立ち行くようにしなければならない立場となっていたのです。幸七は海外市場へ目を向けている。しかし指摘したように、米国市場においては漆製品に適さない乾燥風土に加え、購買客の好みが常に変化し、輸出は手探りの状態であったのです。

（三）京都市立美術工芸学校の教員として

一九〇一年（明治三四年）、幸七は、彼には晩年と言える四八歳の時、京都市立美術工芸学校描金科（蒔絵）教授に迎えられます。京都市立美術工芸学校は、現在、京都市立芸術大学という名称になっていますが、その前身は一八八〇年（明治一三年）設立の京都府画学校です。一八八九年開校の東京美術学校より数年早く設立され、日本で最も初期の公立の美術専門学校でした。徒弟制度そのものがまだ消えたわけではありませんが、エリート教育を施し、専門家を育成するという、近代化を急ぐ日本の教育制度の方針にその設立が合致したのでしょう。幸七は叩き上げの一蒔絵職人から教授という身分になったのです。

京都市立芸術大学編『百年史 - 京都市立芸術大学』（一九八一）によれば、神坂雪佳（一八六六—一九四二）[15]、竹内栖鳳（一八六四—一九四二）[16]、神坂祐吉（一八八六—一九三八）[17]、谷口香嶠（一八六四—一九一五）、山元春擧（一八七二—一九三三）[18]、富岡鉄斎（一八三七—一九二四）[19]等が、幸七教員時代の同僚として名を連ねています。また、海外視察を目的として教師を数名欧米に派遣した記載が同頁に次のようにあります。

一九〇〇年（明治三三年）竹内栖鳳、フランス・パリ万国博覧会視察のため渡欧。
一九〇一年　神坂雪佳、グラスゴー万国博覧会視察のため渡欧。
一九〇二年　谷口香嶠、トリノ市万国装飾博覧会視察のため渡欧。
一九〇四年　山元春擧、万国博視察のためアメリカ渡航。[20]

幸七は、彼等同僚たちの海外視察の見聞を職場で聞いているはずです。工芸装飾品に対する好奇心と探求心が旺盛であった幸七の、漆の近代を見つめる鋭い視線は、同僚たちの見聞に呼応しないわけはなかったでありましょう。「履歴」にもあるように、長男幸次郎誕生の頃から、パーキンソン病を患い、幸七一人での海外渡航は無理でした。[21]それ故、坐業を改め机と椅子で学び、カリキュラムに英語も取り入れた、京都市立美術工芸学校在籍の長男幸次郎に、欧米に吹き荒れているアール・ヌーボーという美術の潮流や、安価な機械生産による工芸品の製作の実態など、見てきてもらいたいと願ったと言えるのではないでしょうか。さらにそれは、幸七のみならず、日本漆工界全体からの要望でもあったと思います。

（四）富田幸七の代表作『名取川蒔絵硯箱』

本章では、幸七が海外にまなざしを向けた要因を探ってきましたが、最後に第四点目として、海外視察を行った同僚たちの見聞による幸七への刺激、これを挙げることにしましょう。

欧米をまねて近代化、工業化を急ぐ日本では、超絶技巧を駆使する明治工芸はこのままでは滅びてしまうかもしれない、そのような危機感が幸七にあったと思われるのです。だとしたら、その滅びの先を幸七は模索していたのではないか、このように私は考えています。実際、これまで高額な工芸品を購入していた富裕層は、流入してきた欧米の美術に、より魅力を感じるようになり、日本の伝統工芸からは心が離れていったのです。人々を魅了した超絶技巧を駆使する工芸品は一八八〇年代から作られ始めたのですが、わずか三〇年の生命で姿を消してしまったのです。[22]

幸七の得意技に「名取川蒔絵」という意匠があります。私は漆器商を営む富田幸七の末裔の一人である、京都「西村吉象堂」主人、西村新一郎氏に問い合わせたところ、次のような回答を得ました。

「名取川」という波の意匠は徳川時代からあるものですが、いかにも波らしい、美しい等間隔の極細の線、また線と線の絶妙な長さとその間隔、その波の線を漆で自然に細く引っ張るように描くのはとても難しいのです。根詰めてやらなければならないし、職人泣かせと言われたものです。幸七さん時代の名人は皆やらなければならない当たり前の技ですが、描くとしてもお椀にちょろっと描いたりしたものもありますけれど、幸七さんのように硯箱のような大きな面にぱしっと描いている人はおりません。線を描く筆も、熊鼠という、米俵を積んだ和船に棲んでいる鼠の腋の毛の筆でして、そんな筆はもう手に入りませんから。[23]

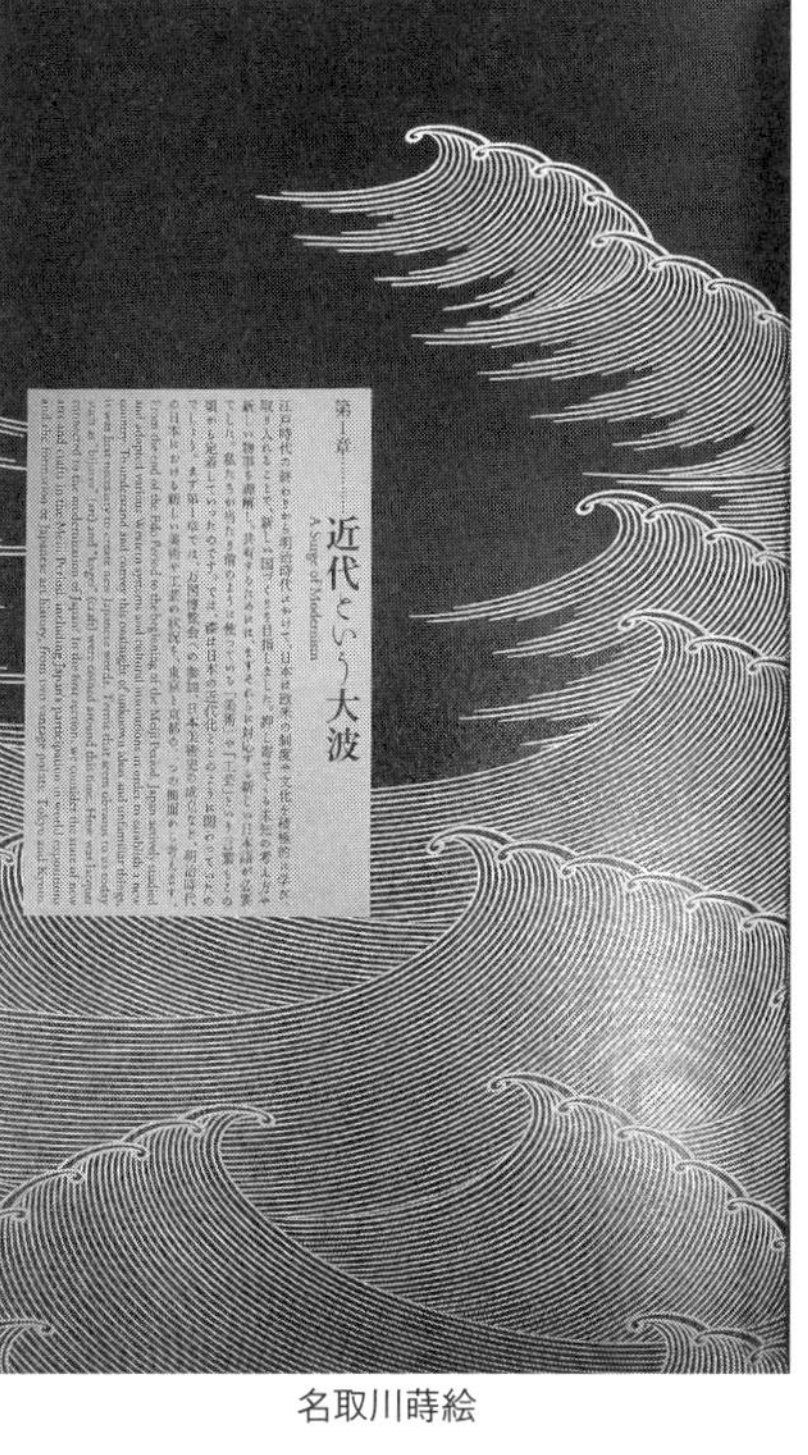

名取川蒔絵

一ミリよりも細い何百本の線を付描き[24]とよばれる技法を使って、下書き無しで、短い線をつなぎながら等間隔に描く、気の遠くなるような「名取川」という波の表現技も、道具も、現在では再現できないようです。歌枕でもある宮城県名取市を流れる「名取川」は、狂言『名取川』の題材としてよく知られ、意匠はここからも来ているようです。我が名でさえ物忘れする、もの覚えの悪い人物が登場する演目です。

幸七はおそらく三〇歳代末にパーキンソン病を自覚し、「履歴」に次のように記しています。

夏以来病ニ罹リ医士岸田深氏ニ診察ヲ乞フニ。

医曰　神経労症ニシテ不治ノ大患ナレドモ併シ命数ハ格別為リ養生ノ為業ヲ棄テヨト　予日業ノ為殪ルルハ期スル所ナリト服セズ　夫ヨリ種々ニ議論ノ末

医曰　何トカ行ヒ易クシテ一ケ月ニ一週日程ハ休業シテ心身ヲ養フベシ。

予同説ニ随ヒ其ノ后ハ心意欲スルニ任セ従業シ　傍ラ徒弟養成ヲ専ラトセリ。

幸七は「殪ルルハ（倒れるのは）期スル所ナリ」と、「履歴」に記しています。「履歴」の文面からは全く手の震えなど見られませんが、『名取川蒔絵硯箱』の黒々とした水面に打ち寄せる、無数の波の付描きには、彼の蒔絵師としての覚悟が凝縮されていたように見えるのです。発病後はこの技法を用いるのは困難になっていたかもしれないのですが。

富田幸七、幸次郎父子が住んだ京都は、伝統の中から新しいものを生み出し、それを未来に重ねつつ、千年発展した町です。その京都で父幸七は、近代化とは最も遠い伝統工芸の世界から海外市場に目を向けました。本章ではその要因を探りました。富田幸次郎の妻ハリエット・ディッキンソンは、「幸七と幸次郎の関係は、とても近しいものだった」と語っています。幸七の日頃の言動や仕事ぶりは、長男幸次郎に影響を与えたと考えられるのです。

付表1　富田幸七略年譜（「富田幸七自筆履歴書」に基づく）

一八五四年（嘉永七年）二月四日（五月安政ト改元）　上京六軒町今出川北入東側ニ誕生　幼名馬太郎。〈号は好室、香漆、幸七。本名は光一、後に幸七を本名とする〉父奥村廣助（織工）、母タミ（嶋田氏）。

一八五八年（安政五年）五月十二日　母没ス　父旅行首途ノ儘音信ナシ　同時ヨリ嶋田方ニ入籍。

一八六二年（文久三年）四月三日　山本利兵衛氏（四世）方弟子奉公ス（一〇才）。

一八六五年（慶応元年）師退隠セラレ嫡子房次郎氏（五世山本利兵衛）相続セラル依テ氏ニ就ク。

一八六七年　七月　半元服ヲ許サル（一四才）。＊後に漢籍と水墨画を富岡鉄斎に、国学を猪熊夏樹に、図案意匠を岸光景に学ぶ。

一八六九年（明治二年）十二月　元服ヲ許サレ　幸七ト号シ初テ羽織ヲ戴ク（一七才）。此頃ヨリ進々美術品壊滅ノ時期ニ遭遇シ　同門生多ク離散シ終ニ兄弟子常七ト予ノ両人トナリ習フニ物品ナシ其ノ惨状言フヘカラス辛苦ノ上。

一八七二年（明治五年）秋　師ニ乞テ外国向粗製蒔絵見習ノ為　新柳馬場仁王門南入　川端喜助方へ助手スル事凡三ケ月　後師家ニテ同粗製蒔絵ヲ製シ其ノ内少数宛内国向家具類蒔絵モ行レ少々安堵ス。

一八七五年（明治八年）四月　年期奉公満チ樽入披露ス（二二才）

一八七六年（明治九年）四月　礼奉公満チ通勤ノ格トナル（二三才）。

同　年　讃岐金毘羅神社宮殿造営ノ際本宮壁板及天井板ノ蒔絵制作ノタメ師ニ随行同地ニ至凡一ケ月従事ス。

一八七七年（明治一〇年）七月　左ノ意旨ニ依リ東京へ首途ス。

維新後文化開明ニ随ヒ　蒔絵業概ネ挽回セリ　然ルニ製業道ハ博ク精粗トモニ研究進取ノ必要ヲ感シ　各生産地ヲ訪問セント欲スルモ　如何ニセン同門業ハ当時一五才ノ戸島新次郎一人ニテ　工場不整の故ニ師ニ乞フモ許サザル事必セリ　依之密ニ旅装ヲ整へ　七月八日首途ス　陸路東海道ヲ東京ニ上リ　日本橋本銀町一丁目清

川守貞氏ニ就キ　愚意ヲ述ベ依頼シ　同氏方に助手ス　同年秋　上野公園ニ第一回内国勧業博覧会開設セラレ数度観覧シヌ　同地斯業大家及起立工商会社ノ工場ヲ歴訪シ　大イニ得ル処アリ。

同　年一二月末　京都ヨリ師ノ内室亡セラレタル飛報〈急報のこと、原文のまま〉ニ接シ意旨半途ニシテ。

一八七八年（明治一一年）一月　京都ニ帰リ師家ニ勤務　同際京都府勧業係ノ謀助ニテ独逸人ベンケー氏　蒔絵ヲ師家ニ依頼セリ　然ルニ其蒔絵異様（故是真翁創製作法）ナル故ニ　師ハ種々試作中ナリシニ　予之ヲ製作ヲ担当シ好評ヲ得　其ノ後縷々依頼品アリ。

一八八〇年（明治一三年）五月　烏丸中立売南入富田伊助方へ入家シ師家ニ通勤ス（二七才）

附曰　養父ハ下村和泉氏ノ（小紅屋）別家ナリ　同店通勤ヲ辞シ聊ノ骨董品ヲ商ヘリ。

同　年夏　金毘羅神社御神輿新調セラレ　師家ニテ梨地蒔絵ヲ調整ノ際　助手ノ功労ヲ賞セラレ五拾円ヲ戴ケリ。

一八八一年（明治一四年）東京ニ開設セラレシ漆器外数品ノ共進会へ木村表斉（初代）氏ヨリ出品ノ煮物椀ニ扇散シ蒔絵ヲ担当セリ　閉会後東京博物館ニ買上ゲラレ同館陳列品トナル。

一八八五年（明治一八年）自宅ニ開業ス（三二才）。

一八八九年（明治二二年）第三回関西総合府県共進会京都ニ開催ノ際　自製出品ス（蒔絵ノ釣香炉）。

一八九〇年（明治二三年）〈三月長男幸次郎誕生する〉

夏以来病ニ罹リ医士岸田深氏ニ診察ヲ乞フニ

医曰　神経労症〈パーキンソン病のことかと思われる〉ニシテ不治ノ大患ナレドモ併シ命数ハ格別為リ養生ノ為業ヲ棄テヨト　予回業ノ為殪ルル〈たおれる〉ハ期スル所ナリト服セズ　夫ヨリ種々ニ議論ノ末

医曰　何トカ行ヒ易クシテ一ケ月ニ一週日程ハ休業シテ心身ヲ養フベシ。

予同説ニ随ヒ其ノ后ハ心意欲スルニ任セ従業シ　傍ラ徒弟養成ヲ専ラトセリ。

一八九一年（明治二四年）　椹木町堀川西入七番ニ転居ス。

一八九六年（明治二九年）二月　京都漆工青年会創立。＊新古美術品展審査員、京都漆工会競技会蒔絵部審査員等を勤める。

一八九八年（明治三一年）　＊全国漆器共進会より功労賞銀杯、京都美術協会総裁より功労賞を受ける。

一八九九年（明治三二年）　＊京都漆器商工組合取締役となり、同組合を法人組織に変更することに尽力する。

一九〇〇年（明治三三年）　＊パリ万国博に出品、銅牌を受ける。

一九〇一年（明治三四年）　美術工芸学校描金科勤務〈おそらく一九一〇年代に書かれたと思われる幸七自筆「履歴」はこの時代まで〉。＊グラスゴー万博に出品銀牌を受ける。

一九〇四年（明治三七年）　＊金閣寺修理漆工工事監督を勤める。

一九一〇年（明治四三年）　＊三月一七日没す。（五七才）。


作品は帝室御用品、『小倉山図蒔絵小箱』『逢坂山図蒔絵硯』の他、『須磨明石模様蒔絵文台硯箱』『擣衣図蒔絵手箱』その他がある。『須磨蒔絵硯箱』『磯千鳥蒔絵料紙箱』『紋蒔絵書棚』はアート・コンプレックス美術館（ACM）が所蔵している。

＊で示した漢字平仮名混じり文は京都漆器工芸協同組合「富田幸七」『京漆器－近代の美と伝統－資料編』（光琳社、一九八三年）九二頁からの抜粋。
（　）内の記入は原本にあったもの。〈　〉内の記入及び西暦の記入は筆者。年齢は数え年。

第二章　幸次郎の生い立ちと米国留学（一八九〇〜一九〇七）

本章では、富田幸次郎の少年時代から留学までの軌跡を、富田幸次郎が二一歳で記した自筆履歴書に沿って述べることにします。まず前半、戸籍や生育環境を紹介した上で、一九〇六年農商務省海外実業練習生に選ばれ、塗料（西洋式の油を使用した）調査、及び漆器の販路拡大を目的として米国ボストンに留学することになるまで、彼の少年時代を射程におきます。

二〇世紀初頭の日本では、留学者自身は個人には違いないことでしょうが、現代のように個人のみの自由意志で留学が許されるほど簡単なことではなかったと思います。幸次郎の場合、父の希望、京都漆工界からの要請、国の援助などが留学を可能にしたと考えられます。本章後半ではそのような状況下、幸次郎の留学生活の実態と、彼を迎えた二〇世紀初頭のアメリカ社会について確認しておきましょう。

第一節　富田幸次郎の生育環境

（一）生い立ち

ダックスベリーにあるアート・コンプレックス美術館（ＡＣＭ）に保管されております、富田幸次郎「自筆履歴書」

（付表2〔六五頁〕、以下「自筆履歴」とする）[1]によれば、彼は一八九〇年（明治二三年）三月七日京都市に生まれています。日本では第一回帝国議会が開会した年に当たります。象徴的ですが、同年ボストン美術館においてアーネスト・フェノロサが日本部キュレーターに就任しています。また、岡倉覚三が東京美術学校初代校長に任命されたのもこの年です。

原籍は京都市上京区二條通西洞院西入西大黒町参百参拾五番地です。幸次郎の誕生と父親である幸七の蒔絵業を生業とする店の開業に伴い、直後に一家は京都市上京区椹（さわら）木町堀川西入ル講堂町七番九に転居しております。つまり、幸次郎は椹木町講堂町に渡米するまでの一六年間を過ごしたことになります。現富田家当主である富田恭弘[2]は私宛ての書簡において次のように語っています。

当時のこのあたりを想像出来ませんが、今は住宅密集地で講堂町は東西二〇〇メートル、南北一〇〇メートルの区画の小さな一角です。八〇〇メートル東に御所、二〇〇メートル南に二条城。すぐ東は南北に堀川が流れ、上流の川で作業する（京友禅の：筆者注。以下同様）為染料の濁った桃色の流れとその匂いが常でした。[3]

また幸次郎姪芹川スズ[4]は、次のように記しています。

幸次郎叔父様の生まれた（育った）のは御所蛤御門の向かい側で、鉄砲か小型大砲の玉が（禁門の変の時に）落ち込んで、中でとまったという長持は裏から木片で穴をふさいでありますが今もあります……講堂町の家の塀は幸七さんが凝ったことが好きで、塀は舟板で作らされたそうですが今はありません……ヨネ叔母さん（幸次郎次姉）の話では、美術学校が御所の富小路辺にあり、そこへ叔父様が通学される時、よく朝、ヨネ叔母さんの嫁先（中大路家）丸太町堀川の家へ寄られ……泥のついた洗濯物をラン母様がきつかったので内緒で持って来られたそうです[5]。

この書簡によれば、彼は外遊びの好きな腕白少年であったようです。父幸七の親しい友人に、京都市立美術工芸学校教員として同僚であった、近代日本画の巨匠富岡鉄斎が居ります。鉄斎は度々富田家を訪問し、興を得てよく同家で画を描いたそうです[6]。幕末動乱の痕跡が残る御所近くの幸次郎の自宅は、来客で賑わう居心地の良い家であったのでしょう。

幸次郎は蒔絵師であった父富田幸七、母ランの末子で長男として生まれています。上に長姉ハル、次姉ヨネ、三姉アサが居りました。父母姉三人の六人家族に加え、幸七の徒弟五人が暮らす大所帯でしたが、家は広く豊かであり、幸次郎は腕の立つ父の下でぼんぼんとして育てられたそうです[7]。長姉ハルは幸次郎が七歳の時、養子誠（セイ、一八七三―一九四四　蒔絵師、後に京都市立美術工芸学校教授一九一〇―一九一六）と結婚し、誠は富田家の養子となっています。この例は男子がその家にいない、もしくはその男子が幼少であった場合の慣習によるものでしたが、この場合は後者でしょう。同居する長姉夫婦の家族も次第に増え、賑やかな家でありました。

幸次郎 12 歳

幸次郎の母ランは、椹木町猪熊の指物師中西治兵衛の娘で、骨董商二代富田伊助の二女として養女となり、のちに富田家を継いでおります[8]。幸七は一八八〇年、ランと結婚し、富田伊助の養子となっています。富田伊助は、幸次郎が生まれる前年一八八九年に没していますので、骨董商であった祖父の家業が、幸次郎に直接なんらかの影響をもったとは考えにくいのですが、後の彼の生涯を暗示するかのようです。富田恭弘によれば、「骨董商を営む伊助は腕の立つ幸七を見込んで養子にしたのだと思う」、「幸七は伊助の葬儀を一仏（導師）五僧、つまり六僧で盛大に」執り行ったそうです。

幸七は晩年パーキンソン病を患い、幸次郎を頼って外出に付き添わせたり、フォーマルな会合に代理出席させたりしておりました。幸次郎にとって年長者や病人が常に身近であったことは、彼のふるまいにある種の大人びた落ち着きと、成熟した外観をもたらしたように思われます。彼の渡米の頃の写真を見るとそのような印象を誰もがもたれるでしょう。

富田幸次郎は、一九〇二年、一二歳で京都市立美術工芸学校描金科に入学しました。この学校で父と同じように若くして高度な蒔絵の技術を習得しています。しかし父と違い、徒弟制度ではなく美術学校という場所で技を学びました。新時代の教育制度によるエリートの誕生です。彼は三年次から特待生として月謝を免除され、入学四年後一六歳で卒業しております。「自筆履歴」によれば、「学年賞与ヲ受ケタル事　一等賞六、二等賞五、三等賞参ヲ受ク」と記していますので、在学中の成績が優秀であったことが窺えます。卒業制作は秋草に月の図の平蒔絵が施された硯屏（硯のそばに立て、埃などを防ぐ小さな衝立）でした。また彼が在学中に制作した金梨地蒔絵の大振りな仕服型香合は、ボストン美術館が現在所蔵しています（一九四一年、富田幸次郎夫人ハリエット・ディッキンソン・富田による寄贈）。これらの作品は一五歳だった彼の力量を示していると思われます。

（二）京阪地方で話題となった幸次郎留学のニュース

富田幸次郎が農商務省海外実業練習生に選ばれたそのニュースは、京阪地方で大きな話題となったようです。『大阪毎日新聞』（明治三九年八月）に次のような記事があります。

> 頼もしき青年工芸家：一七歳（数え年）の蒔絵の名手、農商務省海外派遣の新例、京都美術工芸学校出身。嬉

しくも品性技量二つながら優等なる今年一七歳の青年工芸家こそ現れたれ、しかも在来の例を破り農商務省より選抜され事業調査海外実業練習の為三ヶ年間米国ボストン府に留学を命ぜられたる美談あり、青年の名は富田幸次郎といひ……本年三月京都市立美術工芸学校描金科（蒔絵）優等の卒業生なるが……。(9)

記事はまた、父富田幸七の海外万博での業績や、幸次郎がいかに品行方正、性質温順身体もまた強健であるかを述べています。さらに、幸次郎への農商務省からの任務が、「米国に於ける漆器販売業並に塗料製造の現況、同上塗料の種類、及其製造方法、米国人の嗜好に適する漆器上絵の意匠図案、米国に於ける本邦製作漆器並に、雑貨販路の状況及製作上改良を要す可き事項、同上諸外国との輸出入状態其他一般参考とす可き事項」であると、研究課題が盛りだくさんであることに言及しています。要するに、幸次郎の双肩に担わされた任務は、西洋式塗料の情報を得ること、米国の風土と米国人の嗜好に適った、輸出用日本漆器の開発等への情報収集でした。記事後半には以下のように記されています。

留学のニュースを伝える『帝国画報』（1906 年 9 月号）

若年の身に其責任の重大なるは元より、派遣許可に当りても在来に例なく、卒業後実地練習の時日なきと、其年少なるとより、種々の故障は起りたるも、取調べの末愈々（いよいよ）その任に堪うる者と認められ、茲（ここ）に、京都府庁を経て命は伝えられたるなりき……。

留学のニュースは他にもあります。『帝国画報』（一九〇六年九月）は、「蒔絵研究其他取調の為米国へ留学を命ぜられたる富田幸次郎氏。氏は京都堀川の人天才と勉強とを以て技術抜群工業学校卒業。直ちに洋行の命を受けたるなり。下図は氏の作品硯屏なりとす」と、利発そうな表情をしたスーツ姿の幸次郎と共に、卒業制作の写真が掲載されています。(10)

京都市立美術工芸学校を卒業したばかり、何の実績もない幸次郎に、このような任務を与えるということは、当時の京都漆工界や塗料業界が、輸出製品の近代化と産業化を非常に急いでいたことや、幸次郎がもたらすであろう米国の最新情報に、いかに期待を寄せていたかを窺わせます。米国は一八七六年のフィラデルフィア万博、一八九三年のシカゴ万博を経て、ジャポニスムの最盛期を迎えておりました。一九世紀末期には、日本美術工芸品の最大の輸入国となっていたのです。彼の赴任地が米国であったのはそのためであったのでしょう。

一九〇四年のセントルイス万博の頃よりアメリカのジャポニスムは下火に向かいます。しかし一方では、次のようなエピソードも残っています。やや時代が下って一九〇九年（富田幸次郎留学時代）、ボストンに支店のあった東洋美術古美術商「山中商会」は、ボストン支店の経営不振に陥るのですが、支店長山中貞次郎が支店閉鎖を告げると、思いがけなくボストン地元市民が、ニューヨークの日本総領事水野幸吉（一八七三―一九一四　幸次郎の留学時代を監督した）に陳情し、結局外務省から大阪府知事高崎親章を通じて、存続要請が行われたというのです。山中商会ボストン支店は、単価の安い雑貨や盆栽なども扱っていたからでしょう、この頃までには、日本の美術品や工芸品がボストン市民にある程度の需要を維持していたことがわかります。

第二節　農商務省海外実業練習生としてボストンへ赴任する

（一）農商務省海外実業練習生とは？

農商務省海外実業練習生制度について少し述べておきましょう。この制度は「殖産興業」と「海外貿易の拡張」をスローガンに、それを具体化する人材育成を目的として一八九七年に創設されました。一八九五年農商務省次官であった金子堅太郎（一八五三―一九四二）が、第九回帝国議会衆議院予算委員会で、貿易拡張の観点から海外実業練習生の予算化を提案したことに始まります。背景には日清戦争後の好況による国家財政の好転が挙げられます。また当時、文部省の公費留学生で帰国した人々が、いわゆる「お雇い外国人」の後任として、帝国大学をはじめとする文部省直轄学校の要職に多数就いたことも背景にありました。帰国した文部省公費留学生が、民間企業には浸透しない状況となっていたのです。実は、新たな知識や技術を本当に欲していたのは民間企業だったのですが。そこでそれではと、実業界は自らと関係の深い農商務省に対して、新たな公費留学制度の創設を要求するようになりました。海外実業練習生制度は、日清戦争後の政府による民間への助成の機運の高まりを示していたといえるでしょう。[11]

この公費留学制度は、審査によって選抜された志願者に三年にわたり補助金を支給し海外に滞在させるというもので、一九二八年まで三〇年間継続され、練習生の合計は八五七名にのぼります。練習科目は美術工芸、株式取引、製鉄、農業等五〇もの分野に及び、農商務省は三ヵ月ごとの現地での最新情報の報告を練習生に義務付けました。それらの報告は彼等の指揮監督を任されていた派遣国の領事を経由して、農商務大臣に提出されておりました。[12]

美術工芸を専門とする海外実業練習生は富田以外に、横山秀麿（大観一八六八―一九五八　東京美術学校出身　ボストン派遣　一九〇四―一九〇五）、六角注多郎（紫水一八六七―一九五〇　東京美術学校出身　ボストン派遣　一九〇四―一九〇七）、津田亀次郎（青楓一八八〇―一九七八　京都市立染色学校出身　パリ派遣　一九〇七―

一九一〇)、高村光太郎(一八八三—一九五六　東京美術学校出身　パリ派遣　一九〇七—一九〇九)たちが居りました。海外実業練習生として美術関係者は七七名に及び、日本で最高水準の美術教育を専門的に受けたエリート達でした[13]。

彼等の練習科目(研究課題)を見てみると、横山秀麿が工芸意匠図案を、六角注太郎は漆器製作業に、津田亀次郎は染色図案、高村光太郎は室内装飾及彫刻を挙げています。農商務省による公費留学制度が、横山大観や高村光太郎たちの美術家の養成に関与していたことは、実際に彼等が学んだことと一致せずやや奇異に映ります。しかし、明治初年以来、美術工芸品が日本の輸出品として重要であり、輸出用の製品——産業(それには図案が必要)として認識されていたことを考慮に入れれば、それらを管轄していたのは農商務省だったのです。

明治大正の美術家たちが海外実業練習生制度を利用し、個人による海外留学が難しい時代に国家の保護のもとで留学できたことは、個人にも、また美術界にも有益であったと考えられます。またこの制度は練習生に報告書を要求するのみで、留学生の海外での活動にはあまり口を挟まなかった明治政府のおおらかさが窺えます。いずれにしましても、美術家たちの海外実業練習生としての体験は、当時においては、芸術作品と輸出工芸品(商品)との区別が未分化で峻別されていない時代であったことを物語っていると思います。

富田幸次郎は練習科目に、「漆器販売並塗料製造業」を挙げています。彼に期待されたことは英語を習得し、米国の市場を調査し、京都工芸の輸出振興を図ること、そして欧米スタイルのビジネスのやり方を学ぶことにありました。それにはこの練習制度を利用するのが一番の早道であったのでしょう。ハリエット・ディッキンソン・富田の手稿(以下、『ハリエット・富田手稿』とする)によれば、

> (父の)幸七は国の近代化のために、日本の金(金粉)は専らつかわれていることに段々と気づきつつあった。いずれ、金蒔絵は凋落するであろうと予想することができた。そこで、幸七は熟考の末、疑うべく辛いことで

あったであろうが、一六歳の一人息子に英語を完璧に身に着けさせるためにボストンへ留学させる決心をしたのである。ビジネスで成功したいと思う者にとって、英語は日本でより重要な知識になりつつあったのである。(14)

派遣された美術家たちと同様に、富田にとっても農商務省海外実業練習生制度が有益であったことは言うまでもありません。一九〇一年、北九州で八幡製鉄所が操業を開始し、軍備増強と産業資材である鉄鋼の生産増大が図られ、国内の重工業化が進められます。その建設費には日清戦争で得た莫大な賠償金が充てられました。農商務省海外実業練習生制度設立もまた、日清戦争後の好況が背景にありました。近代化（西洋化）と産業主義のうねりは、政府の方針のみに止まらず、蒔絵修行に明け暮れていた、京都に住む一六歳の少年の運命にも及ぶことになったのです。

第三節「革新主義」と「黄禍論」に揺れる幸次郎を迎えたアメリカ社会

富田幸次郎は一九〇六年に渡米しました。彼の渡米前後、一八九〇年代から一九二〇年にかけての世紀転換期のアメリカは、一般に「革新主義の時代」と呼ばれています。

南北戦争（一八六一―一八六五）後のアメリカ社会の発展はめざましいものでした。一八六〇年から一九一四年にかけて、わずか半世紀の間に人口は三倍に増加し、一八九〇年には工業生産額が農業生産額を上回りました。大陸横断鉄道が完成したのもこの時代のことです。工業の発展は人口の都市集中をうながし、各地に巨大都市を誕生させ、一八七〇年には二〇万人だったシカゴの人口は一八九〇年には一〇〇万人を超えました。このような都市人口増加の要因は、農村部からの国内的な人口移動もあるのですが、爆発的な移民の増加が挙げられます。一九〇三年から一九一四年にかけて、毎年七五万人以上の移民が工業化で創出される雇用を求めて、新天地合衆国に殺到したのです。

開拓地と未開拓地との境界地域であるフロンティアは、一八九〇年既に消滅し都市には失業者があふれました。

二〇世紀初頭のアメリカの人々は、都市化、移民の増加、機械化による大量生産を前に、建国以来の伝統的な価値観——自らが自らの主人たりえた「自営農民と職人と商人の共和国」が、崩壊していくのを目の当たりにしていたのです。

「革新主義の時代」とは、このような現状を乗り越える運動として起こった潮流を言い、アメリカの社会や政治の改革が著しく進んだ時代を指しています。具体的には憲法を修正し、所得税を導入（憲法修正一六条、それまでは丸儲け）し、アメリカ合衆国上院議員の公選制（憲法修正一七条）を行い、禁酒法（憲法修正一八条）を制定し、婦人参政権（憲法修正一九条）を認めることなどが挙げられます。また反トラスト法（独占禁止法）の成立や、セツルメント運動（社会改良運動）などもこの時代のことです。

一方、別の潮流もありました。日清戦争（一八九四―一八九五）や日露戦争（一九〇四―一九〇五）を契機として、日本がアジアの帝国主義国家として膨張を始めると、欧米では「黄禍論」（Yellow Peril）が叫ばれるようになったのです。黄禍とは中国人や日本人が白色人種に与える脅威のことを指しています。[15]

ハインツ・ゴルヴィツァー（Heinz Gollwitzer）は『黄禍論とは何か』を著し、黄色人種へのそのような脅威に至る偏見の裏に何があったのかを分析しています。その分析によれば、脅威の種類は次の三つに整理されています。第一は、白人労働者が低賃金で長時間働く苦力（クーリー）との競争に対して抱く脅威。第二は、欧米の資本が極東の工業化によって市場を奪われないかと抱く脅威。第三は、強大な黄色人種の国々が完全に開放され、政治的独立を達成したのち、アジアでの優位を確立し、さらには世界支配を目指さないかという脅威です。

日清戦争後一八九五年、ドイツ皇帝ウイルヘルム二世（Wilhelm II, 1859-1941）は、一枚の絵の中で「黄禍」を象徴的に描いてみせました。「ヨーロッパ人よ、汝の神聖な財産を守れ！」と題されたこの絵は、皇帝自らが下図を描き、宮廷画家のヘルマン・クナックフスに仕上げさせたものでした。その絵はドイツ人の守護天使ミヒャエルがヨーロッパ諸国を象徴する戦いの乙女たちを教え導く姿を描いています。カイザーはこの絵をロシア皇帝ニコライ二世（Nikolai II, 1868-1918）だけではなく、ビスマルク（Otto von Bismarck, 1815-1898）をはじめとする政治家たちに贈り、さらには印刷していたるところに流布させました。ドイツ極東汽船の船内にまで取り付けられたといいます。独露仏による三国干渉は、この黄禍論（第三の脅威）を背景にしているとされています。

米国において、日本人は明治初頭からハワイ移住を開始していましたが、やがてハワイ経由あるいは直接米国本土へ移住するようになり、白人の雇用を奪うなどの理由で次第に排斥されるようになっておりました。

一九〇六年、サンフランシスコを襲った地震の際、市教育局は、公立学校に通学する日本人学童に、中国人の隔離学校への転校を強制しました。この隔離政策はセオドア・ルーズベルト大統領（Theodore Roosevelt, 1858-1919）の干渉により、一九〇七年には撤回されるのですが、同時にハワイ経由での米本土移民は禁止されてしまいます。翌一九〇八年には、高平小五郎（一八五四―一九二六）駐米公使と、エリフ・ルート（Elihu Root, 1845-1937）国務長官との間に日米紳士協定が結ばれ、日本人移民はますます制限されるようになったのです。しかしこうした協定による制限にもかかわらず、反日感情は収まりを見せませんでした（第一の脅威）。カリフォルニア州ではその後、排日土地法が成立し、やがてアメリカ議会をも動かし、一九二四年新たな「移民法」を成立させたのです。この移民法を日本では「排日移民法」と呼ぶこともあるようです。

西海岸の日本人排斥と同様なことが、日本人の少ない、富田が住む東海岸のボストンであったとは考え難いかもしれません。しかしその頃、のちに富田と浅からぬ縁をもつエール大学で講師として日本文化史を講じていた朝河貫一（一八七三―一九四八）は、一九〇九年、実業之日本社から『日本の禍機』を出版し、アメリカの世論を紹介しつつ、日露戦争後の日本外交の背信を戒めています。

その中で朝河は、日露戦争の前後において、日本は東洋政策の根本を、中国の領土保全と列国の機会均等の二大原則におくとくり返し公言したにもかかわらず、いまやこれを反故にして排他の政策をたくましく進めているため、世界はそろって日本を非難しているのだと強調します。そして、アメリカが日露戦争を通じて日本に多大の同情をよせたのは、実に二大原則に正義の声を聞いたからである。日本が今日のようでは、今後、日米はたがいに一歩一歩、未来の政敵の位置に近づくことになるのではないかと憂え、さらに次のように記しています。

余は近年……ひそかに将来を想いて危惧するところありき。すなわち日本に対して篤き同情を有せる人士の中にすらも、一種の黄禍論のようやく萌したりしことこれなり。しかれどもそは、政治的黄禍論にあらずして、主として経済的黄禍論（筆者注：第二の脅威）なりき。勝戦の結果、日本が東洋を服して西洋を嚇さんとの説にあらずして、清韓の商工業を支配して他国民が二国における経済上の機会を奪うべしとの説にありき。しかるに戦後わずかに三年の今日、米国における日本黄禍論はすでに一部の人士より拡がりて、ほとんど国内の上下に普及し、これに加えてその説、単に経済的なるのみならず、著しく政治的見解を含むに至りたり。[16]

一九〇八年朝河は、黄禍論という言葉をすでにあったかのように使用しています。それほど黄禍論は一般的に流布されていたのだと察せられるのです。ゴルヴィツァーによれば、「当時の関連書物、小冊子、数多くの新聞雑誌などを徹底的に調べたところ、黄禍というスローガンが広まったのは、一八九四年から九五年の日清戦争に引き続いてのことであったことが確かめられた」としています。黄禍論という言葉が日清戦争後、世界中を駆け巡り、日露戦争後の世紀転換期の米国において、実に一般的な事象ととらえられていたことがわかります。さらに、米国に住む朝河は、黄禍論が「ほとんど国内の上下に普及し」と、『日本の禍機』において指摘しています。カリフォルニア州の排日運動のみにとどまらず、全米に及んでいたことがわかるのです。

第四節　幸次郎の調査の実態と農商務省への報告書

富田幸次郎は、「革新主義の時代」のボストンに突然放り込まれ、黄禍論にも直面せざるを得ませんでした。彼の知性と感性がそれをどのようにとらえどのように対応したのか、農商務省海外実業練習生として調査する実態はどうであったかを、本節では幸次郎の書簡と手稿を使用しながら検討することにしましょう。

『農商務省商工彙報』（二〇〇三）を監修した松村敏は、「練習生が後年社会的に活躍し、きわめて著名な人物になった場合でも、若い時期に欧米等に留学したことはよく知られていても、この練習生制度によって海外に派遣されたことや、彼等の練習科目、提出した報告書の内容などはほとんど知られていない」と、その「刊行にあたって」に記しています。富田幸次郎の書簡及び手稿は、海外派遣された練習生の肉声として重要であろうと思います。[17]

（一）ボストン赴任直後、幸次郎の不安感

富田幸次郎はボストンに在留し、「本邦漆器販路拡張並　塗料製造及雑貨ニ関スル調」を命ぜらています。自筆履歴によれば、農商務省より月額六〇円、京都市からも同様の調査を求められ月額三〇円支給されたことがわかります。彼は一九〇六年九月七日横浜を出港しました。一七日、バンクーバーに到着二泊し、モントリオールを経てボストンに九月二四日赴いています。ボストンでは貿易商を営む竹内という人の家（247 Colunbus Ave. Boston）に暫く住むことになりました。それは父幸七の竹内への依頼によるものでした。幸次郎から父に宛てた書簡の最初の一部分は以下のように記されています。アメリカ大陸にたどり着いた少年の不安な気持ちが綴られています。

……（バンクーバーからの）途中の風景は山特別偉大なるロッキー山　数多き湖を経て、遠望限りなき大原野等、

我国一弧小島の人の目よりは実に恐ろしく珍しく感ぜられ候。……慣れぬ汽車にてボストンに向ひ申し候。ボストンには竹内商会の方出迎え居られとのことなれば腹を据えて、毛唐ばかりの中安心なく、一時も早くボストンに着かんことを祈り申し候……。[18]

一二月になり、幸次郎は任務の遂行に取り掛かかります。以下の文はそのころ書かれた彼の手稿部分です。

……アレイ・アンド・エメリー商会（Alley and Emery Inc.）を訪れた。そうして愈々明日より研究傍ら塗部の手助に来ることを承諾した。塗部とは僅か二人のみ……此の塗部の頭の人が非常に親切にして呉れて給金は此の国の法律として与える事は出来ぬ。若し知れたら此商会が五百弗の罰金を徴せられるから致することは能わず。然し小遣位は何か方法をつけると、遂に一週間に三弗と定まった。之ハ此の国に於ける最下級の給金だそうであるが、僕は始めから金は要らぬと断った。……職工賃だけ秘密で呉れる。

……近々昇給しそうである。何しろ政府の生徒として居るから此方からも彼方からも金に関してハ一言も言はせぬ……。

……皆で三十二三人（が働いている）……。

……兎に角塗りの頭ハ僕を非常に可愛かって呉れる。西洋人ハ親切である。之に反しアメリカに居る日本人余り多く知らぬが今まで面会した多くの人は我利々々である。己の慾しか知らぬ。一年古くから此の地へ来た人も威張りたがる。情けも義理も何も知らぬ日本人として余りと思ふ人もある……交わりを避けし居る。……

……特に注意を払って研究しつつある事項　当地の空気、気候の乾燥寒暖が及ぼす漆乾燥の遅速及漆器の蒙る変化等実地製作を為して研究しつつあり……。

……此の様に其の商会に行く様になったのも、先日本から僕は非常なる将来の方針、現在の有様にと種々の方面に小さき頭を痛めていた……とうとう、アレイ・アンド・エメリー商会を訪れた。記憶すべき三十九年十二月十二日の朝である。(20)

幸次郎はボストンに着いてから、およそ二ヵ月半、この米国の都会で周囲を観察しながら過ごしています。彼は「将来の方針や、現在の有様に小さき頭を痛め」つつ、一二月一二日、アレイ・アンド・エメリー商会という家具工場で、働きながら研究することを決めました。この工場は朝七時半に始まって、一二時から午後一時までが昼休み、終業は午後五時半でした。「僕は八時に行って五時に終わる」、それも「時によれば随意にせよとの特典」を得ました。工場の職工は塗部が二人、大工が二人、椅子や寝台の布団等を造るのが七、八人。窓掛（カーテン）を造る女が一四人、壁紙張り、設計部、帳面方、皆で三二、三人が働く中規模工場でありました。(21)

（二）報告書作成に関しての幸次郎を見舞った困難

家具工場で西洋塗料について学びつつ、その塗料を実地に塗るという作業を幸次郎は行っています。しかし農商務省に報告書を提出できるほどの材料はまだありません。その頃の悩みを父と義兄に訴えています。

報告書を認むべく絶えず心致し居り候も、余り亜米利加のおおざっぱなるに依るか、報告の方針材料に就いて好き者も見出さず、大に頭を悩まし居り候。相談すべき人とてはなし。英語会話とては満足ならざるが為、大膽なる目論も中々容易に実行出来ず。漆器に就いて見聞する處一つとして悲観的ならざるはなく、爪のあか程も有望なることとなし。懐郷病には泣かざる小生も、是等を思ひ想えば泣き出し度き心さへ起こり来りて候……。(22)

この書簡の後半部分にはさらに次のようなことを記しています。アメリカで塗料調査をし、その報告書を書くという作業が容易にできるくらいなら、わざわざ遠く故郷を離れて自分が来ることもなかったであろう、そこで元気を出し、過日ボストン第一の大商店ジョーダン・マレーに行き、塗り物の部に行くことにした。そこには静岡や和歌山の、盆や手袋の箱があった。またドイツ製の模造漆器があり、一つ二つ求めた。売り子が日本製はきれいだが長く持たない、壊れやすいといった。ドイツ製を指してこちらの方がいいといった。持ち帰ってバラバラにしてアルコールで塗をはがした。ボール（紙製）の小片は強く、よくできていた。幸次郎は驚いてショック受け、日本の漆はうすっぺらでもろい、市場をとても席捲できない、と、このようなことを痛感するのでした。「ボールの日用品は多数御座候も、漆器の木地としては用い難し」と、漆塗りの前途に幸次郎は早くも悲観的になっています。

さらに、六角氏にはまだ会っていないと記しています。六角氏とは、日本美術院正員の六角紫水のことで、漆工の専門家として一九〇四年からボストン美術館、中国・日本部コレクションの修理を担当していた人物です。父、義兄と多少の面識があり、京都漆工界にもその名は知られていたのでしょう。

練習生として一年目、一六歳の富田幸次郎は三ヵ月ごとに農商務省に報告書を提出しなければなりません、彼の頭の中は常に報告書の案件でいっぱい、時には泣き出したい様子をこの書簡はよく伝えています。

（三）ペイント及びバーニッシュ（塗、艶出し）工場への見学

『ハリエット・富田手稿』によれば、「月日が過ぎ、幸次郎は英語の十分な習得はまだだというのに、思い切って西洋式塗装の調査に打って出た」という記載があります[23]。案の定、調査は順調には進みません。ボルティモアでは日本人への猜疑心を露骨に口に出されてしまいます。

……然れども彼等に一度其工場参観を申し込まば一言のもとに拒絶せられ、彼等をして日本人に注意すべき盗人なりとの怒りを抱かしめ候。……多くの返事拒絶にして「我会社ハ秘密の製法を有するを以て、如何なる人とい

へども参観許さず。外人の折角なる望みを断るハ遺憾ながら、やむを得ざることなれば」云々……

於メレーランド州ボルティモア　ホテルニューハワード[24]

右の書簡後半では、別な都市での体験、フィラデルフィアに向かった折の幸次郎の調査体験がさらに綴られています。念願のジョン・ルーカス・ペイント製造会社（John Lucas & Co. Philadelphia）に、とうとう工場見学をしたとあります。「日本人にハ決して油断が出来ぬ。種々に智恵を以て、我米国のものを盗まんとして居る。（しかし）我が会社、政府の人とあれば廣告ともなるべければ」、ということで、折れてくれたらしいのです。米国人が本音では日露戦争後、「日本人には油断が出来ぬ」と思っていることを、彼はボルティモアの件同様に重ねて家族に伝えずにはいられません。

さらに、「……工場（ジョン・ルーカス・ペイント社）の壮大ハ想像以上にあり、少なる村でいながら、此製造町ギブスボ（Gibbsborough）ある為に、停車場より鉄道馬車通り一の町街を形成致しおり候……」と、驚いた様子を述べています。日本にはない、目を見張る大工場を見学し、農商務省からの宿題である塗料調査に幸次郎は余念がありません。今、日本は英国製のペイント、バーニッシュを輸入しているが、その原料（ジンク・ホワイト）はアメリカである。「如何にアメリカの工賃高きと雖も、アメリカの輸出品英国品に比して、安くもたかきことなし」と、堂々自分の見解を述べるに至ります。

しかしながら、やがて幸次郎は「漆液の欠点は漆かぶれにある」、「漆液にては到底見込みなし」と、漆製品の販路拡大にはやや悲観的になってゆくのでした[25]。書簡後半部分では、父幸七に頼まれた木材乾燥機について述べています。時間を短縮し安定的に木材を乾燥させることが、京都の幸七たちの周辺で急がれていたのでしょう。書簡の後ろの方に、「（木材乾燥機は）実に大した仕掛けを要するもの、即ち蒸気熱をつくる動力室を要し、且つ、相当の建築物を設け……仕掛け千弗を超えるは勿論のことと存じ候」と書き送り、大規模なアメリカの産業化の実態を父に伝えています[26]。

さらに、「……年齢を第一の信用となすことは日本も米国も一つにて、小生の年にては子供とみなし（勿論ながら）信用薄きことは如何ともなり難く……」と、困難な調査実態が浮き彫りにされます。[27] 富田の調査はボルティモア、フィラデルフィア、ニューヨーク、ワシントン等に及び、「自筆履歴」によれば、農商務省より調査費用の補助金として、のちに四〇〇円が支給されています。

幸次郎がボストン到着直後に住んだ竹内レジデンスの主人竹内は、幸次郎に「お前はだんまりだから」と、彼の性格を述べたといいます。[28] 本節で紹介した三つの書簡や、彼自身の手稿を読み進めると、徐々にではありますが黙ってばかりではない、外国で道を切り開きつつある彼の行動力に触れることができます。

（四）次第にボストンに馴染んでゆく幸次郎の様子

「自筆履歴」によれば、一九〇七年留学二年目の四月から、幸次郎は練習場所を、家具の塗からピアノの塗を研究するため、メーソン・ハムリン・ピアノ工場（Mason and Hamlin Piano Company）に転じています。[29] 同社での調査報告の一編として、富田幸次郎は「米国ニ於ケル塗料工業」という報告書を書いています。[30]

以上各點ヲ総合スレバ、漆ヲ「ピヤノ」塗等ニ応用スルコト望ナキガ如ク、漆ガ未ダ完全ナル塗料ト云ヒ能ハザルモノアルヲ知ルベシ。特ニ漆疾（カブレ）ノ恐アルコト最モ忌避スベキ事柄タルコト、忘ルベカラズ[31]

幸次郎はアメリカの家具やピアノに漆を塗料として使用するは不向き、という結論に到達したようです。

同時期、あるいはそれより前に、幸次郎はエヴァレット市の、英語教師アデレイド・ホール（Adelaide Hall. Mrs. Hall, 10 Orchard 95 Everett, Mass.）家に居を移しています。ＡＣＭの「富田幸次郎アーカイブス」は大きな肖像写真を数枚所蔵しています。彼が生涯大切に保管していたものです。ホール夫人の写真はその中の一枚で、「貴方の友人そ

読書する幸次郎（1907 ～ 1910 年くらい）

アデレイド・ホール夫人

して教師であるアデレイド・ホールより一九〇九年」という献辞が、彼女の着ている白いブラウス部分にペン書きされています。ハリエット夫人は（『ハリエット・富田手稿』で）以下の様に述べています。

（渡米当初の）幸次郎の英語は非常に限られたものだった……幸次郎は英語の先生、アメリカ人が常に出入りしている下宿を探し始めた。すぐに、若い日本人学生と知り合い、その彼がエヴァレット市（Everett）在住のアデレイド・ホールという名の女性を紹介してくれた。彼女は結婚前に教師をしていた。出会った時は専業主婦であり、幸次郎より少し年上の娘の母親でもあった……後年、ホール夫人は私に言っている。「幸次郎は理解力のある生徒で、勉強に対して誠実な勤勉さがあり、一生懸命に英文学の知識を得ようとしていた」と。言うなれば、ホール夫人が予想したより（幸次郎は）はるかに大人であった。そして彼はアメリカの先進的な考えを吸収するにはよい気質だったのだ。(32)

幸次郎は英語を勉強するだけでなく、アメリカ人の家庭生活を体験できるというまたとない機会を得ました。右の引用で、ハリエットが「アメリカの先進的な考え」と述べているのは、先に述べた、二〇世紀初頭の「革新主義の時代」における、進歩主義的な考えを指摘しているのだと思います。「ホール夫人は幸次郎に、婦人参政権獲得への興味を語り、フォード・ホール・フォーラム（Ford Hall Forum）[33]の正規の参加者として、彼をそこに連れて行った」、「ホール夫人はまた文化の最良のものに触れさせようと彼をオペラに連れ出した」と、ハリエットの記述は続いています。[34]このようにして幸次郎は、当時の著名な知識人と触れ合う機会をもちはじめました。

日本では、一八九〇年第一回衆議院議員総選挙後、一九〇〇年に衆議院議員選挙法が改正され、「満二五歳以上、直接国税一〇円以上（それ以前は一五円以上）納める男子」のみに、選挙権が与えられました。男子普通選挙制が成立したのは一九二五年のことですが、それは実際には国民の自由を拘束する治安維持法との抱き合わせでした。

一方、二〇世紀初頭のアメリカの幸次郎の周辺では、既に婦人参政権が議論されていたのです。ホール夫人や彼女の仲間たちによる女性参政権や男女平等議論への幸次郎のコメントは、家族への書簡を読む限り見当たりません。しかし、このような米国での経験はインパクトがあったでしょうし、幸次郎の目を開かせる体験となったのではないかと察せられるのです。

幸次郎にとってホール夫人宅への転居は、英語習得と研究に好影響をもたらし、生活圏も徐々に広がっていきました。彼は、それまで住んでいた竹内レジデンスに近いコロンバス通りに、個人の仕事場を開設し、屏風などを修繕し始めました。当時の富田に依頼があったのでしょうか、彼は岩と竹の林に小鳥が舞うという東洋的な図柄の装飾塗を、一台のハープシコードの側面に施しています。その写真を私はＡＣＭで確認することが出来ました。[35]けれども時を経たその写真はセピア色に変色しており、蒔絵技法の使用によるものなのかは確認できませんでした。おそらく、彼の手掛けた最も大きな装飾作品の一つでありましょう。このハープシコードには幸次郎が蒔絵装飾を施したように見えるのですが、農商務省海外実業練習生として、彼には日本人の雇用拡大が念頭にあり、職人技を示して、アメリカで漆職人が働ける下地を作りたかったのかもしれません。

この頃から富田家への書簡に六角紫水が頻繁に登場し始めます。「六角氏ハ、其の働き居る博物館と小生の仕事場と

幸次郎が塗ったハープシコード

は幅大にあらざるを以て、時々遊びに来られ候」とあります[36]。博物館とはボストン美術館のことです。また、次のようなことも記しています。アレイ・アンド・エメリー社（幸次郎の最初の練習場所）の主人のテーブルの甲部分を塗ることになり、マホガニーに春慶塗を試みることにした、しかし結果は失敗であった、と。本人には不満足の出来だったようです。この作業の始めから終わりまで、アレイ・アンド・エメリー社の塗師のウィリアムが、仕事場に見学に来ているから教えているとした上で、さらに労働する意義や国益について以下のように触れています。

（貯金をしたいと思うのは）働きて得たる金、即ち正当の之を蓄えんとの目的に御座候。働いて働いて、遊ぶ時にはよく遊べとは、何処も同じことには候へとも、此の国にて認め得られ候……。……（六角氏は）我が国の塗法を毛唐に教えるには、相当の条件を着け奥必要があるとなれば、我等は高き費用を投じて此国に来たり。而して無条件無代で教えては馬鹿を見るべし。（しかしそんなことをしては）彼等が直接他から漆を取り寄せて始業（するかもしれない）。……小生考えし候。若し毛唐が漆液を我が国から購買するならば一の国益なるべし。但し六角氏の談によれば、其人漆樹の苗を毛唐に売りしとかにて、国賊なりといふ評判起こりしことありと。然れども我が国の漆の産出僅かなれば、敏多き毛唐ハ支那より直輸入をなすやも計り難し、すれば我が国には一の利益なく、骨折りの（漆樹を売らず、また塗法を秘密にするのは）くたびれ儲けの感なきもあらず……[37]。

この書簡は、渡米後一、二年であるのに、彼が「泣き出したき」少年から突然大人になったようで目を見張るものがあります。「働いて働いて、遊ぶ時にはよく遊べとは、此の国にて認め得られ候」と、幸次郎はアメリカで、働くことの喜びや人生を楽しむことを知ったようです。また自立を目指し冷静且つ客観的な目を持ち、六角の言にコメントしていることにも驚かされます。

富田にとって、米国人ウィリアムの新技術に対する探究心は、日本の職人の家に生まれ育った彼にはなじみ深い光景であったと思われます。彼が日本の漆技法をアメリカ人に教えることに対して、全く抵抗がないことにも気づかされます。島国根性ともいうべき閉鎖的な考えを彼は若い頃からしていないのです。このような物事を平らかに見る目はその後の彼の人生にどのように作用していくのでしょうか、留意すべき事項でしょう。後に富田自身、日本の国宝級の美術品を国外に持ち出し、祖国の人々から「国賊」と呼ばれ、日本訪問中は公安警察に絶えず監視されることになるのですが、それについては後述します。

本章は、富田幸次郎の少年から青年への過度期の成長の記録です。京都で生まれ育った幸次郎が、農商務省海外実業練習生に選ばれ、米国ボストンに赴任し、慣れない環境に直面しながら、調査報告書を書き上げていく過程を「自筆履歴」に沿って述べました。革新主義や黄禍論といった当時の世相を背景にしつつ、彼は海外実業練習生として、練習場所である家具工場やピアノ工場で、職人たちと親しく交わり信頼されました。依頼がありハープシコードの塗装を、日本式に行う仕事をこの頃試みています。

付表2　富田幸次郎自筆履歴書

原籍　京都市上京区二條通西洞院西入西大黒町参百参拾五番地　平民戸主富田幸次郎
明治弐拾参年参月七日生。

年号月日学業任免俸給給与賞罰官衛学校等
一八九〇年（明治二三年）三月七日　京都市ニ生ル。
亡父　元京都市立美術工芸学校漆工科教諭　富田幸七。
母　ラン。
一八九四年（明治二七年）四月　京都市待賢幼稚園入園。
一八九六年（明治二九年）三月　退園。
同　年四月　京都市立待賢尋常小学校入学。
一九〇〇年（明治三三年）三月　尋常四学年卒業。
同　年四月　京都市立第一高等小学校ニ入学。
一九〇二年（明治三五年）三月　二学年終了退学。
同　年四月　京都市立美術工芸学校入学。
一九〇六年（明治三九年）三月　第四学年卒業。
学年賞与ヲ受ケタル事　一等賞六、二等賞五、三等賞参ヲ受ク。
一九〇六年七月　農商務省海外実業練習生拝命、北米合衆国マサチューセッツ州ボストン市在留本邦漆器販路拡張並塗料製造及雑貨ニ関スル調ヲ命セラレル。練習補助費月額金六拾円ヲ給与セラル。
同　年八月　京都市嘱託右同断調査ヲ命セラル月手当トシテ金参拾円ヲ支給セル。
一九〇六年（明治三九年）北米合衆国ボストン市に到着。アレイ・アンド・エメリー社ニ於テ調査事項ノ練習ニ従事ス。

一九〇七年（明治四〇年）四月　同市メーソン・ハムリン会社に転シ同事項ヲ研ス。
同　年九月　　ボストン市美術博物館東洋部員ヲ嘱託セラル。
一九〇八年（明治四一年）二月　農商務省ヨリ特ニ米国塗料ヲ命セラレ旅費補助トシテ金四百円ヲ給与セラル。
一九一〇年（明治四三年）一月　日英博覧会京都出品協賛会事務員ニ任用英国ニ出張ヲ命セラレ月手当金百五十円ヲ
　　　　支給。
同　年三月　　農商務省練習指定地変更ノ許可ヲ受ケ英国倫敦ニ渡航ス。
同　年同月　　父幸七死亡戸主トナル。
同　年四月　　日英博覧会日本出品協会事務取扱ヲ嘱託セラル。
同　年七月　　仏蘭西、白耳義ヲ視察トシテ旅行ス。
同　年八月　　農商務省海外実業練習生満期トナル。
同　年一二月　北米合衆国ボストン市ニ帰航シ同市美術博物館ニ再勤務ヲナス。
一九一一年（明治四四年）四月　家事整理ノ為内地実業視察博物館美術見学ヲ一時帰朝ス。
同　年五月　　京都聯隊区徴兵署ニ於テ徴兵検査ヲ受ケ丙種ヲ以テ徴集免除トナル。
現　今　　　　米国ボストン美術博物館員及京都市嘱託中。
一九一一年（明治四四年）六月　再ビ米国ボストン市ニ渡航セントス。

右之通リニ候也。

明治四四年五月一八日

右　　富田幸次郎

第三章　ボストン美術館——めぐり合う人々（一九〇八〜一九一五）

本章では、富田幸次郎が農商務省海外実業練習生、あるいはボストン美術館でアシスタントとして働く中、どのような人物と出会ったかを明らかにします。本章は彼の青年時代の記録となります。

六角紫水は富田をボストン美術館で中国・日本部キュレーターであった岡倉覚三に引き合わせます。岡倉と出会い、やがて尊敬すべきボストニアンたちに見守られながら、彼は次第にボストンの生活に馴染んでいきます。やがて「ボストン以外にあると何となく落ち着かず、第二の故郷はボストンに御座候……安価品を亜米利加に奨励する政府の方針は或いは誤れる[1]」と、故郷に書き送るまでになります。協調性を持ちながらも、批判精神を忘れない青年に成長していきます。

農商務省海外実業練習生の任期は三年でした。幸次郎はさらに一年の練習生としての身分が認められ、一九一〇年ロンドンで行われた「日英博」に出張を命ぜられます。折しも父幸七死亡の知らせを受け取るのですが、岡倉の要請もあり、幸次郎は日本に帰国せず、ボストン美術館に正式に就職したのです。

本章はまた、彼がその後長きにわたってボストンに留まったのは、岡倉との出会いが決定的であったことは言うまでもないのですが、後のハリエット・ディッキンソン（Harriet Dickinson 1889-1985）との出会いと結婚が、ボストンに留まった要因として重要であったことを指摘します。その部分に関してはハリエットが二人の関係について述べた手稿に依拠します。

第一節　ボストン地域とボストン美術館

（一）二〇世紀初頭のボストン地域

マサチューセッツ州の州都ボストン市は、アメリカ北東部、ニューイングランド地方最大の都市です。また、大ボストン（Greater Boston）と呼ばれる圏内は、近郊のケンブリッジやレキシントン、コンコードなど、一〇〇近くの市町村を合わせた地域を指し、アメリカ合衆国の建国と独立の歴史に深く係わっています。そこでは、海洋産業と紡績産業で富を得た裕福な「ブラーミン」（ボストンのバラモン）――古代インドの司祭階級バラモンからの援用――の家族が、ピューリタンの「高貴なる者の義務」（ノブレス・オブリージュ noblesse oblige）の継承者として、何世代にもわたって、ボストンの社会生活における政治、経済、文化芸術、慈善活動の中心的存在となっていました。[2]

幸次郎が渡米した頃のボストンは、ブラーミンの権力基盤にもやや陰りが見えていた頃でした。アイルランド系、イタリア系移民の流入がピークに達し、ローマ・カトリック信者が政治的にも影響を及ぼし、一九〇六年には、アイルランド系カトリック市長として、ジョン・F・フィッツジェラルド（John F. Fitzgerald, 1863-1950）を誕生させていました。また経済的には既に、ニューヨークのロックフェラー、カーネギー、グッゲンハイムなどの新興資本家の前に競争力を失っていました。「毛並みの良さ、質素さ、市民志向というブラーミンの美徳は『金ぴか時代』（一九世紀末のバブル期）にあっては、生気のない時代錯誤」[3]となっていたのです。

一方、世紀転換期のアメリカでは、合理化、産業化、都市化という近代主義に抗した、反近代主義（アンティ・モダニズム）の意識も芽生えておりました。それに関しては、T・J・ジャクソン・リアーズが、『近代への反逆――アメリカ文化の変容　１８８０-１９２０』）を著し、詳しく論じています。[4] リアーズが定義する「アンティ・モダニズム」とは、一九世紀末のヨーロッパとアメリカの教養ある上流階級が共通して抱いた、一種の「個の危機」に対する反応で、中世や東洋の宗教、文化への傾倒、および、美術工芸（アーツ・アンド・クラフツ）運動などを通じて、手応えのある生活を渇望する心情を指しています。

また、リアーズの「アンティ・モダニズム」の概念を援用し、立木智子はボストン時代の岡倉覚三について論じ、次のように指摘しています。

二〇世紀初頭のアメリカは、近代化の波が押し寄せる中で、都市化が進み、南欧、東欧からの移民が増加し、アメリカ文化の伝統的価値観が崩壊してゆく時期にあった。大量生産に基づく、機械文明が広まり、芸術家が疎外されるような社会に飽き足らないボストン・ブラーミンは、新しい価値観を模索すべく、東洋の文化、とくにその美術、宗教に精神的充足を求めた。(5)

私は、ＡＣＭ、あるいはイザベラ・ガードナー美術館（以下ＩＳＧＭとする）において、富田幸次郎の交友関係について調査する過程で、何人かのブラーミン出身の人々――エドワード・ジャクソン・ホームズ（Edward Jackson Holmes Jr., 1873-1950）、ラルフ・ローエル（Ralph Lowell, 1890-1978）、サミュエル・キャボット（Samuel Cabot）、イザベラ・ガードナー（Isabella Stewart Gardner , 1840-1924）たち――との間で、親しい書簡のやり取りがあったことを知りました。アーツ・アンド・クラフツ運動が盛んであったボストンで、富田幸次郎は岡倉覚三の愛弟子であり、職場で（ホームズは館長、後に評議会委員長・総裁に就任。ローエルは評議会委員長・総裁となった）、或いは友人として、このようなブラーミン出身の文化人たちにめぐりあっていきます。やがて彼はアメリカの古都であるボストンに住み、ボストン美術館で終生働くことの意味を見出していくのです。

（二）ボストン美術館

富田幸次郎八六年の生涯のうち、その大半、五五年間も勤めることになる、ボストン美術館（The Museum of Fine Arts, Boston）について説明しておきましょう。

この美術館は一八七〇年（明治三年）、法人として美術品の保存、展示、研究を目的として、ボストン図書館内の一角に誕生しました。初めは私立の社会教育機関として発足しました。ハーヴァード大学、マサチューセッツ工科大学、社会科学協会のコレクションをもとに組織され、一八七六年七月四日、アメリカ合衆国建国百年を祝う独立記念日にコープリー広場において開館したのです。ヨーロッパの美術館が王侯貴族のコレクションから始まったのに対し、ボストン美術館は市民の献金のみで設立され、市民の教育の場（美術教育）としてスタートしたわけです[6]。好対照なことに、同年ヨーロッパではバイロイト祝祭劇場がワーグナーの手によって完成していますが、こちらの方は貴族の庇護があったことは言うまでもないでしょう[7]。

「市民の献金――市民の誇り」という伝統は、今日でも固く守られており、税金は一切投入されず、評議会が人事、職員給与、予算などすべての運営内容の決定を創立以来行っています。この評議会はフェノロサ（日本部キュレーター）、岡倉覚三（中国・日本部キュレーター）が在任したアジア部キュレーターの地位に富田幸次郎を、第二次大戦中も含めて彼自身の希望もあったのでしょうが三二年間留めておりました。美術館は一九〇九年コープリー広場からハンチング通り四六五（Huntington Avenue）に移転し、数度の改装をへて現在に至っています。

ボストン美術館には創立以来、民間の寄贈、遺贈の美術品や基金をもとに、ボストニアンを中心とした寄付による運営がなされてきたという伝統があります。市民による運営の伝統を支えているのは、実は強烈な市民意識でありましょう。富田はこのことに関して次のように述べています。

アメリカの美術館で公のものはほとんどない。国立になっているワシントン・ナショナルギャラリーとかフリーヤ・ギャラリーとかいっても、それは個人が金を出して、政府の経営というのは番人を出すくらいの程度である。資金は個人の出した金でやっている。だから美術館という概念が全然違うのである。[8]

また長く日本銀行に勤め、優れた仏教学者である井上信一（一九一八―二〇〇〇）は、ボストン美術館を訪問した時（一九七〇年頃？）の富田との会話を次の様に記しています。

（私は）こんな立派な美術館をもっているアメリカの資力を羨んだのである。すると富田さんは急にいかめしい顔付になり、日本人はすぐそういう考え方をするからいけない。この美術館でも始めは市民が少しずつ金を出し合って、一〇〇〇ドルか二〇〇〇ドルの金を基にして出発したのである。何ごとも自分たちの力でやるというアメリカ人の気持ちが大切で、金の有無が問題ではない。ところが日本人は、すぐ政府に金を出してくれという。この考えが直らない限り、日本には民主主義は育たない。と、このように強くたしなめられた。[9]

富田がアメリカの民主主義を高く評価していたことを窺わせます。現在のボストン美術館はエジプト古代美術から印象派の巨匠達の作品、あるいは東洋美術等、近現代に至る各分野の作品を収めて壮観です。また最近では他館に先がけてデータベースの一般公開（www.mfa.org）を行って多くの利用者の支持を得ています。

その中にあって圧巻の日本コレクションは、かつて明治政府が「廃仏毀釈」という蛮行を行い、仏教美術を打ち捨て、浮世絵や伝統工芸品などには見向きもせずにつぶす、あるいは捨てていた時代に、エドワード・モース（Edward Sylvester Morse, 1838-1925）、アーネスト・フェノロサ（Ernest Francisco Fenollosa, 1853-1908）、ウィリアム・ビゲロー（William Sturgis Bigelow, 1850-1926）、岡倉覚三（天心一八六三―一九一三）等がこれらをアメリカに送り、コレクションとしたものが礎となっています。この日本コレクションは質量ともに第一級で日本国外においては最大最高といわれています。前館長のマルコム・ロジャース（Malcolm Rogers）は『ボストン美術館ハンドブック――所蔵品ガイド』の中で、「日本美術コレクションは、ボストン美術館の中でも特別な重要性をもつ」と指摘しています。

第二節　富田が所蔵した写真の人物たち

私は、ＡＣＭにおけるアーカイブ調査中に、富田幸次郎が生前、他に比して格段に大きなサイズの数葉の肖像写真を大切に保存していたことを知りました。その内のいくつかは、ジャマイカ・プレーン（Jamaica Plain）の富田家の部屋を飾っていたものだと思われました。写真の人物たちとは、モース、ビゲロー、エドワード・Ｊ・ホームズ（Edward Jackson Holmes Jr., 1873-1950）、イザベラ・ガードナー夫人、ホール夫人、岡倉覚三、ハリエット・ディッキンソン、それと、幸次郎の若い頃の写真二葉です。ホール夫人については前章で既に述べました。岡倉覚三とハリエット・ディッキンソンについては次節以下に譲ることにして、本節では、モース、ビゲロー、ホームズ、ガードナー夫人と富田との交流について述べることにしましょう。

（一）「お雇い」：エドワード・シルヴェスター・モース

モースはボストン近在のメイン州ポートランド出身でした。彼は一八七〇年代、ハーヴァード大学で教鞭を執る一方（彼自身は卒業していない）、ダーウィンの進化論論争の渦中にあった生物学者でした。やがて、この論争における自らの見解の裏付け資料を集めることを思い立ち、一八七七年、腕足類（Brachiopod）と称する海生動物群の珍種を求めて初来日したのです。話題沸騰のダーウィンの『種の起源』（一八五九）出版後、一八年経った頃のことです。

同年には動物学と生物学の教授として東京大学に招かれています。東京で彼が発表した大森貝塚の発掘報告書は、創立間もない大学にとって、初めての学術出版物（「大森介墟古物編」、*Shell Mounds of Omori*, 1879）となり、大英博物館をはじめ世界各地の関係機関に送られました。発掘した土器に「縄文土器」と命名したのもモースでした。

ところで、モースは日本に着くや否や日本の陶器や民具の魅力に取りつかれてしまい、熱心に収集しボストンに送ったのです。モースの来日は三回にも及ぶことになります。彼はボストン美術館に陶磁器コレクションを、民具をピーボディー民族博物館（The Peabody Essex Museum）にもたらしたのですが、他に重要なことがあるのです。それは多くのボストニアンを感化し、フェノロサやビゲロー、イザベラ・ガードナー夫妻等に日本への渡航を勧誘したことです。

モースには、滞日中の記録として『日本その日その日』（1917, *Japan Day by Day*）という著作があります。その第一巻の「標札」の頁のスケッチには、「標札、即ちある家の住人の名前は、木片に書き、入口の横手にかける」という説明と共に、二人の日本人の名前が何気なく並んでいます。「加藤弘之」、「富田幸次郎」と漢字で縦書きした標札のスケッチです。富田とモースが親しかったことがわかります。加藤弘之（一八三六―一九一六）はモース「お雇い」時代の東京大学学長であり、モースが、進化論を説くのを支持した人物です。富田幸次郎はこの本の初版当時、二七歳の若きアシスタント・キュレーターでした。モースは帰米しても専門の生物学を教えることはなく、ボストン美術館日本部陶磁器キーパー、セーラムのピーボディー民族博物館館長に就任して生涯を終えています。標札のスケッチには加藤と富田に対するモースの友情の一片がうかがわれます。(10)

富田は一九五七年に「アジア部の歴史」という連続講演をしています。その講演内容がまとめられ、『アジア部の歴史――ボストン美術館』（*A History of the Asiatic Department*）という本になっています。(11)その中で富田は、モースに対して全六回中、第一回の内容のほとんどを捧げているのです。のちに岡倉によって、「これは産業博物館の様な所に属すべき」と一蹴される運命をたどるモースの日本陶磁器コレクションが、一八九〇年代のボストン美術館にとっていかに重要であったか、彼がいかにボストンの人々に日本の魅力を伝えたか、その影響力の大きさについて余すところなく述べています。

彼（モース）は多方面に才能があり、エンターテイメントな話者でもありました。私はきらきらと光っていた彼のウイットを思い出しますと、自分がなんて下手なスピーチで、彼のことを皆様に物語ろうとしているかにびっくりしてしまいます……この（日本陶磁器の）コレクションは、モースが日本で彼の私財で収集したものでしたが、一八九〇年美術館に購入されました――約六〇〇〇点です。このコレクションは価値があると評判でしたので、購入するために約一五〇人もの市民がその買い入れのために献金を行ったのです……モースは、日本人がヨーロッパやアメリカの物を欲しがっていたその時期に日本におりました。彼等（日本人）は鉄道や電信建設を企て、日本の芸術や文化を無視しました……モースが居た当時、数年後にフェノロサとビゲロー、その他の人達が日本にやって来た頃、素晴らしい芸術作品はまだ比較的安く買えたのです。[12]

エドワード・シルヴェスター・モース

モースは蔵書の総てを、関東大震災で焼失した東京大学図書館に寄贈するよう遺言し、生涯、日本に対する愛情と関心を持ち続けました。富田はボストン美術館アジア部の大先輩として、この五二歳年上の老学者に対して、生涯変わることのない尊敬の念を抱き続けていたのです。写真の下欄外には「富田幸次郎さん（Tomita Kojiro San）、エドワード・モース」というサインがあります。

ところで富田は、モースの場合と違い、フェノロサとは直接面識がなかったからでしょうが次の様に述べています。

彼（フェノロサ）はいくつかの特別展のための本とカタログを書きましたが、やがてはこれらの著作は見捨てられるでしょう。たとえば、もし我々がフェノロサの論評を認めたならば、我々は九世紀、あるいは一〇世紀の日本絵画をもっとたくさん所有しているはずですからね。[13]

やや辛口のコメントを寄せているのです。日本ではフェノロサに関しては資料が和文で読めるほどで、彼の『東亜美術史綱』（1912 *Epochs of Chinese and Japanese Art*）など、早くから訳される程ポピュラーなのに比して、米国での評価がやや低く、富田のこの講演時の一九五〇年代、既に忘れ去られようとしていたのですね。美術史家というよりは、美術品ディーラーとしての面が強いからかもしれません。フェノロサは日本で果たした役割が非常に大きいといえるのではないでしょうか。フェノロサはロンドンで客死し、遺言によって遺骨が大津の三井寺に埋葬されております。[14]その点も日本人に愛されている理由かもしれません。

(二) 日本美術の大収集家：ウイリアム・スタージス・ビゲロー

ビゲローは中国貿易で巨万の富を得たファミリーの出身でした。一八七四年薬学の学位をハーヴァード大学でとり、パリのルイ・パスツール（Louis Pasteur）研究所で細菌学を学んでおりました。ちょうどその頃に日本美術に出会ったのです。米国に帰国するとモースから度々日本の素晴らしさを聞かされ、一八八二年のモース三度目の来日時に一緒に東京に来てしまいました。ビゲローは日本に傾倒し、結局七年間滞日しました。この間、天台仏教を熱心に研究するかたわら、フェノロサの調査に同行し、フェノロサと共に日本美術の最初の大収集家の一人となったのです。富田が手許においたビゲローの写真の中で、彼は一冊の本を開いて立っています。本のページには東洋人と思しき人物たちが映っているのがわかります。

ビゲロー、フェノロサのコレクションは一八八九年ボストン美術館に入りました。設立間もないボストン美術館はこうして西洋における日本美術の最大の宝庫となったのです。ビゲローはボストン美術館理事の一人となり、「大変な有力者」となります。[15] 彼の遺骨もまた遺言により、彼がかつて戒を受けた三井寺法明院のフェノロサの隣に墓が建てられ分骨されています。

富田は、『アジア部の歴史』の中で、「私は皆様に申し上げます――ビゲロー博士は（日本で）彼の目に入るすべてのものを買った人であります。そして彼が購入したものの多くを、自分だけのものにしなかった人なのです」と語っています。この本の中で富田は、アメリカに貴族は居りませんが、貴族的な趣味の良さを発揮して、大らかにダイナミックに、惜しげもなく自分の富を注いで買い物するオールドボストニアンたち――ビゲローや、デンマン・ロス（Denman W. Ross, 1835-1935）、チャールズ・ウェルド（Charles G. Weld, 1857-1911）、エドワード・ホームズ（Edward Jackson Holmes, 1873-1950）夫妻、チャールズ・ホイト（Charles B. Hoyt）、スポールディング（Spaulding）兄弟たち――の買い物振りと、東洋美術への愛好振り、やがてそれらを美術館に譲渡していく様を、感謝を込めながらも愉しげに語っています。またビゲローが日本ではそれまで全く評価されず埋もれていた、曽我蕭白（一七三〇―一七八一）を限りなく愛好し収集したことを評価しています。

ウイリアム・スタージス・ビゲロー

こうして膨大な数の日本の美術品が海を渡り、ボストン美術館におさまりました。そして「コレクションが研究と展示に提供されるようになると、ボストンが日本美術の研究にとって日本国外では随一の場所となった」のです。[16] 美術館ではそれらの保存、整理、拡充、翻訳という仕事が急務となりました。フェノロサが去り、その責任は岡倉覚三とその弟子富田幸次郎にゆだねられていくのです。

（三）富田が敬愛したエドワード・ジャクソン・ホームズ

エドワード・ジャクソン・ホームズは、ボストン美術館内で、アジア出身の若者である富田幸次郎を信頼し、岡倉の死後も後ろ盾となり庇護をあたえ続け、富田がアジア部長になってからは、資金面でも家族ぐるみで援助を惜しまなかった人物です。[17] 岡倉覚三のボストン時代には、ボストン美術館中国・日本部の評議委員会委員長でした。ボストン美術館年報（*Annual Report*）を確認すると、一九二六年から一九三四年まで館長（Director）に就任し、のちに評議会委員長 President（総裁）となったことがわかります。美術館には、ホームズ・コレクション由来のものが多数存在しています。

エドワード・ジャクソン・ホームズとスタッフ

有名なケンブリッジ出身の作家で外科医であった、オリヴァー・ウェンデル・ホームズ・シニア（Oliver Wendell Holmes, Sr., 1809-1894）は彼の祖父に当たります。この祖父は一八五八年にアトランティック・マンスリー誌上で、「ボストンの州議事堂は太陽系のハブである」と述べ、ボストンが一九世紀前半には、アメリカにおける政治、経済、文化の覇権を握っていたことを暗示しました。

その長男であるオリヴァー・ウェンデル・ホームズ・ジュニア（Oliver Wendell Holmes, Jr., 1841-1935）は、合衆国最高裁判所陪席裁判官となりました。オリヴァー・ウェンデル・ホームズ・ジュニアについて、富田は「ハーヴァード大学時代の金子堅太郎の世話をし、日本国憲法（明治時代）制定に関係したが、（富田が敬愛したエドワード・

ジャクソン・ホームズは）そのホームズ判事の甥に当たる人」であると述べています。[18]ホームズ家と金子堅太郎の関係は、後に富田が尽力して開催した一九三六年の「ボストン日本古美術展」につながるのですが、それについては後述します。ホームズ家は文化のパトロンたるブラーミンの自負を数世代にわたって体現しておりました。エドワード・ジャクソン・ホームズがなぜ日本贔屓であったかについて富田は次のように述べています。

このホームズ氏はハーヴァード大学の法科を卒業して、友人と一緒に世界一周旅行に出かけたのですが、その折たまたまニューヨークの法律家のビーマン（Beaman）一家が矢張り世界周遊旅行の途上にあり、この二組の一行がインドで出会い、その時ホームズ青年が若いビーマン嬢（Mary Stacy Beaman）と会い、その二組が再び日本で出会い、一八九六年（明治二九年）熱田神宮に参詣し、そこで両人が結婚した。そういう縁で日本を非常に愛していた人でした。[19]

エドワード・ジャクソン・ホームズは一九五〇年に亡くなりました。遺言により、遺産から毎年一定額が「ホームズ基金」として積み立てられ、アジア部の収入になることになりました。「アジア部のみに遺す」という前例はそれまでなかったのでした。さらにホームズは、美術館全体に四〇万ドルを遺しました。その但し書きには「オブジェの収集には、アジア的なものが、ヨーロッパ的なものより優先する」との一文を加えました。富田は「これから三〇、四〇年間、アジア部の助けとなるでしょう」と、ホームズの遺産について感謝を込めて語っています。[20]

ところで、富田はエドワード・ジャクソン・ホームズが美術館のオフィスで長く使用していた机を譲り受け、彼のアジア部オフィスに置いていました。アジア部長を退くとそれを自宅に運び込み愛用しました。現在はＡＣＭが所蔵しています。この机に関するＡＣＭ学芸員の説明は以下の様でした。

この机は、詩人であったオリヴァー・ウェンデル・ホームズが、（たぶん、家庭用の祭壇用として）一八八六年に買ったものです。そして、のちにボストン美術館館長となった、彼の孫にあたるエドワード・ジャクソン・ホームズに譲ったのです。エドワード・ホームズはこれを富田幸次郎に譲りました。富田はそれに二つの抽斗（ひきだし）を加えました。[21]

抽斗の取っ手となる板部分はよく見ると、支えとして『洛中洛外図屏風』の空間部分によく見られる、覆い尽くす雲形のモチーフのような、でこぼこにカットされた木片で装飾されています。ひょっとすると器用な富田が日曜大工で造ったものかもしれません。富田は、カメラマンが撮影したかと思われる堂々たるホームズの横顔の写真を所蔵しておりました。

（四）芸術支援に生涯をささげたイザベラ・スチュワート・ガードナー

イザベラ・スチュワート・ガードナーは、美術コレクションの収蔵と公開のため、一九〇三年ボストン市フェンウェイに私邸美術館を建てた人物として知られています。[22]当時フェンウェイ・コートと呼ばれたこの建物が、現在のイザベラ・スチュワート・ガードナー美術館（以下、ＩＳＧＭとする）です。近くにはメジャー・リーグ、ボストン・レッド・ソックスのフェンウェイ球場があります。

イザベラはアイリッシュ・リネンと鉄鋼業で財を成したデヴィッド・スチュワートの長女として、一八四〇年ニューヨークで生まれています。一六歳から一八歳まではパリで教育を受け、帰国後一八六〇年、二〇歳でボストンの富裕な貿易商人ジョン・ローウェル・ガードナー（John Lowell Gardner II, 1837-1898）と結婚しました。夫妻は世界中を旅行する一方、膨大な美術コレクションを創り上げ、また文化的な支援を行いました。一八九一年、ガードナー夫人の父親が彼女に遺産を遺して死去しました。一八九八年には夫のジョンが亡くなっております。翌年の一八九九年、父と夫からの莫大な遺産を元に彼女はフェンウェイの土地を購入すると、美術館建設に没頭し、フェンウェイ・コートを完成させそこに移り住みました。そして一九二四年に亡くなるまで、ボストンにおける芸術支援と社会的支援を果たしつづけたのです。ISGMの紋章には、彼女の座右の銘、"C' est mon Plaisir"（それは私の喜び）が刻まれています。岡倉天心研究者の清水恵美子は、イザベラの美術館建設への情熱を次の様に指摘しています。

ガードナー夫人にとって美術館の建設に没頭することは、夫の死の喪失感を乗り越えるための行為であったのかもしれない。そしてその開館は、美術品展示によって多くの人々に楽しみを与える自らの夢の実現となった。芸術という分野で人々に奉仕することが彼女個人の喜びであり、社会的支援に参画するという自覚と誇りが、彼女の精神への慰撫となったといえよう。(23)

芸術支援を自らの喜びとするガードナー夫人のパトロネージュは、岡倉のみに止まらず、弟子である富田幸次郎にも及ぶようになります。当時ボストン美術館の人事は、共にボストンの有力者である、ビゲローとガードナー夫人との間で決定されるという慣例があったと伝えられるほど、夫人のサロンと美術館は結び付いていました。岡倉覚三が彼女のサロンの重要人物であったことはよく知られています。やがて富田も彼女のサロンに度々招かれるようになります。『ハリエット・富田手稿』に次のような一文があります。

時々、ガードナー夫人は幸次郎をランチに招待し彼の行動に興味を示した。ある時、彼女は彼の宗教生活について――神を信じているかと尋ねた。幸次郎はキリスト教の神を信じているか否かはわからないと答えた。彼女は動揺し、彼に真剣に話をした。そして後も厳しく追及した。……ガードナー夫人は日曜日の午後はいつも、特定のグループを、美術館（ＩＳＧＭ）のギャラリーの一室で開催されるハイ・ティーに招待していた。幸次郎は時折それに招待されることもあり、時にボストン美術館のスタッフの友人たちと共に招待された。著名な学者や音楽家の姿も見かけられた(24)。

ガードナー夫人は若い頃長男を二歳で亡くし、その後授かった命も流産してしまう。生涯子供をもてなかった夫人の、青年幸次郎に対する愛情は細やかです。また身寄りのいない幸次郎にとって、夫人はボストンで甘えられる祖母のような存在であったかもしれません。夫人は富田に「キリスト教の神を信じているか」と詰問したこともありましたが、岡倉の追悼式（四十九日の法要である仏事）を、フェンウェイ・コートの音楽堂において日本式で行うよう富田に命じてもいます。富田は夫人の要求に応え、設えから段取りまで総てを執り行っています。ガードナー夫人がキリスト教の神だけにこだわらない、宗教的には寛容であったことが窺えます。

ＩＳＧＭには、ハリエット・富田が寄贈した夫人から幸次郎宛の書簡八通と、幸次郎から夫人に宛てた書簡九通が存在しています。夫人から幸次郎へはオペラや夕食への誘い、日本に帰国した幸次郎からの写真（岡倉の墓の写真など）の礼が綴られています。一方、幸次郎から夫人へは、オペラ『カルメン』や『サムソンとデリラ』の感想と礼、新潟赤倉にある岡倉が息を引き取った山荘付近の写真の説明、夫人からの贈り物に対する礼、幸次郎から夫人に贈った本の説明などが記されています(25)。岡倉の死後、ガードナー夫人と幸次郎は岡倉の思い出を共に語りあえる同志でもあったのでしょう。

ガードナー夫人は一九一九年、右半身を麻痺させる発作により寝たきりの状態となり、五年後の一九二四年に亡くなっています。富田から夫人への最後の書簡は一九二三年一月二〇日のもので、彼女が病床から彼に贈った美しいドレスデン製の皿の礼状です。その年の一〇月、彼はハリエット・ディッキンソンと結婚していますので、それを祝福して贈り物をしたのだと推察できます。富田夫妻はハネムーンを兼ね日本、朝鮮、中国への四ヵ月間の美術調査の旅

法隆寺古材百万塔レプリカ

からボストンに戻ると、危篤状態の夫人を訪ね、法隆寺の古材で富田が日本で新たに造らせた小さなパゴダ（仏塔）[26]と、茨城県五浦の岡倉墓傍の梅一枝を届けています。[27]

富田が持っていたガードナー夫人の写真は、彼女が羽飾りの付いたネット付きの小さな黒っぽい帽子をかぶり、帽子と同色のやはり黒っぽいドレス姿で、両手で大きな本を胸の前でひろげている図です。ISGMに問い合わせたところ一九〇六年に撮影されたものだそうです。[28]

以上本節では、富田幸次郎の生涯に大きく関わった思われるボストニアン――モース、ビゲロー、ホームズ、ガードナー夫人――と富田との交流がどのようなものであったかを紹介しました。『ハリエット・富田手稿』には次のような一文があります。

ガードナー夫人

オペラのシーズン中には幸次郎は一人、あるいは岡倉氏が街に居る時は常に一緒にオペラに招待された。その際、ガードナー夫人は岡倉のようにキモノを着るように（幸次郎に）約束させた。幸次郎と私がよりお互いを知るようになった頃、ガードナー夫人のボックス席に岡倉氏と共に座っている幸次郎の写真を、朝刊の社交欄でよく見かけるようになった。そして、マスコミは彼等のことをからかっていた。その当時、アジア系の人々は「得体の知れない人たち」とみられていたのである。[28]

和服の冨田幸次郎（肖像画）

ＡＣＭには日本の紋付き羽織袴で正装した幸次郎の着物姿の若いころの写真があります。京都西陣と呼ばれる地域に住んでいただけに彼の着付けはきれいでスキがありません。

アジア系の人々は「得体の知れない人たち」とみられていたにもかかわらず、本節で紹介した人々は幸次郎の青年期に暖かく手を差し伸べています。その理由は、第一には彼の丁寧な手仕事や、クールで真面目な性格を愛したものと推察されます。しかし彼等ボストニアンには日本贔屓ともいえる見逃せない共通点があるのです。それは英国のプラント・ハンターであったロバート・フォーチュン（Robert Fortune, 1812-1880）が、『幕末日本探訪記――江戸と北京』で描いてみせたような、箱庭のような美しい国土が広がる一九世紀末の日本を実際に彼等が訪問し、数ヵ月以上暮らした経験をもっていたことです。第二の理由を挙げるとするならば、幸次郎を通してその時の楽しい思い出をよみがえらせていたのではないかと考えられるのです。

一方、聡明な幸次郎が彼等を慕った理由は、一つにはブラーミンたちの「上から目線」を、あまり感じなかったからであろうと思われます。彼等の中に「素直な美術好きな外国人（幸次郎にとって）の眼」を見て安堵していたような印象を受けるのです。また、彼等が身に着けていた洗練された態度や堂々としたふるまい、国に忠誠を尽くそうとする意志に、若い富田は感銘を受けたでありましょう。そしてアメリカ社会に根付く、生活の中にある義務と責任を伴う民主主義を、彼等の心の広さに触れながら感じ取っていたのだと思われます。富田はボストン美術館で働くことによって自立し、人生を自分で切り開くエネルギーに満たされておりました。

第三節　岡倉覚三との邂逅、幸次郎の「心中の戦争」

「私の心の中にいつまでも残る、偉大な師岡倉覚三こそが、私をして五五年前にボストン美術館へ呼び入れたのです」と、富田幸次郎は一九六三年退職の際、サミュエル・キャボット（Samuel Cabot）に書き送っています。同年富田はハリエット夫人と共に日本訪問を行っています。その折に茨城県五浦にある、天心記念館の創設の式典に出席し、「ボストンに於ける天心先生」と題して講演をしております。その草稿と思われるものの中に次の一文があります。

（一）幸次郎の生涯の師となる岡倉覚三との邂逅

私が天心先生に始めてお目にかかりましたのは、明治四〇年（一九〇七年）、現在のボストン美術館に移る前の旧館一室においでであありました。それはその頃六角紫水、岡部覚弥（一八七三―一九一八　彫金家）の両氏が勤務しておられ、その六角氏の紹介によるものであります。と云うのは、六角氏と私の父とは多少の知り合いであったからであります。天心先生は「お前の父に一度会ったことがある」とおっしゃり、私が青年であるに拘わらず、ごく親切に私の未来の目的その他のことをお尋ね下さり、その後数週間して先生から呼び出しがあり、近く六角、岡部を同伴して帰国するから、当館の助手として留守役をしないかとおっしゃいました。実はその頃には支那日本部員は東洋人が一人もおりませんので、私をお選び下さったのです。その後今日まで、当館に関係することになったのであります。(31)

富田幸次郎は一九〇七年の終わり、あるいは一九〇八年の初め頃、運命の人、岡倉覚三に出会ったのでした。一九〇九年「謹賀新年」として家族宛書簡に、「(昨年）夏より博物館に出で始め候……岡倉先生の御蔭にて何時行きて勤めるも、何時止むも随意」である、[32]と書き送っていることから、富田幸次郎は一九〇八年前後からボストン美術館で働き始めたことがわかります。農商務省海外実業練習生としては最後の年（―一九〇九年夏まで）でありました。『ハリエット・富田手稿』によれば、

転機は一九〇八年にやって来た……幸次郎は偉大なる学者、詩人、思想家そして美術評論家である岡倉覚三氏を紹介された。岡倉氏はある期間、ボストン美術館の日本美術部の顧問を務めており、近いうちに正式なキュレーターとなる予定であった……幸次郎が岡倉氏に「いずれはビジネスマンになるよう期待されているのですよ」と言ったところ、岡倉氏は笑って「君はビジネスマンの様には見えない」と言った。なんというチャンスでしょう！　これほどの中国とアジアの素晴らしい蒐集物と書籍を所有している場所は近辺にはなかった。そして岡倉氏と付き合うだけでなく、ボストンの上流階級文化人とも交際するようになった。[33]

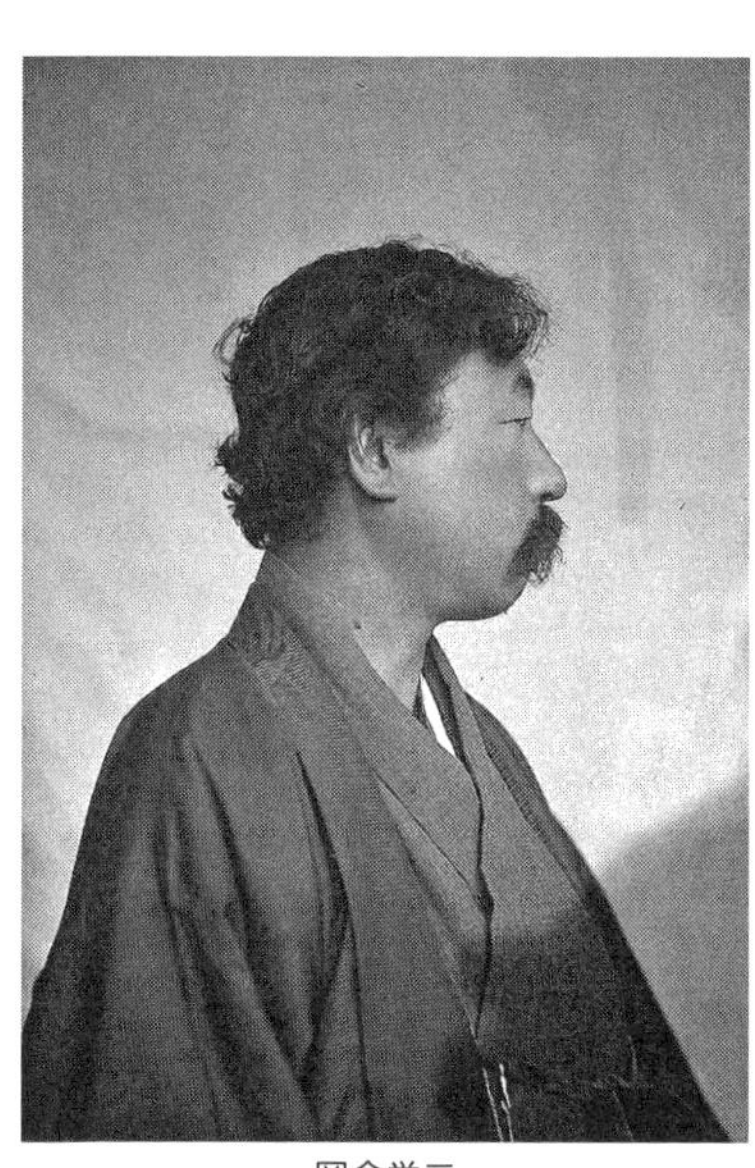
岡倉覚三

岡倉覚三は一八九〇年数え年二九歳で東京美術学校の校長となりました。[34]同時期に創立された東京音楽学校が西洋音楽の輸入が目的であったのに対し、岡倉は東京美術学校においては洋画よりも日本画に重きを置き、鉛筆画よりも毛筆画を学生に課したのです。教授陣に高村光雲（木彫）、小川松民（漆芸）たち工芸職人を招聘し工芸家の育成にも努めています。このように岡倉は、文明開化流の近代化に我慢がならず抵抗し、その方針で美術学校を経営したのです。日本の伝統を重視しながらも、新しい美術を創造するという岡倉の方針と、西洋美術を取り入

れたい文部省の方針は次第に対立していきます。

したがって、「明治政府の体制が整備されてくれば、いつかは教育界から追われる運命にあった」のです[35]。一八九八年校長を排斥されると、官学に対抗して日本美術院を創設したのですが、その経営に岡倉は窮します。「父も理想に棲み、其理想も幾度か敗れて、今は世にもあられぬ身なれども」と、他家に嫁した娘に宛てた手紙が残っています（一九〇三年頃）[36]。自らの活動の行き詰まりと日本美術院の活路を拓くため、一九〇四年、日露戦争開戦の報を聞きながら、岡倉は日本美術院の横山大観、菱田春草の作品を展覧すべく、ニューヨークへ渡ったのです。そして、画廊センチュリー・アソシエイションでの美術展のパンフレットに次のように日本美術院設立の趣旨を掲げました。

芸術は国に根ざしていなければならない。我々は伝統から切り離されてしまうと行き場を見失ってしまう。しかし、個性こそ想像力の真髄であるべきとも考える。我々は古を装うこともしないが、近代的に見せようとも努めない。己に誠実であること、己が感じることを表現すること、それが我々のめざすところである[37]。

岡倉はまた、病気で来られなくなったルーブル美術館館長の代役として、急遽セントルイス万博で「絵画における近代的問題」（*Modern Problems in Painting*）と題する講演を行いました。講演は好評で、『クォータリー・レヴュー』誌（*Quartely Review*）に掲載され、直ちに仏語、独語に訳されて出版されました。

そんな折、旧知のボストン美術館評議会重鎮ビゲローに招待され、美術館を訪問した岡倉は、「ひとつ屋根の下での日本美術コレクションとしては、ボストンに比べられるほどのものはどこにもありません」と声明し、美術館側を驚喜させたのです。やがて岡倉は、ボストン美術館の中国・日本部でアドヴァイザーを経て、キュレーターに就任します。

父幸七から、口を酸っぱくして「京都の土についた品格」という伝統を重んじるよう育てられ、漆工芸家という出自を持つ富田幸次郎と、近代化と産業主義に抵抗し、手工業を重視する岡倉覚三との邂逅は幸次郎の運命を決定したのでした。さらに言えば、前に指摘したように、富田が職場で接することになるボストン・ブラーミンたちにも、岡倉に共鳴するアンティ・モダニズム的な傾向が見受けられたのです。富田がここに居心地の良さを発見してゆくのは必然でありました。

いくつかの幸運な出来事が重なり、農商務省へ提出する報告のための調査を継続しながら、幸次郎はボストン美術館で嘱託として週一五ドルのサラリーを得ながら働き始め、岡倉から依頼された『漆工芸品目録』の作成や、日本からの蒐集品の整理、目録の作成に没頭するようになります[38]。ボストン美術館で働くには知識が足りず、学び直しが必要と考えたのでしょうか、幸次郎は一九〇八年一〇月から、ボストン市立中学校の夜学部を受験し入学しております。受講科目は英作文とドイツ語でした[39]。翌一九〇九年八月には、ハーヴァード大学夏期講座（Summer School of Arts and Sciences）において、デンマン・ロスの下でデザイン論を学んでおります。

（二）留学終了と幸次郎の「心の中の戦争」

岡倉に請われ、一九〇八年頃から一九一〇年まで、富田幸次郎は「中国・日本部」の嘱託員（アシスタント）となりました。当時美術館は大拡張期にあたり、コープリー広場から現在地への開館に至る期間で、若い富田にもヤマという仕事があったのです。

富田の農商務省研修生としての任期は三年で、延長はしないという知らせ（『八月九日限り（一九〇九年）渉外実業練習生を免じ、補助費の支給を排す』）を受けており、彼は自分の将来を思い悩む日々がつづいておりました[40]。以下はその頃父に宛てた書簡です。少し長いのですが富田幸次郎のその後のキャリアを考える上で、非常に重要な意味があると考えられるので紹介いたします。

今後の方針。商人となるべきか、製造家か、学者か、役人にてもかと。はたまた米国を立脚地とすべきか故郷に身を立つべきか、今小生心中の戦争（傍点は筆者、以下同様）。役人は決して重きを置かず。米国に身を終ることも亦好ましからず。一度決心し国を出でし上ハ、其の節を変ずハ気安からず。即ち商人たらば漆器に関する。製造業ならば塗料のとの大望は、今在米三年間の経験により見込み甚だ（小生にとりては）小なる如きも、断然思い切るの勇気未だ出でず。此事小生苦悩の最大なるものに有之候。一方拙者の頭には学者にして、学者にあらざるも即ち我が国にていふ、学問方の学者にあらざる学者になりたき希望今盛にあり。小生今の境遇に近く、過去官学の多少縁ある審美学者として、美術家を左にし、工芸師を右にし、製造家を前にし、商人を後ろと、凡そ之等を伴い或いは従はしめむ大審美学者たらむとの大望（或いは野心）我ながら其の抑制に苦しむ程熱く。今幸ひ、此の美術博物館にあるは、此の目的に向かって甚だ適当のことに有之。且つ過去未来に滞米中には西洋美術に関し新旧の別なく習ひ得る所少なからず。書籍に或いは眼耳にと、知る機会極めて多く候。小生が気質として商人に最も不向なるハ人も知り、己も許す所。若し我にて漆工業に関係のなきものなりせば、一時の猶予なく商人たることを断念せしたらむと度々考え申し候。若し審美学者或は美術鑑定家として、西洋美術も習ひ、東洋美術をも究めむこと容易なることあらず。其学資も亦大なるべしとのご意見あるならむも、一個の商人となり、製造家ならむことも亦同じ……博物館日本部員皆々極めて親切。小生の気分等を心配して日曜日には、月分等（ケープコッド？）の海岸の別荘に招待、或いは種々の催し物に伴われる等、極めて楽しく暮らし居り候……。[41]

自分は漆工芸品を売ることも、塗料製造家にもなりたくないのだ、実は大審美学者の美術鑑定家になりたいのだと父に訴えているのです。この書簡を読んだ京都の家族の驚きが想像できるでしょう。幸次郎はこの時点で、将来漆器商人或いは塗料製造家として立つことに、全く興味を失っています。

ボストン美術館で幸次郎は東西美術の知識を貪欲に吸収しながら、やがてそれは彼の血肉となっていきました。美術館は彼にとって非常に居心地の良い職場環境であったのです。同書簡において、今彼の胸の奥からふつふつと湧き上がってくるのは、この美術館で学びながら、「美術家を左にし、工芸師を右にし、製造家を前にし、商人を後ろと、凡そ之等を伴い或いは従はしめむ」、大審美学者美術鑑定家になりたいという大望でありました。あと二ヵ月で練習期間が終わるというのに全く帰国する気配がありません。父に、あと五年程こちらに居て東洋美術、西洋美術を学びたいと懇願しています。

（三）思わぬ展開——クインシー・ショー（Quincy Adams Shaw（1825-1908））のコレクション選択

ある日、高平小五郎（一八五四—一九二六）駐米大使、水野幸吉（一八七三—一九一四）ニューヨーク総領事が美術館を訪問し、富田が案内する機会がありました。幸次郎の「心中（しんちゅう）の戦争」が思わぬ展開を見せ始めます。

一九〇九年七月、高平駐米大使から富田に一通の依頼状が来ました。「故クインシー・ショーのコレクションが日本の宮内省帝室博物館に寄贈されることになった。その選択を岡倉氏に頼んだが（渡米が遅れ）都合がつかないとのことである。幸いにも貴君が居ることを知った。是非貴君にその選択を当地の松木文恭（一八六七—一九四〇）と共に行ってほしい」という内容でした。[43]

最終的に大使館員埴原正直（一八七六—一九三四　在米日本大使館第二秘書官）が、ワシントンから九月一日ボストンに赴き、富田、松木が選択したものを帝室博物館に収めることになりました。富田は七月一六日付書簡において次のように父に尋ねています。「……松木によれば、ショー氏のコレクションに尾形光琳が数点あり真物ということである。松木の知識を小生は怪しいと思っている。しかし鑑定の決め手は何か？　また光琳時代とそれより新しい時代の蒔絵の違いは？　光琳スタイルの特徴は？　本阿弥光悦についても然り。大体において光琳蒔絵が外国にそれほど存在するということがあるのだろうか……」と。[44]

父幸七の見解を是非とも知りたいのですが、残念ながら幸次郎への返信を見つけることはできませんでした。岡倉の推薦もあり美術品の鑑定という仕事を日本政府の依頼で初めて行い、幸次郎は審美学者としての一歩を踏み出したのです。富田に対する岡倉、日本政府（農商務省）の信頼が厚かった証左でありましょう。

元外交官法眼健作（一九四一―）によれば、ショー氏の寄贈として、東京国立博物館は蒔絵作品一五七点、金属作品一〇点、陶磁器一一点、四四点に及ぶ刀剣とその付属品を、八〇年後一九八九年の時点で所蔵していると、*Tribute to Kojiro Tomita* を著したアーサー・スラシャーの問い合わせに対し書き送っています。[45] 富田は日本のものだけを選んだようです。

ジャン・フランソワ・ミレー（Jean Francois Millet, 1814-1875）のコレクションを所有していたことで名高い、鑑定初仕事で赴いた大富豪クインシー・ショーの家は、ボストン美術館からほど近い、緑濃いジャマイカ・プレーン（Jamaica Plain）という場所にありました。縁があったのか幸次郎の伴侶となる妻もこの地で育っています。やがて富田はこの地に家を求め生涯住むようになるのです。

日英博での幸次郎

（四）父の死、ボストン美術館へ就職

前章で紹介した「自筆履歴」によれば、幸次郎は一九〇九年海外実業練習生の任期満了の通知の後、農商務省よりさらに一年間の助成金を与えられることになりました。翌一九一〇年三月には練習地変更となり、いったんボストン美術館の仕事を中断して、日英博覧会の日本出品の事務取扱を命ぜられロンドンに赴きます（「自筆履歴」参照）。ところがロンドンに到着したその翌朝、父幸七死亡の知らせを聞くことになったのです。

『ハリエット・富田手稿』に、「幸次郎は、ロンドンでの仕事が終えるより前に、すでにボストンに戻っていた岡倉氏から、『戻ってこい』という海外電報を受け取り驚いた」とあります。幸次郎自身は「ボストンに留まったのは、自分で作った動機というより、あくまで天心先生の言葉によるもので、又その言葉の持つ力も大きかったわけである」と述懐しています。ともあれ、一〇カ月ロンドンに滞在し悩んだ末に、京都ではなく、ボストンに戻る決心をしたのでしょう、富田は岡倉にボストン美術館への正規雇用を打診したようです。その岡倉の回答が次の書簡です。

拝啓　久しく御無沙汰仕居候処益御清穆の赴　御近況は昨日帰米のカーショー君より伝承安心致候　陳レハ先般来貴兄再ひボストン博物館へご就職の希望御座候由同館の為メ幸の事と存候　小生事先月初帰米　此程当館会議にて貴兄を壱週拾七弗にて聘用（別に英国よりの旅費七十五弗支出）の事ニ決定ニ付御都合にて至急御渡米相成度候……[46]

給与は一週一七ドルです。単純に計算すると月額六八ドルとなり、海外実習生時代の手当てが三ヵ月で八九ドル（一ヵ月では三〇ドル足らず）であったことを考えれば、ピアノ塗装のアルバイトからも、嘱託員という不安定な身分からも解放されることを意味し、富田はさぞほっとしたことでありましょう。[47]岡倉の下で学びながら働けるという喜びに満たされたのではないでしょうか。幸次郎の「心中の戦争」がこうして発展的な解消を見ることになったのです。一九一〇年、彼は再びボストン美術館中国・日本部のアシスタントとして正式に働き始めます。

一九一二年一一月、岡倉はボストンにて病み、一九一三年三月帰国の途につき、再び合衆国の土を踏むことはありませんでした。病に苦しむ天心を富田はシンフォニー・ロード近くのアパートに再三訪ね懸命に介抱したのでしょう、西海岸のシアトルに着いた岡倉から、「無事昨夜着　明朝解纜致候　親子モ及ハサル御介抱に預かり　深く感銘致し候　何卒御自愛被下度」という礼状を受け取っています。[48]岡倉はまた「印度美人の写真候ハハ御届ケ被下度願候」と、富田にはプライヴェートな依頼もしています。[49]富田が岡倉のボストンでの公私を知る人物であったことが窺われます。富田は一九〇八年から一九一三年まで岡倉の下で働いたことを、次のように回想しています。

　この五年間は私にとって貴重なまた印象にいつまでも残る時機だった。その間に、私は日本美術、東洋美術の精神を先生から、知らずして学んだと思う。美術品の見方というか、鑑賞眼というものは人間生まれつきのもので、学んで理解出来るものとも限らないし、私にもその素質は少しはあったと思うが、先生の精神を通じて私の眼が開いていったことは確かである。(50)

（五）一九一〇年スタッフリスト

付表3「一九一〇年ボストン美術館スタッフリスト」（二〇一頁）は、一九一〇年度の『年報』（*Annual Report*）の「美術館スタッフ」の頁を写したものです。(51)富田が正式スタッフとなっていたことがわかります。

この表から、中国・日本部キュレーターに岡倉覚三、日本陶磁器キーパーにエドワード・モース、アソシエイト・キュレーターにフランシス・カーティス（Francis Gardner Curtis, 1868-1915）、日本陶磁器キーパーにフランシス・カーショー（Francis Stewart Kershaw, 1869-1930）、アシスタント・キュレーターにラングドン・ウォーナー（Langdon Warner, 1881-1955）、アシスタントとしてアーサー・マックリーン（John Arthur MacLean, 1879-1964）と富田幸次郎が、中国・日本部のメンバーであったことがわかります。富田幸次郎は正式な部の所員になっています。中国・日本部のスタッフは、他の部より数名多く、また岡倉が日本、中国、ヨーロッパに出張に発つと、彼はただ一人の二か国語話者のスタッフでした。

翌一九一一年にはジョン・エラトン・ロッジ（John Ellerton Lodge, 1876-1942）がスタッフに加わります。マサチューセッツ州上院議員のヘンリー・キャボット・ロッジ（Henry Cabot Lodge, 1850-1924）の息子です。一九一五年ロッジは岡倉の後任キュレーターとなり、後にワシントンにあるフリーヤ・ギャラリーの初代キュレーターに就任しました。富田はアシスタント・キュレーターとしてロッジに仕え、ロッジの後任として、一九三一年ボストン美術館アジア部キュレーターに就任します。またウォーナーは一九一三年ボストン美術館を辞し、一九二三年母校ハーヴァード大学フォッグ美術館アジア部キュレーターとなり、傍ら母校で東洋美術史を講じながら、ローレンス・シックマン、梁思永たち後進を育てます。マックリーンは岡倉の死後ボストンを離れ、クリーブランド美術館、シカゴ美術館でキャリアを積み、オハイオ州トレド美術館東洋部門で学芸員を長くします。

このようにボストン美術館中国・日本部の岡倉の下から、アメリカにおける東アジア美術蒐集の黄金期を支える美術史家が巣立っていったのです。ところで、中国文学者で文芸評論家の竹内好（一九一〇—一九七七）は、思想家天心について次の様に述べています。

> 彼は五一年の生涯に、三つの事業をなしとげた。第一は、東京美術学校を創設し、美術教育の基礎を定めたこと、およびそれに付帯する古美術保存などの社会美術教育の事業である。第二は、その美術学校を追われた後で、これに対抗する日本美術院を立てた事業である。第三は、その少し後にはじまる英文による著作活動である。さらに後になると、ボストン美術館の東洋部長としての海外での活動がはじまるが、これは思想家としての彼の評価にとっては重要ではない。(52)

岡倉にとって晩年のボストン美術館の仕事は、思想家として評価されるものではなかったかもしれません。しかしながら、その彼に感化され東洋美術史家を目指すことになった若者たちを、アメリカで誕生させた意義は大きいと私は思っています。

第四節　幸次郎とハリエット

（一）困難を伴う富田夫妻の結婚

富田幸次郎は岡倉の死後もボストンに留まりました。そして日本美術六万点を整理したと伝えられています[53]。アジア部の先輩たちが蒐集したものを、未整理のまま放り出すわけにはいかなかったのでしょう。勉強家の彼以外にその仕事を全うできる適任者は居ませんでした。仕事に忙殺されながらも、幸次郎はこの時期、アメリカ人女性ハリエット・ディッキンソンと結婚し家庭をもっています。結婚は彼が生涯をボストンで暮らしたもう一つの大きな要因でありましょう。

富田幸次郎とハリエット・ディッキンソンは、一九二三年一〇月一三日、ニューヨーク日本領事の前で結婚しました。ハリエットは、京都市下京区佛光寺通柳馬場東入仏光寺東町一一二の幸次郎戸籍に入籍し、日本人となりました。ハリエットの父、ロバート・ディッキンソン（Robert Clark Dickinson）は同日自宅（923 Jamaica Plain）から、娘の結婚を知らせるカードを知人に送っています[54]。奇しくもその日、京都にて幸次郎の母ランが死去しています。

（二）ハリエットの生い立ち

ハリエット・ディッキンソン（一八八九年九月一九日―一九八五年九月七日）は、ロバート・ディッキンソン（1850-1933）とローラ・ホスマー（Laura Jeannette Hosmer, 1858-1922）の次女としてボストンに生まれています。ハリエットの上には兄ロバート（Robert Clark Dickinson Jr., 1880-1901）と、姉マリオン（Marion Fuller Dicknson, 1882-1907）がいました。兄ロバートは早世、姉マリオンもまた、結婚し二人の子供を残しながら早世しています。ハリエットの母ローラの直系先祖はジェイムス・ホスマー（James Hosmer）で、一六三五年という非常に早い時期にニューイングランドに入植しております。ジェイムスの子孫（great great grandson）がアブナー・ホスマー（Abner Hosmer, 1754-1775）で、キャプテン・アイザック・デーヴィス（Captain Isaac Davis）と共に、独立戦争「コンコード橋の戦い」の一斉射撃で勇敢に戦い戦死しています。そのことを記した銘板がマサチューセッツ州アクトン市に残っているそうです。[55] ハリエットの父ロバートはボストンで小売店を経営しておりました。ハリエットは、彼女をカレッジに行かせる程裕福ではない中産階級の白人家庭に育ったのでした。

ハリエットは一九〇六年ロクスベリー高校（Roxbury High School）を卒業しました。彼女は『ハリエット・富田手稿』において次の様に回想しています。

ハリエット・ディッキンソン

一九〇九年のある日（地元のビジネス・カレッジの短期秘書コース在学半ばの頃）、校長室に呼ばれた。ボストン美術館書記ギルマン氏がアシスタントを必要としているので、彼と面接をするようにとのことだった……その時には、私がまさか一四年間もギルマン氏のアシスタントをするなんて思いもしなかった。ギルマン氏は副館長（Secretary）の職に加え、美術館の出版物の編集者であり、ドーセント（Docent）・サービスと名付けた一般の人々への指導も担当していた。博識あるギルマン氏の下で働くことで、私がカレッジで学ぶのと同等の知識を身につけられたことに疑う余地はない。ボストン美術館の思慮深い人々に導いてもらわなかったら、私はどんな人生を送っていたのだろうとしばしば考える……一つ確かなことがある。日本生まれで将来私が結婚することになる幸次郎とは決してめぐり会うことはなかっただろうと。[56]

『年報』スタッフリストの欄にハリエットの名前は無いので、ロンドン赴任前の幸次郎の立場同様、彼女はずっと嘱託員であったと思われます。『岡倉天心全集』には、岡倉唯一の戯曲で最後の作品となった『白狐』（*The White Fox*）をタイプしたのが彼女であったことが明記されています。タイピストとしても有能であったことが窺われます。[57] ハリエットは幸次郎との交際の発展を次のように述べています。

> 一九一〇年から一九一二年にかけて、中国・日本部と秘書部門でやりとりが増えたため、幸次郎と私は前よりも頻繁に会うこととなった。まもなくドーセント・サービスを担当しているギルマン氏が、幸次郎にキモノを着て美術館のギャラリーで「サンデー・トーク」をするように勧めてきた。その頃には、幸次郎は秘書室に気軽に顔を出し、そのトークの手伝いや提案を私に依頼するほど、お互いに気心が知れるようになっていた。幸次郎は公衆の面前で話をすることに対し、性格的にまだ抵抗があった。（幸次郎の）名前が有名になるにつれ、美術館以外でのトークの要請が増え、私達は一緒に仕事をし始めた。その仕事は美術館の仕事時間以外にしなくてはならず、私達は私の家で一緒に仕事をするようになった。そんな彼を私の両親は歓迎した。私にとって西洋人がまだ知らない分野の知識を学べる至福の時であった。[58]

キモノを着た幸次郎

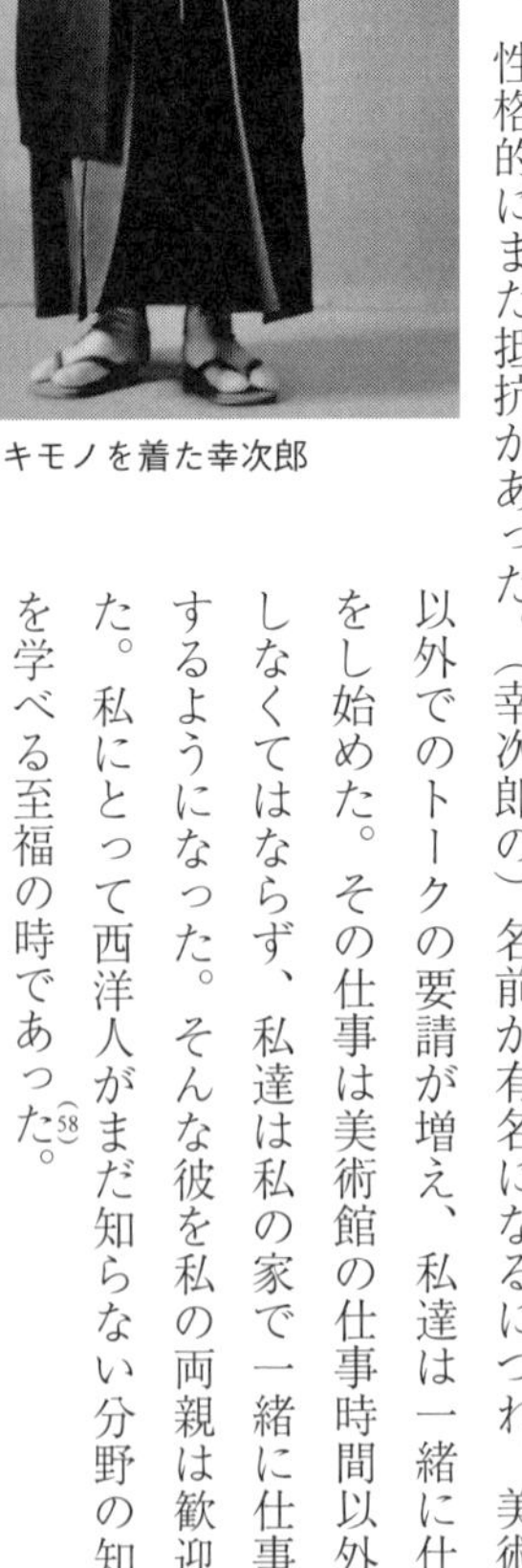

二人の仕事ぶりを見た岡倉は、「あの娘はなかなか

カーネギー財団主催の講演会ポスター

いいようだがどうか」と富田に尋ね、最後にアメリカを去る時、「どうせ両人一緒に日本へ来いよ」と二人に言ったのでした。富田は「私達に対する先生の深い愛情とご配慮に就いては、今も尚感激を禁じ得ないのであります」と、後に述べています(59)。

一九一六年二六歳で富田はアシスタント・キュレーターに就任します。翌一九一七年にはカーネギー財団が主催する、「日本の子供の時間」（*Child Life in Japan*）という連続講演をピッツバーグや他の都市で行うなど、ハリエットの助言を得て富田の仕事も充実したものになっていきます(60)。二人のコラボレーションとして、ハリエットが執筆した『香と日本の香遊び』（*Incense and the Japanese Incense Game*）という著作があります。これは美術館にある日本の香道具コレクションの内容と、その背景を初めて説明したもので、香の歴史、香道具（写真附き）の説明、香にちなんだ和歌の英訳等が詳しく記載されています(61)。

ところで、一九〇九年の出会いから一九二三年の結婚に至るまで、一四年という歳月が経過していることに注目すれば、幸次郎とハリエットがこの国際結婚を決意するまでには、相当な時間を要したことがわかります。

（三）結婚のタブー――写真結婚と異人種間結婚

一九一八年の暮れ、サンフランシスコ総領事館に赴くため埠頭に着いた外交官石射猪太郎（一八八七―一九五四）は、ホテルに向かう景色を見ながら、「日本がおくれているのはアメリカに比べ二五年どころではない」と述懐しています(62)。富田は結婚時点で既に一六年滞米していましたから、京都時代と同期間、彼はボストンに暮らしたことになり

幸次郎がハリエットに送った写真

ます。日本が追いつこうにも追いつけない、繁栄を極めたアメリカで彼は青春時代を過ごし、ハリエットと職場で出会いました。けれどもこの職場結婚への道のりはとても険しいものだったのです。

幸次郎が東海岸で青春を謳歌する一方、第一次世界大戦後、排日運動がカリフォルニア州で無視できないものになっていました。黄禍論さながらの日本人への排斥の理由は、日本人の不同化性、集団性、多産性、陰謀性、特殊習慣など多方面にわたっていました。しかしその攻撃の矛先は主に写真結婚に置かれていたのです。日本政府は一九二〇年以降写真花嫁に対し、渡米旅券を発給しない旨の声明をだしたのですが、同年「排日土地法」が成立してしまいます。石射猪太郎は述べています。

> 写真結婚の慣行は、土地法対策に利用すると否とにかかわらず、自ら放棄すべきものであった。日本本国においてさえ極めて例外な写真結婚を、恋愛結婚の本場のアメリカに持ち込むことの反社会性を、日本はつとに反省すべきであった。(63)

実は富田もまた大きな問題を抱えていたのです。ハリエットとの結婚がアジア人男性と白人女性との異人種間結婚に当たるからです。

一七〇五年マサチューセッツ植民地は異人種間結婚を非合法化し、独立後の一七八六年に禁止法（異人種間での結婚）を定めました(64)。その禁止法は一八四三年マサチューセッツ州では廃止されたのですが、異人種間の男女関係を容認しない公的な規範は全国に行き渡っていました。南北戦争終了時で三六州中二五州が禁止法を未だ定めていたのです。元々この禁止法は、白人と黒人の異人種婚を想定したものでしたが、時代が下るにつれアジア人と白人との結婚も含むようになっていたのです。異人種婚をタブー視する慣行は根強く、異人種間の恋愛や交際は二〇世紀になっても実質的には禁じられていたといえます。

また幸次郎・ハリエットのコートシップ時代は、「優生学」に代表される人種主義的な「科学」の台頭が背景にあります。マディソン・グラント（Madison Grant, 1865-1937）は、異なる人種の混交は、進歩の度合の低い劣ったタイプの子孫を生み出すから、より高度な人種を維持するためには異人種婚禁止体制がもっと拡大しなければならないと論じ、その主張は多くのアメリカ人に受け入れられたのです。また近年の研究では、ナチズムの優生政策にアメリカの優生学運動や移民制限政策などが直接、大きな影響を与えたことが明らかにされています[65]。二人が生涯子供をもたなかったのは、このことも関係しているかもしれません[66]。

ハリエットを幸次郎籍に入れることで、彼等は日本では正規の夫婦でありました。けれども、幸次郎は一九三一年に彼女を米国籍に戻しています[67]。同年、アメリカ市民が非アメリカ人と結婚した場合に自動的に市民権を失うことを定めた、それまでの「ケーブル法」（1922 The Cable Act）が修正され、ハリエットのようにアジア人男性と結婚したアメリカ人女性のアメリカ国籍が、回復できることになったからだと思われます[68]。この法律改正に二人は機敏に反応したのでしょう。米国での生活上、彼女が市民権を有している方が、彼女にとって有益である（選挙権の行使やパスポート取得等）ことは当然でしょうが、帝国主義的野望をますます強め、中国に進出する祖国日本への批判が米国内に強まり、ハリエットをこのまま日本人にしておくのは危険であると幸次郎が考えたのかもしれません。「当時（満州事変前後）の米国の対日感情は随分と悪く、私にとっても実に居心地が悪かった」と記しているからです[69]。

さらに言えば、日本人が帰化不能となる一九二四年の移民法改正以前に、幸次郎は二〇年近く米国内に住みながら、米国市民権を申請した形跡がないのです。彼が幸七亡き後、富田家戸主であったからだと思います。戸籍は家ごとにではなく原則として一組の夫婦ごとに編制されることになる、日本の現行の戸籍法の成立は第二次大戦後一九四八年のことです。幸次郎が米国市民権を取得したのは一九五三年のことでした。

本章は、二〇世紀初頭の米国社会と当時の国際環境を俯瞰しつつ、富田幸次郎がボストン美術館で働きながらめぐり合い、特に影響を受けたであろう人物たちを紹介しました。さらに、富田が彼等からの信頼を集め、一目置かれている様子を概観し、新聞にガードナー夫人と一緒のところを度々報道されるなど、ボストン社会に彼の名前が知られ、徐々に存在感を示していったことも確認しました。

考古学者である梅原末治（一八九三―一九八三）は、欧州から米国へ三年四ヵ月にわたる、考古学調査を行っております。梅原には、その調査旅行の内容が詳しい『考古学六十年』という著作があります。その中に、ボストンの富田家に二ヵ月間（一九二八年一一月末―一九二九年一月）滞在が許され、「……若い時から渡米し、永住を決められていた副部長の富田幸次郎氏に暖かく迎えられ……」、という記載があります。[70] この梅原の回想によれば富田幸次郎は、一九二〇年代までに、一生を米国で暮らす決心を固めていたことになります。

付表３　1910 年ボストン美術館スタッフリスト　　出典：Annual Report, 1911.

THE STAFF OF THE MUSEUM 1910

DIRECTOR	ARTHUR FAIRBANKS
SECRETARY OF THE MUSEUM	BENJAMIN IVES GILMAN
SECRETARY TO THE DIRECTOR	SIDNEY NORTON DEANE
Department of Prints	
CURATOR　EMIL HEINRICH RICHTER	
ASSISTANT　HAROLD ROWE STILES	
Department of Classical Art	
CURATOR　ARTHUR FAIRBANKS	
ASSISTANT CURATOR　LACEY DAVIS CASKEY	
ASSISTANT　WILLIAM HENRY KENNEDY	
Department of Chinese and Japanese Art	
CURATOR	OKAKURA-KAKUZO
KEEPER OF JAPANESE POTTERY	EDWARD SYLVESTER MORSE
ASSOCIATE CURATOR	FRANCIS GARDNER CURTIS
KEEPER OF THE COLLECTIONS(Japanese Pottery excepted)	FRANCIS STEWART KERSHAW
ASSISTANT CURATOR	LANGDON WARNER
ASSISTANT	JOHN ARTHUR MaCLEAN
ASSISTANT	KOJIRO TOMITA
Department of Egyptian Art	
CURATOR	DR. GEORGE ANDREW REISNER
ASSISTANT	LOUIS EARLE ROWE
Collections of Western Art	
HONORARY CURATOR	FRANK GAIR MACOMBER
KEEPER OF PAINTING	JOHN BRIGGS POTTER
ASSISTANT IN CHARGE OF TEXTILES	MISS SARAH GORE FLINT
ASSISTANT IN CHARGE OF OTHER COLLECTIONS	MISS FLORENCE VIRGINIA PAULL
Library	
LIBRARIAN	MORRIS CARTER
ASSISTANT LIBRARIAN	MISS MARTHA FENDERSON
ASSISTANT IN CHARGE OF PHOTGRAPHS	MISS FRANCES ELLIS TURNER
Registry of Local Art	
REGISTRAR	BENJAMIN IVES GILMAN
KEEPER OF THE REGISTRY	STANLEY BELDEN LOTHROP
Building and Grounds	
SUPERINTENDENT	WILLIAM WALLACE MACLEAN
ASSISTANT SUPERINTENDENT	JAMES FRANCIS MCCABE

第四章　目覚め——美術史家として（一九一六〜一九三〇）

——アーサー・ウエーリと司馬江漢の落款をめぐる論争考

本章では、富田幸次郎が大英博物館所員で『源氏物語』の英訳で知られるアーサー・ウエーリ（Arthur David Waley, 1889-1966）と、一九二九年に司馬江漢（一七四七延享四—一八一八文政元）の浮世絵師時代の落款（署名・印章）をめぐって論争を行ったことの意味について考察します。この事件をきっかけに、富田は東洋美術及び言語に通じていると評価され、その後のボストン美術館アジア部キュレーター（部長）の地位を確定したと考えられるからです。

富田幸次郎は一九三一年、日本美術コレクションで名高いボストン美術館のアジア部キュレーターとなりました。この人事は、アーネスト・フェノロサ、岡倉覚三、ジョン・エラトン・ロッジらが一時代を築いたアジア部を、富田が担うことを意味しています。本章の該当時期は、彼がボストン美術館アジア部の次長（日本部門のキーパー）の頃のことですが、当時彼の上司であった部長のジョン・ロッジが、ワシントン・フリーヤ美術館のキュレーター及び館長を兼任した時期に重なるので、富田がアジア部の責任を大きく担っていたと考えられます。このウエーリとの論争は、彼のキュレーター就任直前の出来事です。当時彼は三九歳、ウエーリより一歳年下でした。

ウエーリは、一九一〇年、ケンブリッジ大学キングス・カレッジを卒業後、一九一三年大英博物館員となり、東洋版画・素描部を担当しておりました。その間に独学で日本語と古典中国語を習得し、数々の翻訳を行っています。一九二一年には *The No Plays Japan*（『謡曲集』）を出版し、さらに一九二五年には、『源氏物語』の英訳 *The Tale of Genji* 第一巻を出版して批評家に大絶賛されます。最終巻の第六巻が出たのは一九三三年のことでした。一九二九年大英博物館を辞してからは著作活動に専念するのですが、生涯中国や日本を訪れることはなく、一九六六年に亡くなっています。このウエーリ・富田論争の年譜的時期は、一九二八年から一九二九年のことで、ちょうど、ウエーリが『源氏物語』翻訳の最中、そして大英博物館を辞した時期に重なっています。(1)

二人の論争掲載紙は、英国『バーリントン・マガジン』（*The Burlington Magazine for Connoisseurs*）で、本誌は一九〇三年ロンドンで発行が開始され、今日でも出版が続いている月刊美術雑誌であり、美術研究に関しては世界的に権威ある雑誌として知られています。本章は、英国『バーリントン・マガジン』（一九二八年・一九二九年）に掲載された、西洋画法を日本に紹介した司馬江漢の、浮世絵師青年時代の落款をめぐるウエーリと富田による論争を分析するものです。(2)

ボストン美術館評議会は、一九三一年二月の『ボストン美術館紀要』（*Bulletin of the Museum of Fine Arts*）で、「（一九三〇年）一〇月一五日の会議におきまして、富田氏のアジア部長就任を決めました……評議会は、富田氏の卓越した鑑識眼と、中国日本美術の専門家として、国内外におけるその素晴らしい評判を認めましたので……」（傍点強調は筆者、以下同様）と発表しています。(3) 富田の「国内外での評判」を裏付け、またその根拠の一つとなったのがこの論文である、と私は考えています。

第一節　錦絵の創始者であった鈴木春信の弟子、多才な司馬江漢

司馬江漢は江戸に生まれ、江戸時代後期の洋風画家、銅板画家、思想家として知られています。この論争のトピッ

クは、司馬江漢が著した『春波楼筆記』の中の「江漢後悔記」という章を背景にしています。

司馬江漢著『春波楼筆記』は、佐藤定介、畠山健が校正した『百家説林』第五巻（全十巻）に収められています。これは吉川半七（吉川弘文館創業者）が一八九〇年一一月から一八九二年二月までに出版した、江戸時代諸家（本居宣長や山東京伝、太田南畝など）の随筆を集めた和綴じ本シリーズ中の一冊です。くり返しますが、「江漢後悔記」は『春波楼筆記』の一つの章であり、また江漢の自伝的な部分としてよく知られています。

江漢は初め鈴木春信（一七二五―一七七〇）門下の浮世絵師となり、師の急死後一時「鈴木春信」という名前を名乗って春信の偽版を作ったとされています。やがてしばらくの間、江漢は「鈴木春重」という名前の浮世絵師であったことが今日伝えられています。ウエーリと富田による本章の論争は江漢のこの偽版絵師、あるいは「鈴木春重」時代のことについて、それぞれが見解を述べたものです。

のちになって江漢は、写生体の漢画や美人画を描き、さらに平賀源内（一七二八―一七七九）らの影響で洋風画に転じ浮世絵師をやめています。日本で最初のエッチング（銅版画）を制作し、油彩による洋人図や日本の風景図を多数描き、多くの傑作を残しています。また江漢は随筆にも優れ、『春波楼筆記』以外にも『独笑妄言』などを著しております。さらに、『地球全図』などの精密な銅版画とともに、西洋天文学（地動説）や地理学の紹介者としても活躍したのです。今日江漢の業績を振り返りますと、彼が市井の芸術家知識人として、江戸期の文化を再考するうえで多くの示唆と共感を与え続けていることが窺えます(4)。江漢の本名は安藤吉次郎であり、姓を司馬、名を峻、字を君岳と称した他、江漢、春波楼、不言、無言など多くの号をもっていました。

江漢の師匠であった鈴木春信は、明和二、三年（一七六五、一七六六）に江戸で流行した絵暦の製作において、彫師、摺師らと協力しながら、多色摺木版画「錦絵」の誕生に主導的な役割を果たした絵師でありました。春信の作品は、古典的な題材を当世風俗にやつす「見立絵」が特に洗練されており、彼が描いた中世的で可憐な美人画は一世を風靡しました。代表作には『座敷八景』、『雪中相合傘』などがあります。春信は一方で神田白壁町の家主であり、平賀源

内はその借家人でした。二人が互いに「錦絵」の工夫を話し合ったことが想像できますね。(5)

第二節　「司馬江漢と春重は同一人物ではない」――アーサー・ウエーリの説

さて、本節から『バーリントン・マガジン』に掲載された、実際のウエーリ・富田の論争の検討に移りましょう。ウエーリの主張は、「司馬江漢は春重ではないし、司馬江漢は春重であるとは断言していない」、というものです。彼の説明は以下です。

（一）「春重」銘の版画は決して単に浅薄なる模倣的なものではない。一方、江漢の日記（「江漢後悔記」『春波楼筆記』）より想像しても、江漢なる人物がこのような繊細で優雅な人物像を描いたとは考えられない。

（二）「春信風の版画」と「江漢の唐画の技法で描いた日本の女性」とを、結びつけようとする幾多の努力は徒労である。

（三）一八九二年に出版された江漢の「江漢後悔記」には、「春重と号して云々」とあるが、それより数年以前に刊行された『浮世編年史』（筆者注：一八九一年）序文(6)には、「春画と号して云々」とある。ゆえに、春重は春画の誤植である。「重」と「画」（「畫」）の文字は略字ではよく似ているから。

（四）それゆえに江漢は日記中に「吾名此畫の為に失はれんことを懼れて筆を投じて描かず」と言っているのである。

ウエーリ説の重要な点は二つあるように思います。第一には、司馬江漢は鈴木春重ではない。ウエーリにとっての江漢像は、「彼は鈴木春信風な可憐な女性像を描けるような画家ではない」、（その根拠は（一）江漢自身の日記から得た、司馬江漢についての知識からすると、彼が一度でもこれらの繊細で優雅な人物像を描いたか、疑わしいからである）と、指摘している点にあります。ウエーリは「日記」としているのですが、実は「筆記」なのですが。

第二には、ウエーリには、春重→春畫→春画（Spring Abundance → Spring Pictures → erotic pictures）という漢字のイメージがある、という点です。それは、「繪　畫　画　の三つの文字は同じ」、と『浮世繪編年史』序文最後に、述べられていることによって想起されているらしいのです。なぜかはわからないのですが、「重」と「畫」という漢字が草書体で似ていることから、飛躍して、「春重」＝「春畫」＝「春画」と読めると考えたのかもしれません。

ウエーリの主張に該当する『浮世繪編年史』序文部分は以下でありましょう。

『浮世繪編年史』原文抜粋

此の書は浮世繪を善くせし人並びに繪版の起こりし年度などを知るために哀輯（あつめ）したるものなり……英一蝶橘守國月岡雪鼎戀川春町山東京傳司馬江漢等の如き始めは浮世繪を畫くといへども後にはおのおの趣く所と異にせりこれらの如きは本書中に収むへきにあらさるに似たりといへども先輩みなこの類中に引きたれば姑（しばら）くこれに従ひぬ類を求むるの多きを咎むることなかれ……引用する所の書は左の三十餘種に過ぎす……浮世繪類考、明治十五年内国絵画共進会出品人履歴書、増補浮世繪類考、……司馬江漢後悔記。

明治二十二年（一八八九年）七月……東京宮城の北なる巣鴨の里に住める　翁しるす……本書に繪と書し畫と書きし画と書するものは区別するにあらすみな原書に従ひて書せしなり……三字とも意義の同しきを志るへし……。

『浮世繪編年史』は日本における浮世絵史の概略を述べた和綴じ本です。右に示した『浮世繪編年史』序文を私が読みましたところ、参考資料として「司馬江漢後悔記」のみの記載があるだけでした。目を皿のようにして何度も確認したのですが、その序文に当たる部分には、「春画と号して云々」などとはどこにも書いてないのです。ウエーリが述べている「春重は春画の誤植である」、その「誤植」云々は『浮世繪編年史』序文を読む限り見当たりませんでした。

第三節　ウエーリへの反論「司馬江漢と春重は同一人物」――富田幸次郎の説

ウエーリは、「江漢は自分のことを、『春画』erotic picturesと名付けて（あるいは呼んで）描いた、ということだ」、という解釈をしているのですね。『浮世繪編年史』の巻之上（「明和二十四」の頁）には、「……鈴木春信……吉原大全挿畫、豆右衛門春畫あり……」等の、春画云々の記載があります。当時の絵師は狩野派絵師も含め、春画（枕絵、笑い絵とも称されていた）を描いていたことがわかります。

春画、好色に対する禁令は、一七二二年（享保七年の「享保の改革」）以来、何度となく発布され、故に絵師たちは春画には署名しない場合が多く、署名しても隠号を使用するなどして、幕末まで製作はつづけられていたのでした。またそれらの作品は公刊の作品より、印刷技術が優れていたものもあったといいます。(7) 裕福な人々は高額にもおびえず春画を入手し、絵師たちは高値で買われる春画に、己のもてる力を注いだのでありましょう。

ウエーリが勤めた大英博物館の浮世絵コレクションの中に、「春画」（あるいは略字「春重」、「春畫」、あるいは「春し画」）という落款のある版画が、もしやあったのかもしれませんが、その点はウエーリ論文には示されておりません。

さて、ウエーリが主張したように、司馬江漢と鈴木春重は同一人物ではない、などということを日本で述べた人物は未だ居りません。司馬江漢没して以来現在に至るまで、彼が二〇代に春重と名乗っていたことに疑いをもたれた事実は、日本では皆無といってよいでしょう。少なくとも現在では、「江戸時代を代表する洋風画家・司馬江漢が若い頃に錦絵や肉筆画の美人画をかなり描いていたことは広く知られている」のです。[8] おそらく、海外においても、司馬江漢＝鈴木春重という認識は、日本同様共有されていたことでありましょう。ウエーリ自身もこの論文の中で、「春信作品のいくつかは、司馬江漢の浮世絵師時代の作品であると云われている」と記しているほどですから。

ウエーリは、大英博物館の東洋版画・素描部部長ローレンス・ビニヨン（Laurence Binyon, 1869-1943）の部下であり、源氏物語の英訳をするほどの日本通であります。そのような東洋美術に権威があるとされる人物が新説を打ち出したのです。

米国ボストン美術館勤務の富田幸次郎は、英国雑誌記載のウエーリの論文を読み、米国にある司馬江漢（鈴木春重）真作作品を紹介しながら、いち早く英文で反論を投稿しました。[9] その反論は一九二九年『バーリントン・マガジン』に掲載されました。富田論を見てみましょう。

（一）富田説の要点

富田はまず次のように始めます。「彼の（ウエーリ氏の）主張が、欧州及び米国の研究者に、日本の錦絵に対する不信感を生み出したという事実を鑑みて、以下の反論を用意した」として、「江漢後悔記」にある、「吾名此畫の為に失はんことを懼れて筆を投じて描かず」という、経緯に至る部分を自分で英訳して示したのです。以下に和文原文及び、富田による英訳を紹介いたします。

「江漢後悔記」『春波楼筆記』原文抜粋

……後長じて狩野古信に學べり。然るに和畫は俗なりと思ひ。宋紫石（一七一五―一七八六）[10] に學ぶ。其の頃。鈴木春信と云ふ浮世畫師當世の女の風俗を描く事を妙とせり。四十餘にして。俄かに病死しぬ。予此にせ物を描きて。板行に彫りけるに。贋物と云ふ者なし。世人我を以て春信なりとす。予春信に非ざれば振伏せず。春重と號して。唐畫の仇英（一四九四―一五五二）[11]。或いは周臣（一四六〇―一五三五）[12]等が彩色の法を以て。吾國の美人を畫く。夏月の図は薄物の衣の裸體の透き通りたるを。唐畫の法を以て畫く。冬月の図は。茅屋に篁繞（竹を巡らせ）り、庭に石燈籠など。皆雪にうつもれしは。淡墨を以て唐畫の雪の如く隈どりして。且其頃より婦人髪に鬢さしと云ふ者始めて出でき。爰において。髪の結び風一變して。之を寫眞して。世に甚行はれける。吾名此畫の為に失はん事を懼れて。筆を投じて描かず……。

富田英訳

When I grew up I studied under Kano Hisanobu (Furunobu). But, feeling that Japanese painting was too commonplace, I (later) studied under So Shiseki. About that time Suzuki Harunobu, a painter of the Ukiyoé, was exhibiting skill in depicting the life of the women of the day. He died suddenly at the age of forty odd years. I drew imitations of his works and published them as prints which no one suspected of being forgeries. (It was as if) everybody regarded me as Harunobu. This was not pleasing to me because I was not Harunobu; so, calling (myself) Harushigé (*Harushigé to gō shité*), I painted Japanese beauties in the methods of colouring employed in Chinese painting by such as Ch'iu Ying or Chou Ch'ên. For a picture of the summer months, I painted a (woman whose) body was visible through a thin dress, after the manner of Chinese paintings; and for a picture of the winter months, a rustic house surrounded by bamboos, a garden with a stone lantern, etc., shading with pale ink the snow which covers those objects, like the treatment of snow in Chinese paintings. It was about this time that there came into use the object called *binsashi* for the hair of women, which led to a complete change in the style of coiffure. This fashion I portrayed, and (my pictures) became very popular. However, as I was afraid that I would lose my good name by these pictures, I painted them no more.

富田は、この簡潔に書かれた自伝的略歴において、江漢が、自身を春重と呼んだことについて疑問をさしはさむ余地はないとしました。しかし、「『ウエーリ氏は、司馬江漢は春重ではないし、司馬江漢は春重だと断言していない』と言っている。そして、『これは、私にとって喜ばしいことではなかった。なぜなら、私は春信ではないからだ。だから、春畫と名付けて、私は……描いた』と、解釈すべきと我々を信じさせようとした。江漢が、もしそのような文を書いたとしても、意味がないものであることは少なくとも明らかである」と、ウエーリ説を真っ向から否定したのです。

その上で富田は、（一）『浮世繪編年史』は参考資料として成立しないことを主張し、（二）実証的に図録を用いて江漢＝春重であると説明し、（三）さらに論を展開し、江漢による春信の贋作の有無を立証したのです。以上の三点を挙げ、将来、今まで春信作と思われていたものが、実は江漢作品であると立証される可能性がある、と述べるに至るのです。（一）～（三）の論点を次に説明いたします。

（二）富田説の根拠

（1）『浮世繪編年史』は参考資料にならない

富田によれば、「ウエーリは、『浮世繪編年史』に「春畫と號して云々」と書いてあるのを鵜呑みにして、『春波楼筆記』における「江漢後悔記」の記載にあてはめているが、『春畫と號して』という日本語は文脈上あり得ない。つまり、『春重と号して我が国の美人を描いた』のであって、『春畫と号して我が国の美人を描いた』のでは意味をなさない。したがって、『浮世絵編年史』は、『春重』を『春畫』と誤植しているのだ、故に「江漢後悔記」の記載の通り、江漢が自身を春重と呼んだとすることに疑問はない」、としています。

私は先に、実際の『浮世繪編年史』序文（実際には凡例部分）の抜粋を引用しました。しかし、その中にウエーリが主張する、「春畫と號して」の記載は、何度も確認しましたが存在しないことを指摘いたしました。『浮世繪編年史』

には、参考資料として「司馬江漢後悔記」という記載があるのみです。

ウエーリ・富田双方が「春画と號して」が誤植云々とした、その記述そのものは実際には存在していないのです。ウエーリの論旨が「江漢はエロティック・ピクチャーという名前（あるいはそれを描くこと）が嫌になったのだ」という、根拠そのものが『浮世繪編年史』に無いのです。富田は以下のように説明しております。

重と畫の漢字の草書体が「混同されやすい」というのに、十分な理由もない。これら二つの漢字は、根本的に異なるため、どのようにこれらの漢字を書いても、基本的な違いがあるため、識別することができる。実際、ウエーリ氏は、文脈との関係を考慮せずに、したがって、単なる漢字の重を畫の誤植と理解できることを意識せずに、『浮世繪編年史』で引用されている一節（春畫と号して）から一つのフレーズを選んだように見える。

富田は、『春波楼筆記』における「春重と號して」が、意味を有し、『浮世繪編年史』において無意味であるという事実は、『浮世繪編年史』を本格的な検討から除外する十分な理由になるとし、早々と参考資料から除外しております。ボストン美術館では、岡倉時代からかなりの予算を確保して、アジアに関連する書籍を集めていました。富田が『浮世繪編年史』について、出版年月日や内容について把握していることから、この本がボストンの富田の手許になかったとは考え難いことです。『源氏物語』の英訳で欧米文学界を風靡しているウエーリの名誉のために、彼の評判を落とすような、「そんなことは書いてない」などと断言することを、富田があえて控えたためであったのかのかもしれませんせん、私にも実はよくわからないのですが。

さらに富田は次の様に指摘します。「『吾名此畫の為に失はんことを懼れて』の、『此畫』とは、全体の文脈から考えると和画全体のことである。江漢がこの頃既に『和画は俗なり』と考えており、やがて漢画家である宋紫石に学び、さらには西洋画をもって真の絵であるという考えにたどりついたのだ。江漢は自身の評判を落とすことを恐れた。なぜなら、彼の時代に女性を描き続ければ、ひどく嫌われていた風俗画派の素描家に分類されることを恐れたのである（後述の成瀬不二夫説を参照）。春画の問題は、江漢の行動（浮世絵師をやめたこと）を説明するものには全くならなかった」、このように結論付けたのです。

富田はウエーリを、「明らかに日本語の読みに詳しくない」人と皮肉っています。

（2）江漢＝春重を実証的に図録を用いて説明

次に富田は「江漢後悔記」にある記述が、江漢肉筆画真作に合致していることを示し、ウエーリを論駁します。ウエーリは、「江漢作（と伝えられる）『中国風の日本女性』の絵は春信風であるとされて来たが、完全に肉筆中国画である、すなわち、春信の画法とはかけ離れている」と述べています。しかし富田はこれを否定したのです。

富田は『冬月図』（**付表4［挿図Ⅰ－A］、ボストン美術館所蔵**）と、『夏月図』（**付表4［挿図Ⅰ－B］、フリーヤ美術館所蔵**）を示し、先に引用した、「江漢後悔記」『春波楼筆記』にある、以下の一節に間違いなく符合すると断じたのです。

> 吾國の美人を畫く。夏月の図は薄物の衣の裸體の透き通りたるを。唐畫の法を以て畫く。冬月の図は。茅屋に篁繞（竹を巡らせ）り、庭に石燈篭など。皆雪にうつもれしは。淡墨を以て唐畫の雪の如く隈どりして。

富田は次のように説明します。「『夏月図』における日本女性は、髪を鬢差（ヘアピン）で留めた、夏着の日本女性を示している。紗のような素材の着物の袖から、女性の肘が透けて見える。家及びその他の背景を描くのに用いられている技法は、多色付けされた長崎派[13]と、明の水墨画家の画風（墨の濃淡を生かした大胆な筆使い）との興味深い混合である。これは、江漢が述べている中国風絵画への順応を強調している」と述べ、次のようにつづけています。

「一方の『冬月図』は、春信の画法で描かれ、彩色は中国画家を真似ており、鬢差は当時の画法（当時の日本女性の風俗を示す画題）であるから、中国画ではない」、と指摘しました。そして「雪の中の家、木々、石燈篭の処理は、『江漢後悔記』の中で江漢が述べている、自身の方法『庭に石燈篭など。皆雪にうつもれしは。淡墨を以て唐畫の雪の如く隈どりして』に、完璧に適合する」としました。

さらに富田は、「これらの絵画の署名は、「蕭亭春重」と書かれている。署名の下の印章は、二つの漢字『春』と『信』からなり、春重が署名した他の絵画と同様である。この『春重』の落款は、『浮世絵類稿』における式亭三馬（一七七〇—一八二二）[14]の注釈を裏付けている。そこには、『春信のある弟子は、二世春信の名前を引き継いだ。その後、彼は長崎に行き、オランダ絵画を勉強した……これは司馬江漢に他ならない』と記載されている」とつづけます。富田は、「三馬は一八二二年に死亡し、一八一八年の江漢の死から四年後のことだ」と指摘し、三馬は江漢と同時代に生き、江漢の実像を知っていたことを示唆したのです。

また、江漢が日本女性の絵を描いたことを証明するために、富田は、浮世絵の権威である橋口五葉（一八八〇—一九二一）が晩年に書いた「鈴木春信の絵画」を引用しています。[15]「春信の弟子の一人として春重を議論している中で、五葉は、『鬢差を挿し、扇を持ち、松の木の下に立つ女性が、絹に描かれた一つの絵画がある。一七七七—一七七八年ぐらいの衣装の女性の絵は、湖龍斎（一七三五—一七九〇？）[16]風である。松及び岩は、刘松年（一一五五—？）[17]風に描かれている。この絵において、春重は江漢と署名している』と述べている。つまり、『夏月図』、『冬月図』において、署名は春重、印章は春信であるから、これらは江漢作に間違いはない」ことになると説明したのです。

またさらに、次の様に指摘します。「五葉が言及した湖龍斎の作品は春信の作品によく似ている。刘松年は中国の画家である。結果として、五葉が説明を加えた絵画は、春重の他の絵画にも見られるように、春重が採用した組み合わせ（鬢差し姿の女性、湖龍斎風衣装の女性、刘松年風な中国画法での背景）の典型であり、江漢自身が言及した特別な組み合わせ（「江漢後悔記」で示した、吾國の美人、唐画の法を用いた衣装や背景、鬢差し姿の女性、という組み合わせ）である。したがって、我々は、江漢と春重は同一人物であると結論付けざるを得ない」と、畳みかけるように根拠を示したのです。

富田は、米国に所在する江漢真作『夏月図』『冬月図』を使い、司馬江漢＝鈴木春重であることを証明したのです。

（3）江漢による春信偽落款の有無　今後の展望について富田の指摘

さらに、富田は江漢論を突き進めます。ウエーリは、江漢による「春信」署名の版画があったとしても、「信じるべきかどうか」は疑わしいと断言しているのですが、それに対し、富田はボストン美術館所蔵スポールディング・コレクション(18)から、四枚の版画（付表５［挿図Ⅱ－Ａ～Ｄ］）を検討することにより、以下のような独自の見解を展開します。

「［挿図Ⅱ－Ａ］は、春信を代表するものであるが、特にコメントはない。［挿図Ⅱ－Ｂ及びＣ］は、春重の署名がなければ、春信の作品と言う人もいるだろう。［挿図Ⅱ－Ｄ］（春信というサインがある）も、また、春信の本当の作品だと多くの人が言うだろう。一方、経験のある研究者は、Ｄについては信憑性を疑うだろう。この作品の中の目、首、耳、顎および他の詳細を、春信及び春重の版画のものと、それぞれ対比すると、経験ある観察者は、Ｄを、Ｂ及びＣ（春重）と同じカテゴリーに割り当てることができる」と。

そして、「Ｄの漢字「春」は、春重の浮世絵版画、または、二枚の肉筆浮世絵［挿図Ⅰ－Ａ及びＢ］のものに似ている」、また、目、首、耳、顎という細部の描き方において二人の間には相違があるとし、「何よりも重要なのは、春重が描いた顔においては、春信の顔に一般的に見られる表現が欠けていることである」、と説明しました。富田が「春信特有の表情が欠けている」と言っていることの意味はよくわかりませんが、おそらく、春信風な表情の柔らかさのようなものが春重作品の人物に欠けている、と指摘しているのだと思われます。

さらに富田は次のように述べます。「同様に、三〇〇作ほどの春信の作品と、一六作を超える公知の春重と署名された様々な題材の版画との比較からは、有益な興味深い結果が得られる。今は春信とみなされている作品の数を大幅に減らし、『二世春信』または『春重』と分類しなければならなくなる日が来る可能性がある。春重の絵が、春信が描いた一七七〇年（春信が死亡した年）の『絵本青楼美人合（あわせ）』に、非常に似ていることは明らかである」と。

そして次の様につづけました。「この類似は、どちらかといえば、春重が、師匠の死の直後から、春信の模倣を始めたとの意見を裏付ける。他の本『絵本春の錦』（一七七一年出版）の絵は、明らかに春重作である。この本の中の絵の詳細が『絵本青楼美人合』とは趣を異にするだけでなく、春重の明らかな春信偽落款作品に似ている」、と述べたのです。

富田によれば、「繊細な感覚と教養のない人が、本物と贋作の非常に細かい違いを見分けることは難しい。印刷された時の版画のパトロンさえも、江漢による春信の贋作に騙されたと、江漢が告白の中で言っている。優秀な研究者による二種類の区別は、ウエーリ氏が『無駄である』と信じる推定よりもましなものになる可能性が高い」と、手厳しい。

つまり、富田は驚くべきことを言っているのです。このウエーリ・富田による論争時の一九二九年の段階で、既に「今は春信とみなされている作品の数を大幅に減らし、『二世春信』または『春重』と分類しなければならなくなる日が来る可能性がある」と予言しているのです。

世界中の浮世絵愛好家達に、「江漢の春信偽款」作品の存在は知られてはいましたが、それがどの版画であるかを指摘した人物は、富田以外に九〇年前にはいなかったのではないでしょうか。江漢の画家としての諸作品、諸著作の全容がはじめて明らかとなったのは、一九九三年、八坂書房より『司馬江漢全集』（全四巻）が刊行されてからでありましょう[19]。

その翌年一九九四年には『司馬江漢の研究』が同社より発行され[20]、その中に、江漢作の浮世絵に関して、成瀬不二雄の「江漢画の作品価値」という論文が収められています[21]。成瀬は『司馬江漢全集』の編集委員にも名を連ね、江漢作の浮世絵に関して次のように述べています。少し長いのですが、成瀬論はこれより六〇年前以上に、『バーリントン・マガジン』に発表された富田論を補足して余りあるので参照してみます。

いわゆる江漢の春信偽款とされる錦絵美人画については、贋作でも代作でもなく、版元や春信の遺族に公許された二代目春信としての仕事ではなかったかと最近の筆者は考えている。これらの版画が春信自身のそれと最も異なるところは、美人の表情や姿態よりも「浮絵」と呼ばれる透視遠近法による背景が加わっていることだろう……江漢青年時代には、それ自体は決して新奇な画法ではなかった。しかし、いわゆる春信偽版の作られた明和七・八年（一七七〇―一七七一）頃までは、浮絵は主として多数の人物のいる劇場や妓楼などの室内の光景、あるいは江戸の街頭風景を扱っていた。これに対し、いわゆる春信偽版の美人版画は、一人ないしは二人の人物を大きく描き、それに浮絵の背景を加えているから、確かに斬新な一面を開いたのである。この浮絵の背景の加わった春信風の美人画という図様は、錦絵作者としての江漢（二代春信）の売物となる予定ではなかったかと思われる。

……彼が錦絵の版下を描かなくなった理由はよくわからない……江漢は特に自意識の強い人物だったから浮世絵師の社会的地位の低さに嫌気がさしてきたのだろう……彼は後の経歴を見れば明らかなように、知識人としての生活に憧れ、教養人であろうとした人物だった。そして、当時の江戸において最も中国画に近い画風を示した宋紫石に入門したことは、元来彼が絵画における正当性を尊んだことを示している。……とにかく、江漢は教養人として、感性よりも知性を好んだらしいから、元来俗のものであり情のものである浮世絵界の水に合わず、町絵師として生涯を終わりたくなかったと思われる。

ただ江漢は宋紫石の門下に入って、南蘋派の漢画家となってからでも、主に安永年間（一七七二―一七八一）に「蕭亭春重」ないしは「蕭亭藤原春重」と号して、肉筆の浮世絵美人画を描いている。また、天明初年頃には、江漢号を款したこの種の作品がある。彼が錦絵の版下の筆を断ってからでも、なお十年間ほどこの種の絵を描いたのはまだ漢画家としての地位が不安定だったため、生活の手段として画料をかせぐ必要があったからだろう。(22)

成瀬説を読む限り、現代においても「江漢作春信偽絵」（偽落款）と断言できる決定作はない、というのが実情のようです。成瀬は人物の背景に透視遠近法が使用されているかどうかで判断しているようです。一方の富田は一九二〇年代末に、江漢作と考えられるものには、春信特有の表情が欠落しているとしています。このことは当時浮世絵の研究が今日ほど進んでいない中、富田がいかに鋭い観察眼を有していたかを示唆するものでしょう。

ところで近年（二〇一四年）、美術史家で浮世絵研究家として知られる浅野秀剛は「……成瀬氏の見解は説得力があり、首肯できるものと考えるが、氏はそのことの裏付けをされないまま長逝された……」とし、さらに次のように結論づけています。「……江漢が下絵を描いたと思われる錦絵は、従来の認識よりはるかに多く遺存し、『春重画』署名の錦絵は十数点、『春信画』署名の錦絵は研究者によって相違が出るが、それでも四十から五十点は残されている……」とした上で、富田が『バーリントン・マガジン』で春重作とした［挿図Ⅱ］B、C、Dを江漢作と認定し、「……浮世絵師時代の江漢の研究には……『春重』署名の肉筆画の考察を欠かすことはできない……」と、まさに富田九〇年前の説を、今日に至って裏付けているではありませんか。

浅野の根拠は「春重画」、「春信画」署名の、中版サイズの錦絵の内容、様式、署名、寸法等から、制作年に見当をつけたことに拠っています。さらに浅野は次のように指摘しています。

明和八年（一七七一年）正月刊の『絵本春の錦』は基本的に江漢の作品と考えている。それに関連し、春信終期の絵本として重要な作品である、『絵本青楼美人合』の刊行状況をもう一度検討する必要があるかもしれない。枕絵本、春画組み物の研究もこれからである。(23)

浅野は、江漢研究が未だ途上にあることを示唆しているのですね。つまる所、江漢自身の告白文の通り、成瀬、浅野説が裏づけるように、富田説「江漢作春信偽絵が存在する」ことは確かでありましょう。ウエーリ説「江漢作春信偽絵は無い」は採れないことが確認できるでしょう。

ちなみに、富田が論文で取り上げている、［挿図Ⅰ-A］『冬月図』、［挿図Ⅰ-B］『夏月図』は、『司馬江漢全集』（四巻）に、江漢の肉筆浮世絵の代表作としておさめられ、江漢による春信偽絵とし、浅野がそのことを認定した［挿図Ⅱ-D］は載っておりません。[24]

なお、『司馬江漢の研究』巻末「司馬江漢文献目録」の、明治期からの江漢に関する「参考文献目録」（森登編）を読む限り、ウエーリ・富田が英文で書いたこの論争は見当たりません。[25] これまでこの論争は知られていないということでありましょう。

（三）論争が映すもの

ウエーリは『バーリントン・マガジン』社に招かれ、富田に対し返答するよう求められ、彼の反論は富田説の後ろに掲載されました。彼は歌麿（一七五三？―一八〇六）[26]、勝川春章（一七二六―一七四三）[27]、北斎（一七六〇―一八四九）[27]、鳥文斎栄之（一七五六―一八二九）[28]などの浮世絵師を取り上げ、日本美術の研究の深さと熱心さを語っています。

ウエーリはつづけて、「私は富田氏が言及した江漢の総ての作品に詳しい。私は『江漢は自身の評判を落とすことをなぜ語らなければいけないのだろうか』と問い、春画の解釈に十分な解を見出した」と述べ、「この問題は、議論するには明らかに主観的すぎる」と匙を投げた体です。ウエーリ説は、ウエーリ自らが語るように、江漢真作を根拠とせず、彼の主観に拠っている点がいかにも弱いと思います。故に、一九二九年のウエーリの富田に対する返答は、一九二八年の「江漢は春重では断じてない」から、「私は別の解釈に関心を向けただけだ」と、ややトーン・ダウンせざるを得なかったのでありましょう。

また、ウエーリの返答中、「春重は号ではなく、『名』である。蕭亭が、春重の『号』である」と断じているのは、いかにも無茶で、日本人のみならず、漢字文化圏の人々を驚かすに足りたと思われます。なぜならこの場合、蕭亭春重全体が一つの名前であり、号だからです。

本章で紹介した、この九〇年前のウエーリ・富田論争は、ウエーリの「春重」＝「春畫」（画）と読めるとした、やや奇抜な発想に端を発しています。底層に春画評価の問題が横たわっていることは否めないと思われます。「軽妙にして洒脱、ユーモアがある」という、今日の春画評価は二一世紀に入ってからのことです。[30]夥しい数量の春画を含む浮世絵が、日本から海外にもちだされ、その間の長い期間、これまで春画は一般的に低い評価を与えられ、学術的には切り捨てられてきました。前世紀の早い段階で、ウエーリ、富田という、二人の学芸員が、英国の美術雑誌上に春画を多少なりとも議論の俎上に載せ、論じている点は注目に値するでしょう。

またこの論争において、一九二〇年代、『源氏物語』を英訳したウエーリをもってしても、東洋絵画における漢字署名や印章の精読には、苦戦していたことが確認できます。漢字精読者が西洋社会に絶対的に不足していたのでしょう。富田がボストン美術館及び米国内で、重要性を帯びていく一つには、漢字及び日英両語に通じていた故だと思います。

この論争のトピックである司馬江漢は、一〇代で鈴木春信門下の浮世絵師となりました。春信は神田白壁町に住み、平賀源内はその借家人でありました。その近隣には杉田玄白や宋紫石たちが住んでおりました。『ターヘル・アナトミア』（『解體新書』）翻訳の顛末は、江漢には身近な出来事であったと推察されるのです。[31]戯作や浮世絵中心の江戸文化に飽き足りなかった江漢は、源内と親しくなり洋風画家に転じたとされています。源内が所蔵していた蘭書を眺めながら、人体や博物学に興味を抱き、やがて、絵画における遠近法や陰影法を習得しながら、西洋キリスト教社会が背景としている宗教的戒律に江漢は気付いていたかもしれないのです。

ウエーリが「江漢は、エロティック・ピクチャーを描くのが嫌になったのだ」と、当然のことのように直感したことも、案外的外れではないかもしれない、と私は考えたりしています。実際、江漢の油彩画には、「Si Kookan」等の欧文サインが見受けられ、洋風画家としての面目と自負が感じられるからです[32]。

さらに一つ重要と思われる点があります。私が驚くことは、米国の富田が時を置かず即座に、英国のウエーリに対し、ボストン美術館（『冬月図』、スポールディング・コレクション）及び、フリーヤ美術館（『夏月図』）の収蔵品の中から、反論の根拠となる司馬江漢（鈴木春重）真作作品を準備できたことです。第一次世界大戦後、大恐慌直前の米国における日本絵画の蒐集状況が、極めて充実していたことが窺われるのです。

浮世絵は江戸時代、オランダの東インド会社を通じて日本から海外に輸出された伊万里焼や漆器の包み紙でした。その版画に描かれた日本の表現法は、欧米人に衝撃と熱狂をもって迎えられました。モネ（一八四〇—一九二六）やゴッホ（一八五三—一八九〇）、セザンヌ（一八三九—一九〇六）やピカソ（一八八一—一九七三）が浮世絵に刺激され、近代絵画の革新に貢献したことはよく知られています。今日浮世絵は、日本よりも数量多く海外のコレクターに愛蔵されています[33]。

しかしながら、その欧米のコレクターたちに浮世絵、あるいは日本美術全般について発信できる人物は、富田が生きた時代には少なかったのです。日本通で知られたウエーリの間違いを指摘した富田は、ボストン美術館の日本人美術史家であり、卓越した東洋美術に対する見識をもった存在であることが、本論争において明らかになりました。このことは欧米のコレクターや、日本美術を所蔵する美術館（ボストン美術館においても）に、大なる安心感を与えたのではと想像できるのです。

この論争の後、ウエーリは大英博物館を辞し、富田は東洋美術の専門家としての名声を米国内外から得、冒頭述べたように、一九三〇年ボストン美術館アジア部長の就任が決定されたのです。

付表4　［挿図Ⅰ］司馬江漢と春重は同一人物

＊以下の挿図は「バーリントン・マガジン」の富田論文から転載。

Ⅰ－A　鬢差を付けた女性。春重作。絹本著色。88.1 × 34.9 cm（ボストン美術館）＊冬月図（＊は和題）

Ⅰ－B　蛍の籠を持つ女性。春重作。絹本著色。93.5 × 32.7 cm（ワシントンのフリーヤ美術館）＊夏月図

Ⅰ―A

Ⅰ―B

付表５　［挿図Ⅱ］司馬江漢と春重は同一人物

＊以下の挿図は「バーリントン・マガジン」の富田論文から転載。

Ⅱ－Ａ　ベランダの遊女。錦絵。春信作。28.4 × 20.9 cm。
Ⅱ－Ｂ　芸者と女中。錦絵。春重作。28.7 × 21.2 cm。＊深川楼
Ⅱ－Ｃ　遊女と禿と少女。錦絵。春重作。28.7 × 21.6 c m。＊風流七小町雨乞
Ⅱ－Ｄ　遊女と禿。錦絵。春重作（春信と署されている）。28. 七× 21.6c m。＊雨中の雁
（全てボストン美術館のスポールディング・コレクション所蔵）

Ⅱ－Ａ

Ⅱ－Ｂ

Ⅱ－Ｃ

Ⅱ－Ｄ

第二部　富田幸次郎の文化交流——日米戦争のはざまを米国で生きる

第五章　祖国に国賊と呼ばれて（一九三一〜一九三五）
――『吉備大臣入唐絵詞』の購入

一九三一年、富田幸次郎はボストン美術館アジア部キュレーターに就任しました。本章から第二部として、彼の波乱に満ちたキュレーター時代がどのようなものであったかを探ります。日米戦争を挟んだその時代は、アーネスト・フェノロサ、岡倉覚三、ジョン・ロッジ等、富田以前のキュレーターたちに比べ、どのような特色をもっていたのでしょうか。

本章では、富田幸次郎がキュレーターとしてアジア部コレクションに加えるために、新たに購入した作品を紹介し、特に『吉備大臣入唐絵詞』購入にまつわる騒動を検討します。富田は一九三一年、アジア部長として莫大な費用を調達し、中国唐時代を代表する宮廷画家で宰相の閻立本作『帝王図鑑』（付表6［挿図Ⅲ］）を、一九三二年には、日本の一二世紀の絵巻物として貴重な『吉備大臣入唐絵詞』（付表7［挿図Ⅴ］）を、さらに一九三三年、中国北宋の徽宗皇帝作（付表7［挿図Ⅳ］）、『徽宗五色鸚鵡図』を次々に購入していきます。

その中の一点、『吉備大臣入唐絵詞』がボストンに買われたことが日本で知られると、富田は超国宝級の美術品を国外に流出させた張本人として、国賊と呼ばれるほどの激しい非難を祖国から浴びたのです。この事件をきっかけに「重要美術品等ノ保存ニ関スル法律」が日本では施行されました。本章はその経緯を明らかにします。

第一節　アジア部前史——キュレーターたち

まず、富田以前のボストン美術館アジア部とはどのような状況にあったのでしょうか、歴代キュレーターの仕事を通じ、富田に任されるまでの経緯を述べておくことにします。

(一) アーネスト・フェノロサ——日本部キュレーター

東京大学で動物学を講じていたエドワード・モースは、大学から哲学と政治経済学のアメリカ人教授を探すよう依頼されました。モースは、ハーヴァード大学学長、チャールズ・ウィリアム・エリオット（Charles William Eliot, 1834-1926）と、学長の従兄である同大学美術教授でありダンテの翻訳者として知られる、チャールズ・エリオット・ノートン（Charles Eliot Norton, 1827-1908）に援助を求めました。ノートンが推薦したのが二五歳のフェノロサでした。モースと同郷セーラム出身のスペイン系アメリカ人で、一八七四年ハーヴァード大学を首席で卒業していたのですが、スペイン系という出自が災いしたのでしょうか、就職が定まらずにいたのでした。

南北戦争後の米国北東部では、伝統的社会から工業社会への移行がほぼ完了していました。アンティ・モダニズムの論客ノートンは、アーツ・アンド・クラフツ（第三章を参照）のイデオロギーの米国における最も重要な先駆者でした。[1] ノートンの愛弟子であったフェノロサが日本人に、自分たちの文化遺産の豊かさを気付かせたのも故無きことではないでしょう。彼は東京大学で教えるうち、次第に西洋文明の導入＝日本文化の繁栄という単純な図式に疑問を抱くようになったのです。教授としてドイツのヘーゲル哲学（時代精神に基づく史観）や、イギリスのスペンサーの社会学（ダーウィニズムに基づく社会進化の考え方）など、西洋思想の伝達を担わされていたのですが、その価値に次第に疑問をもつようになり講義は生彩を欠いていきました。

アーネスト・フェノロサ

フェノロサは、「お雇い外国人教師」として一八七八年から一八九〇年まで一二年間日本に滞在し、その多くの時間を日本美術の蒐集と研究に没頭するようになりました。傍ら、洋画家に押され不遇をかこっていた狩野芳崖（一八二八―一八八八）たち日本画家への援助に力を注ぎました。一八八四年フェノロサは、文部省図画調査会委員に任ぜられ、後に岡倉覚三と共に欧州視察に派遣されるなど、日本の美術行政に深くかかわるようになります。つまり、彼は古美術の流出や外国人による蒐集を防ぐという、日本の文化財を守る立場に立ったわけです。

しかし矛盾するようですが、実はフェノロサはひそかに日本の美術品を買い続け、一八八五年には、ボストンの蒐集家チャールズ・ウェルド（Charles Goddard Weld, 1857-1911）に自らのコレクションを売却しています。その中には、尾形光琳による『松島図屏風』や、『平治物語絵巻三条殿夜討場面』などがありました。ウェルドはそれをボストン美術館に寄託しました(2)。日本美術を守りながら流出させるという、この矛盾は岡倉にも当てはまるかもしれません。

フェノロサは米国に帰国し一八九一年から一八九六年まで、ボストン美術館日本美術部のキュレーターに就任します。彼の在職中にボストン美術館は、合衆国一の、おそらく西洋世界随一の東アジア美術研究の中心となったといえます。彼は一八九二には北斎展、一八九三年には松村景文（一七七九―一八四三）(3)や西山芳園（一八〇四―一八六七）(4)の掛軸展、一八九四年には桃山時代の屏風展、サミュエル・ビング・コレクションの浮世絵展、京都大徳寺所有の一一、一二世紀中国仏画展など、特別展を立て続けに行い、その企画力を発揮しています。一方で、詩集や論文、随筆などを数多く書き、さらには、日本美術のみならず日本文化全般にわたって講演も行っております。

しかし、部下との駆け落ちというスキャンダルで、ボストン美術館はフェノロサを日本部キュレーターの職から退任させせました。富田はフェノロサの企画力や日本美術に関する造詣の深さに評価をあたえてはおりますが、学術面では第三章でも述べましたように、厳密でないと指摘しています。富田の師匠であった岡倉覚三もまた、フェノロサの書いたものは一切見ないでコレクションの整理と分類に当たったそうです。(5)

日本での豪奢な生活に比べ米国帰国後のフェノロサは、離婚や職探しに追われるなど不遇であったといえるかもしれませんが、その生涯は日米両国の人々に日本の美に目覚めさせるという努力に彩られています。(6)

(二) 岡倉覚三――中国・日本部キュレーター

フェノロサ以後、アーサー・ダウ（Arthur Dow）、ウォルター・キャボット（Walter Cabot）、ポール・チャルフィン（Paul Chalfin）たちが、日本部キュレーターを務めましたが短期間で終わっています。一九〇四年岡倉が渡米し、ボストン美術館のアドヴァイザーとなり、後に、中国・日本部キュレーターに就任したことは第三章ですでに述べました。けれども、岡倉はその間ずっとボストン美術館に勤務したわけでなく、ボストン滞在は断続的でした。

岡倉は一九一三年、病を得て日本に帰国するまで晩年のおよそ九年間に、ボストン・日本・中国、ボストン・欧州・日本、あるいはボストン・インド間を往復し、ボストン勤務は五回に及んでいます。実はその間の岡倉のボストンでの滞在期間は合計しても一九ヵ月に過ぎません。(7)しかしながら、日本において他の誰よりも、ボストン美術館中国・日本部（現在のアジア・アフリカ・オセアニア美術部）と関連づけて考えられるのが岡倉です。現在日本美術課長である、アン・モースは岡倉の重要性について次の様に指摘しています。

> 彼は確かに美術館のために重要な日本の美術品を収得してはいるが、数としてはさほど大したものではなく、所蔵品の大半はビゲローとウェルドによって寄贈されたものであった……岡倉覚三がボストン美術館に関わることで、多くの人々に東と西はこの美術館において出会うことを確信させたのである……ボストン美術館にとっての岡倉の重要性は彼自身が日本文化の真の権威と自称し、美術館に正当な権威をもたらしたことにある。(8)

富田は岡倉の没後、ボストンに残されたその遺産や著書の印税を五浦の基子未亡人に届けるなど、人知れぬ努力を惜しみませんでした。その「深い配慮で未亡人は五浦に住みながら恵まれた余生を過ごしていたのである」と関係者が述べています。[9] 同時に富田は、岡倉の遺品であった快慶作『弥勒菩薩立像』などを、ボストン美術館が購入することを勧めています。この快慶作品は、現在欧米の日本彫刻コレクションの中で、最も貴重な作品の一つとなっています。[10] また、日本にあれば第一級の国宝となっていたに違いない、『大威徳明王』という大きな平安朝仏画は、ビゲローに寄託を依頼しています。それらのいきさつについて富田は、「一九一七年に日本に来たのだが、その時に天心の遺族が、（岡倉が）持っていたものを何とかしたいというので、私は美術館に買ってもらうことにしたら、と言ってアメリカへ持っていった」と記しています。[11]

私は手許にある『岡倉天心全集』[12]を繰るごとに思うのですが、岡倉のボストン時代の資料は岡倉の息遣いが聞こえるような、そんな充実感があるような気がしています。一九六三年までアジア部キュレーターであった富田が、その資料を長く保管していたことは言うまでもないことでしょう。岡倉天心を顕彰するために、一九五八年茨城大学五浦美術文化研究所において、天心記念館（後に茨城県天心記念五浦美術館に一部吸収される）が設立されました。富田は自身で五〇年以上保管していた、かなりの量の資料や遺品をここに寄贈することを申し出、一九六四年以降数度にわたり送り届けています。[13]

その資料には、岡倉が富田や知人たちに宛てた書簡、未発表であったオペラ・リブレット *The White Fox*（『白狐』）の草稿、ビゲローのために英訳した天台宗の奥義（一九二三年の『ハーヴァード大学神学部紀要』に収められた）[14]、*The Book of Tea*（『茶の本』）の基になった、「ボストン美術館東洋部に協力する婦人達への講演記録一冊」、「ボストン美術館刀剣目録（直筆訂正補筆）」などがあります。いずれも岡倉研究には欠かせないものでありましょう。

The White Fox に関しては、富田は一九四八年、ハリエット・ディッキンソンがタイプした一冊を、日本の国立国会

図書館がモデルにしたという、世界最大規模を誇るワシントンにある議会図書館に寄贈し、受領書を受け取っています[16]。岡倉は、自身が著した『東洋の理想』[17]における有名な冒頭部分、「アジアは一つである」（*Asia is one*）というフレーズが、戦争中「大日本共栄圏」のスローガンに利用されたこともあり、敗戦直後の日本では、思想家として全く顧みられておりませんでした。『白狐』は、岡倉生前には刊行されませんでしたから、一九四八年のこの受領書は、岡倉作品としてこの作品を確定する上で重要な意味をもつと思います。

私は二〇一〇年、茨城大学五浦美術文化研究所や茨城県天心記念五浦美術館を訪問しました。富田の寄贈品を確認するためでした。天心記念館関係者である緒方廣之によれば、富田は緒方にリストと共に遺品を手渡したそうです。現在そのほとんどに調査と研究が行き届き、『岡倉天心全集』や様々な研究書に反映されています。しかし、富田が緒方に渡したはずの「ボストン美術館刀剣目録（直筆訂正補筆）」という項目は、これまでどの書物にも取り上げられていないように思います。リストにはあるのですが実物がなかったためと考えられます。

その目録は右に記した五浦市の両施設と関係の深い、水戸市の茨城大学図書館に存在していました。五浦市にあった研究所の蔵書は現在、茨城大学図書館片隅にある、五浦文庫というコーナーで読むことが出来ます。その中に岡部覚弥（一八七三―一九一八）が著した、日本刀に関する目録一冊（*Special Exhibition of Swordgurds* 第一版）があったのです。

岡部は彫金師として岡倉に招かれボストン美術館で修理を担当しこの目録を書きました。その中表紙の空白部分には、岡倉による鉛筆書きで、*1 st Edition suppressed with Okakura's corrections* と記されています。岡倉は第一版である岡部が著したこの目録の出版を禁じています。誤記が多かったためでしょう。本文全体には岡倉の独特な英文書体での多量の自筆書入れがあり、この資料が富田が緒方に手渡した「ボストン美術館刀剣目録（直筆訂正補筆）」に違いないと思われます。この資料がどのような経緯で図書館に収蔵されたのかはわからないのですが。

それによれば、岡倉は一九〇七年四月ボストン美術館で行われた「日本刀鍔特別展」のために、岡部覚弥が書いたこの目録を大幅に訂正補筆したことがわかります。特に第二章に当たる、An Alphabetically Arranged Account of the Various Artist and Schools engaged in Tsuba Making（アルファベット順、鍔（つば）制作における作者とその流派）は、岡倉自筆校正で埋め尽くされています。岡部は全体を岡倉の校正に従ってさらに修正し、それに岡倉の序文を加え翌一九〇八年、『ボストン美術館――日本刀の鍔』（*Museum of Fine Arts Boston: Japanese swords guard*）として出版したのでしょう。

日本刀の刀身及びその付属品である精緻な金工細工である鍔は欧米で人気があります。日本刀における鍔部分を図解し説明を行き渡らせたこの本（一九〇八年版）は、岡部著作として今日でも読み継がれています。岡倉資料として日の目を見ずにいた、富田が緒方に手渡したとされる「ボストン美術館刀剣目録（直筆訂正補筆）」（一九〇七年版）は、父親が元福井藩藩士という出自を持つ岡倉の、これまであまり知られていなかった彼が備えていた日本刀とその鍔に関する知見の豊かさを垣間見させているように思います。ボストン時代の岡倉は一振りの日本刀をオフィスに置いていたそうです[18]。

ところで、岡倉時代に中国・日本部の助手として働いていたアーサー・マックリーンは、富田への書簡に次のようなことを記しています。「先生は自分の原稿をけなしたがる風がありました」、「バックベイの婦人達の集まりでの講義を終えて戻ると、私の机の側を通る時、私の屑籠にその原稿を投げ込むのが常でした。少し気がとがめたけれども、私はその原稿を拾って綴じこんだのです」（「ボストン美術館東洋部に協力する婦人達への講演記録一冊」のこと）と[19]。岡倉はボストンでは、自身の講演原稿を屑籠に放り込んだり、あるいはけなしたりと、自分の書いたものにまったく頓着していない様子が窺えます。

今日、岡倉のボストン時代の資料がよく残されているのは、マックリーンや富田等部下たちが、当時岡倉の言動を注意深く見つめ、関連品が重要であると認識していた証左でありましょう。いずれにしても、近年の日本における岡倉研究の進展に、富田幸次郎が果たした役割は大きいといえるのではないでしょうか。

（三）岡倉の理想——キュレーター像と将来の中国・日本部

岡倉は一九〇八年、富田がスタッフとして加入した頃、日本に帰国するにあたってボヘミア号の船上から、美術館評議委員会宛てに、「中国・日本美術部の現状と将来」と題して、長いレポートを書き送っています。冒頭岡倉は以下のように述べています。

> 極東の美術が、西洋諸国の最西端に位置するアメリカにおいて充実した形で存在しているということには、深い意味があります。これによって、我々の美術館は世界の文化地図において影響を及ぼし得る重要な存在にもなるわけで、また当美術館をしてアメリカ人のみならず、広く人類全般の注目を集めるに足る存在足らしめています。[20]

岡倉覚三

岡倉はつづけて次のように記します。「自分はボストン勤務以前の人生を、日本の美術品を日本に留め置くことに捧げてきた（傍点は筆者、以下同様）。しかし、アメリカに滞在している間に、今や東洋と西洋がお互いよりよく理解し合うべきであるとの意見を持つようになった」、「アメリカこそ、東洋と西洋の中間に位置するものであり、ボストンのコレクションに日本の名品が加われば、日本美術にとっても望ましい。加えて、ボストン美術館はすでに優れた美術品を保有しており、さらにこれを増やすのは結構なことではないか」、と考えるに至ったのであると。[21]

アメリカ滞在中に起きた岡倉の思考の変化の経緯ははっきりとは示されていないのですが、美術品を保存するだけでなく、広く市民（世界）に公開することが重要だという認識が生じたように思います。岡倉は一八九六年から日本古社寺保存委員会委員（委員長は九鬼隆一　一八五二―一九三一）として、日本の宝物の修理保存に尽くす立場にありました。その経歴からすると、一九〇八年頃ボストン美術館中国・日本部を、ヨーロッパの諸美術館に匹敵する内容にすることを、義務に感じたのは自己矛盾といえるでしょう。

中野明は『流出した日本美術の至宝』（二〇一八）を著し、「日本の優れた美術品は日本および日本文化をよりよく理解してもらうための、いわばよき外交官になるという考え方がある。その一方で日本の優れた美術品は国の宝として国内に留め置くべきだという意見もある」と述べているように、[22]今日でもこの問題は決着がついていないのが現状のようです。岡倉の矛盾したこの考え方は、美術品の保存と公開のジレンマから、彼自身が公開の方に舵を切ったのだといえるかもしれません。なお、この問題については、富田が日本で『吉備大臣入唐絵詞』を購入したことにより、より顕在化するのですが、次節以下別な角度で検討することにしましょう。

一方で、岡倉はレポート内で、「広義に考えるならば、中国・日本部の機能は東洋の美術文化全体の紹介を含むことになるかもしれない。しかしそのような目標は、それがいかに望ましくとも、我々が直ちに目指し得るところではない」、と記しています。[23]このことから、岡倉はボストン美術館の役割を、単に中国と日本の美術だけでなく、「東洋の美術文化全体の紹介」という将来を見据えていたことが窺えます。

後にボストン美術館中国・日本部は、岡倉が先に述べたように東洋の美術文化全体を射程に入れ、インド・ペルシア美術を包含し、アジア部という名称に発展していったのです。

（四）ジョン・ロッジ――アジア部キュレーター

岡倉は中国・日本部のアドヴァイザーに就任して以来、アメリカ人の部長を見出し、その人物に漢字の読みなどの訓練を施す必要があり、それには四、五年日本や中国に派遣して研究させねばならないと考えておりました。美術館評議会はラングドン・ウォーナーを将来の部長候補者として一九〇六年から日本に派遣しました。彼は岡倉の命により東京帝室博物館において日本美術を、英語学者で東京高等師範学校教授であった岡倉由三郎（覚三の弟 一八六八—一九三六）の下で日本語を、彫刻家で多くの仏像文化財を修理した新納忠之介（一八六九—一九五四）の下で仏像彫刻について学ぶなどしました。しかし、ウォーナーは一九〇九年ボストンに戻りアシスタント・キュレーターに任命されるも長続きせず、一九一二年には辞めてしまいます。部内での人間関係の不和が原因だったようです。[24]

不思議なことですが、ボストン美術館を免職されたウォーナーと富田は、お互い晩年にいたるまで家族ぐるみで親しい交際を続けています。二人がアジア美術の造詣の深さを互いに認め合っていたからだろうと、私は推察しているのですが。この関係については後述したいと思います。

岡倉は一九一三年、病気を理由に休職を申し出、一九一二年からアシスタント・キュレーターであったジョン・ロッジに、中国・日本部経営を任せることを評議会に伝え、帰国の途に着きます。そして二度とアメリカの土を踏むことはありませんでした。ロッジは一九一一年からスタッフに加わっていたのですが、岡倉と共に仕事をしたのは数ヵ月に過ぎませんでした。それにもかかわらずロッジを責任者として指名したのは、彼がセオドア・ルーズヴェルト大統領の懐刀で共和党の重鎮であった、ヘンリー・キャボット・ロッジ（Henry Cabot Lodge, 1850-1924）上院議員の息子であり、ブラーミン出身で、父親と美術館有力者であるビゲローが親しかったことが関係していると推察されます。[25]ロッジは一九一六年キュレーターに就任しました。ロッジの後任のアシスタント・キュレーターには富田が昇格しました。

岡倉は先のレポートで、部長はアメリカ人でボストン人が望ましいと述べていることから、ロッジのキュレーター就任は岡倉の意に沿ったものでした。ロッジは岡倉が思い描いていたように、中国・日本部をアジア部に拡大させることに貢献しています。彼はウォーナーのように日本や中国に派遣されることがなく、漢字を習得することもありませんでしたが、人材面で充実を図ったことが注目されます。

ロッジは、一九一六年シモンズ・カレッジに学んだ平野千恵子（一八七八—一九三九）をライブラリアンとして招き、大量に所蔵する書籍と浮世絵の整理にあたらせています。平野は職業として東洋美術史家の途を選んだ最初の日本人女性となり、優れた先駆的著書『清長・その生涯と作品の研究』を著しました。[26] また一九一七年には、スリランカ系アメリカ人でインド文化の第一人者、アーナンダ・クーマラスワミ（Ananda Coomarasuwamy, 1877-1947）をインド美術キーパーとして迎え入れています。アシスタント・キュレーターにはすでに二〇年近く中国・日本部に勤めていた富田がおりましたから、ロッジは漢字の精読などは富田に任せておけばよかったのでしょう。

一九二一年ロッジは、インド美術部門をインド・イスラム（muhamadan）美術部門に拡大し、同時に中国・日本部に組み入れています。そして一九二七年それらを統合してアジア部という名称に変更したのです。ロッジは一九二一年から、ボストン美術館と双璧をなす日本美術コレクションで知られる、ワシントンのフリーヤ美術館のキュレーターも兼任しておりました。[27] 一九三一年フリーヤ美術館の仕事に専念するため、彼はボストン美術館を辞しました。そこで富田幸次郎がロッジの後任としてアジア部キュレーターに就任したのでした。富田は四一歳、ボストン在住は二五年に及んでおりました。

第二節　富田幸次郎、アジア部キュレーターに就任する

前節では富田幸次郎の前任者たち――フェノロサ、岡倉、ロッジ等の業績について俯瞰しました。フェノロサには企画力がありました。岡倉は、彼の英文著作とカリスマ的な言動でボストニアンを魅了しました。さらに中国・日本部の将来像を文書に残すという功績を残しました。ロッジにはボストニアンとしての正統性があり、彼は人脈を使って有能なスタッフを集め、中国・日本部をアジア部に拡大させました。本節では富田の功績について考察しましょう。さて、ここで富田がキュレーターに就任した頃のボストン美術館の様子を見ておきます。ニューヨークのメトロポ

リタン美術館極東美術部に勤務中の石澤正男（一九〇三―一九八七、後に大和文華館館長）は、一九三〇年ボストン美術館を訪れています。石澤はのちに次のように述べています。

　とにかく日本の帝室博物館の陳列室では到底見ることのできない名品中の名品がずらりと陳列されているのを見て、全く度肝を抜かれた思いがしたのを今でも覚えている。日本の国立博物館、特に東博（東京国立博物館‥筆者注、以下同様）にはボストン以上の名品はあるのだが、常時陳列されないばかりか、いつ展示されるかも判らないのが実情だ……遥々欧米から日本美術研究のため来日する篤学な人々が少なくないが……立入禁止同様な部門が多いのは大いに同情する……ロッジ氏の後任に誰がなるかは東洋美術関係者の社会では大きな関心の的であったらしい。僕の周辺連中（ニューヨーク・東京の）は富田にはお鉢がまわらないだろうと噂をしていたが、案に相違して富田幸次郎氏がすんなりとロッジ氏の後釜にすわった。(28)

石澤のこの文章は、一九三〇年代の日米の美術品の展示状況をよく伝えています。米国の美術館がごく普通の庶民のものであり、そこでは名品を積極的に陳列していること。それとは好対照に日本では名品の展示を好まない当時の国立美術館の様子。この状況を踏まえていないと、後述する『吉備大臣入唐絵詞』の騒動と、それに伴う「重要美術品等ノ保存ニ関スル法律」制定の背景が伝わりにくいかもしれません。

以上はさておいて、石澤が記すように富田は、「案に相違して」ロッジの後釜に座ったのでした。石澤たちは富田が前任者たちに比べやや地味であると感じたのかもしれません。しかし、富田には、留守をしがちなロッジの代役を次長として九年間にわたって任され、アジア部の切り盛りを無事にこなしたという実績がありました。加えて、前章で指摘しましたように、アーサー・ウエーリとの論争において、米国のみならず欧州でも美術史家としての評価を得ていたのですから、「すんなり」とは自然であったと思います。

一九三一年キュレーターに就任するや否や、富田は大不況の最中莫大な費用を調達し、中国唐時代を代表する宮廷画家で宰相、閻立本による『帝王図鑑』（一九三一年）を、翌年には、日本の一二世紀の絵巻物として貴重な『吉備大臣入唐絵詞』（一九三二年）を、さらに中国北宋の徽宗皇帝による、『徽宗五色鸚鵡図』（一九三三年）を次々に購入したのです。

富田は一九三二年、『波士敦美術館蔵支那画帖自漢至宋 *Portfolio of Chinese Paintings in the Museum: Han to Sung Periods*』という、A３を二つ合わせたくらいの大きさの、中国画の図録をハーヴァード大学出版社より刊行しています。[29] 一九三三年の『ボストン美術館紀要』（*Bulletin of The Museum of Fine Arts, Boston*）は次のような記事を掲載しています。

美術館出版物の値段変更：アジア部キュレーター富田幸次郎によって、『波士敦美術館蔵支那画帖自漢至宋』が昨年一二月、三〇〇部限定で出版され、内二五〇部は国内とヨーロッパで購入されました。この本の価値は、すぐさま極東美術愛好家と研究者達に認められました。残りわずかですが、ここにおいて定価を三〇ドル（二五ドルから）に上げさせていただきます。これには郵送料を含みます。[30]

好評につき、にわかの値上げ発表ということがわかります。富田は一九三八年、あらたに『徽宗五色鸚鵡図』等を加え、改訂版を出版しています。[31] 私はこの豪華で分厚い超大型本を、初版改訂版共に何度か見る機会を得ました。古代中国の純粋絵画、しかも七世紀唐の宰相の作品（『帝王図鑑』）や、絵にも書にも特別な才能のあった北宋皇帝徽宗の作品（『徽宗五色鸚鵡図』）をも含みながら、それら絵画が美しい色彩のままボストン美術館に現存している事実に、読者は私と同様驚きを隠せなかったでありましょう。またいくつかの作品には詳しい来歴が記されており、歴代所有者の所蔵印を確定するなどした、富田幸次郎の知識の深さが示されています。[32] 以下の項目では『吉備大臣入唐絵詞』

を除く、この中国二作品を取り上げることにします。

（一）『帝王図鑑』

この作品についての、ボストン美術館の所蔵品ガイドでは以下のような説明がなされています。

『帝王図鑑』：閻立本（えんりっぽん）。中国、六〇〇～六七三年頃。唐、七世紀後半。

アメリカに存在する中国画巻としては最古のものである。唐時代の人物画は中国芸術の一つの頂点をなすものだが、仏画以外の世俗的な人物を描く現存例は少なくこれがほとんど唯一のものであろう。前二世紀から後七世紀までの一三人の歴代皇帝を描く。各人の名前が題され、侍者とともにあらわされている。南宋以来この画巻の作者を唐代を代表する宮廷画家で宰相の閻立本に帰してきた。閻立本は立体感、荘重さ、動態を卓越した線描画法と鮮やかな色彩により表現したことで名高い。

51.3 × 531cm　デンマン・ロスコレクション[33]。

末尾に、この画巻は富田がキュレーター就任の年、一九三一年美術館所蔵となったことが付されています。前漢昭文帝、後漢光武帝、魏文帝、呉主孫権、蜀主劉備、晋武帝、陳宣帝、陳文帝、陳廃帝、後周武帝、隋文帝、隋煬帝等一三人の皇帝達が、赤と黒を基調とした色彩といきいきとした筆致によって描かれています。富田は一九三二年『ボストン美術館紀要』（以下、『紀要』とする）に、「閻立本　帝王図鑑」（"Portraits of the Emperors: A Chinese Scroll-Painting, Attributed to Yen Li-Pen<Died A.D. 673>"）を寄稿し、閻立本や一三人の皇帝達のプロフィールについて説明を行っています。『紀要』の表表紙には、豪華な装束をまとった後周の第三皇帝武帝が、二人の従者を連れて歩いている図が掲載されています。アジア部コレクションに新たに加えられた『帝王図鑑』は、新部長に就任した富田の意気込

BULLETIN OF THE
MUSEUM OF FINE ARTS
LUME XXX　BOSTON, FEBRUARY, 1932　NUMBER 177
Emperor Wu Ti of the Later Chou Dynasty　Chinese Painting, Seventh Century A. D.
Ross Collection
PUBLISHED BI-MONTHLY　SUBSCRIPTION 50 CENTS

『ボストン美術館紀要』表紙

みをよく伝えています。

これを購入するに当たり、富田は評議会理事であり、ハーヴァード大学でデザイン論、美術論を講じていたデンマン・ロスに相談しました。ロスは自ら銀行から借り入れを行うなどして、直ちに購入を決めました。日本に二回売りに来て展覧に出しても誰も買わない、天津に戻ったということを聞いた富田が、買いたいといって手に入れたのです。富田は「非常に高いものだったのでこちらの人たち（ボストン美術館の人々）が辟易した」と語っています[35]。ロスはこれを「ロス・コレクション」としてアジア部に寄託しました。

> 私共所有の、中国最高の名画はこの絵巻です――ヤン・リーペンによるものです。この画巻はその名声と重要性のために大変な財産なのです……今日、七世紀の絵画はどこにでもあるものではありません……ロス博士は、肖像画の表情が示す、その表現方法を好んだのです……彼は常に平面上における線表現にこそ、価値があると信じておりました[36]。

富田は『アジア部の歴史』において、第三章は「一八九〇、コレクター、デンマン・ロス」と題して、彼の温厚な人柄やアジア部への貢献を丁寧に語っています[37]。

（二）『徽宗五色鸚鵡図』

所蔵品ガイドでは以下の様に述べています。

『徽宗五色鸚鵡図』：徽宗帝。中国、一〇八二～一一三五年。北宋、一二世紀初期。
　この画巻は徽宗皇帝（在位一一〇一～一一二五）の筆になり、もとは希少な花鳥や珍奇な品々、行事などを記録する目的でつくられた大部の画帖の一枚であったと思われる。上に題された自らの詩には宮廷の庭に春の一日、珍しい鸚鵡が飛来し杏の樹にとまったことが記されている。羽毛の一枚一枚、花弁の一枚一枚は自身が確立した宮廷画院画法により微細に描写している。徽宗帝の画はしばしば宮廷画家により複製されたのだが、この稀な現存作品は卓越した書法、画法からみて徽宗自身の筆に帰しうるだろう。
53.5 × 125.1cm　マリア・アントワネット・エヴァンズ基金。[38]

　末尾に一九三三年美術館所蔵となったことが付されています。何といってもこの画巻の眼目は、徽宗帝が自ら作りだした「痩金体」という流麗な書体による、一〇行にも及ぶ漢文題詩にありましょう。それによればこの絵は、嶺表から珍しい鸚鵡が貢物として宮廷に献上されたのを記念して描かれたということです。春の宮廷の庭園で杏の花が満開となったなか、その花々の間を鸚鵡が飛ぶさまを目にしたとき、徽宗はこの出来事を記録するために自らの手でその姿を描いたことが記されています。端正な白い杏の花の小枝に静かに佇む愛らしい五色の鸚鵡、添えられた漢詩、絵と書が見事に渾然一体となった作品です。

　現在徽宗帝の真筆は貴重な文化財となっており、日本にある『桃鳩図』（個人所蔵）は国宝に指定されています。その『桃鳩図』では、徽宗痩金体書は一行数文字のみですから、ボストンの『五色鸚鵡図』における漢文の重要性が窺えます。富田は一九三三年『紀要』に、『徽宗五色鸚鵡図』（"The Five-Colored Parrakeet by Hui Tsung<1082-1135>"）を寄稿しています。[39]その中で彼は、芸術を愛した皇帝の不遇であったその生涯を伝えています。

（三）中国絵画の蒐集に専念する

アジア部キュレーターとしての仕事として、真っ先にこの中国絵画史における二つの至宝を、富田は手に入れたのです。購入資金を用意しなくては買えるはずもないでしょうから、おそらく、キュレーター就任前には準備を始めていただろうと思います。一般的に、新たな作品を購入するに際には、評議会における購入の説得、部長の仕事として方々に寄付の依頼をする、あるいはアジア部コレクションの中から数十点を数回にわたって売却し、その売却益によって資金作りをする、これらを行う必要がありました。審美眼と、部のマネッジメント能力が発揮されなければならず、富田はそれらを兼ね備えるまでになっていたのでしょう。

ウォレン・コーエンによれば、一九二〇年代頃から、「アメリカのコレクターはおもに中国の古美術品、とくに青銅器の、できれば昨日発掘されたばかりのものを欲しがっていた」、とのことです。[40]背景には、義和団事件（一九〇〇年）から辛亥革命（一九一一年）を経て、清朝の崩壊という中国の歴史の流れがあります。生活難から美術品を手放す人々が増え、さらには略奪された品物や出土品が市場に出まわり、日本の美術商である山中商会などの中国での活動を通じ、中国美術品が欧米や日本の東アジア美術市場に大量に流れ込んだのです。

富田が中国絵画に注目した理由を考えるならば、彼自身が蒔絵師であったという背景から、中国絵画に魅力を感じていたことが一番だと思います。また、日本の美術市場が高騰し、美しい日本絵画が手に入りにくくなっていたことも挙げられるでしょう。さらに言えば、富田は一九二〇年代に富田家に滞在していた、考古学者であった梅原末治との交流から、青銅器につきもののように思われる模様や銘文は、あとから容易に刻み込めることを知っていたことも理由の一つであったかもしれません。[41]贋物をつかんだとあっては、キュレーターの面目は丸つぶれとなったことでしょうから。富田はコレクターたちが注目する青銅器よりも、中国絵画に的を絞ってアジア部コレクションに新たに加えていったのです。元ボストン美術館学芸員である小川盛弘は、「富田がボストンに入れた中国絵画コレクションは、今日では値段をつけようもない、おそらく何千億（円？）にもなるだろう」、と私に語っています。[42]

第三節　『吉備大臣入唐絵詞』購入で成立した「重要美術品等ノ保存ニ関スル法律」

実は一点だけ、富田は、一九三一年購入『帝王図鑑』、一九三三年購入の『徽宗五色鸚鵡図』の間の年、つまり一九三二年という年に、中国ではなく日本美術の傑作である『吉備大臣入唐絵詞』を購入しています。以下、この絵巻にまつわる騒動について述べることにします。

かつて祖国から「国賊」と糾弾された富田の悲劇は、彼がボストン美術館のために購入したこの絵巻に起因しているといってよいでしょう。後にアジア部長となるヤン・フォンテイン（Jan Fontein, 1927-2017 のちに館長に就任）は、一九八三年日本で開催された「ボストン美術館所蔵日本絵画名品展」の、その図録において以下の様に記しています。

彼（富田）は日本美術に専念することが、（評議会からは）期待されていたのかもしれない。しかし、富田はむしろ中国美術収蔵を日本美術コレクションに比肩し得るレベルにまで引き上げることに努力を傾けた。彼が日本美術の傑作を獲得したのは一回だけで、その為に不幸にも母国日本との衝突にまきこまれることとなった。これは一二世紀後半の『吉備大臣入唐絵詞』の購入にからむものであるが、この絵巻は館蔵品の売却によって作られた購入資金が用意される数年前から美術市場に出ていた。[43]

（二）『吉備大臣入唐絵詞』――富田幸次郎捨て身の買い物

『吉備大臣入唐絵詞』は『平治物語絵巻三条殿焼打』と共に、ボストン美術館がその所蔵を誇る大和絵の双璧であり、またその米国への流出が直接の原因となり、「重要美術品等ノ保存ニ関スル法律」が制定されたという、いわくつきの作品です。この絵巻は『ボストン美術館ハンドブック』で次のように説明されています。

『吉備大臣入唐絵詞』：日本、平安時代、一二世紀末期。

若くして遣唐使として中国に渡った吉備真備の物語を絵画化した有名な絵巻物である。日本から来た吉備真備の学識を見くびる中国の役人たちと知恵比べで対決し、吉備真備が次々に勝利を収める場面が繰り広げられる。高楼に閉じ込められた吉備真備はそこに住む前任の日本大使、安部仲麻呂の亡霊に会うが、その高潔な振舞いで亡霊を感動させる。また安部仲麻呂に助けられ霊術を用い、中国の役人たちをやり込めるのにも成功する。生気にあふれ、ユーモアにも満ちた画とすぐれた詞書をもつこの絵巻物は、かつて二四メートルにも及ぶ長巻であったのを、取扱いの便宜と保存のため現在では四本に分割している。

32.2 × 2442cm。ウィリアム・ビゲロー・コレクションとの交換による。(44)

末尾に一九三二年美術館所蔵となったことが付されています。『ハンドブック』にあるように、『吉備大臣入唐絵詞』は、遣唐副使の吉備真備が唐の朝廷から課せられたさまざまな難問を解決し、反対に玄宗皇帝をやりこめる物語を、日本の絵巻物の中では群を抜く鮮やかな色彩、滑稽な人物描写、自然描写の美しさで知られています。土佐光長の作とも伝えられ、一二世紀平安時代の代表的絵巻物です。元小浜藩藩主酒井忠義（のちに忠録と改名一八一三―一八七三）旧蔵で、その孫にあたる家督を継いだ酒井忠克（一八八五―一九三九）によって、一九二三年六月一四日、東京美術倶楽部で開催された若州酒井家大入札会によって市場に出ました。

「当時一八万八千九百円という高額と、素晴らしい絵巻ですが中国風のところが受けなかったのでしょうか……大正一二年頃（一九二三年）というと、二万円あれば、その利息で老夫婦が女中一人雇って悠々暮らせた時代ですからね……」と、当時の市場関係者である戸田鍾之助は語っています。[45]結局この絵巻は売れず、また九月には関東大震災もあり、世の中は美術品どころではなくなってしまいます。

震災後の一九二四年に富田幸次郎はハネムーンを兼ね、美術調査のために日本を訪問していますから、おそらく実物を見ていたと思います。ボストン美術館に帰館後彼は、ビゲロー・コレクションから数十点を売却するなどして莫大な購入費を調達し、八年後の一九三二年これを手に入れました。つまりこの間、絵巻は誰かに売ろうと目論んで酒井家大入札会でとりあえず落札した、骨董商戸田弥七の蔵にあったわけです。

一九三三年この絵巻物が『紀要』の巻頭表台紙と、アソシエイトであったロバート・ペイン（Robert Treat Paine, Jr.）による第一頁から第二一頁にわたる Kibi Scroll と題された、何枚もの写真掲載とその詳細な論考の発表によって、その流出が知られるところとなり、日本中が驚愕したのです。[46]この時、富田は「国賊」と呼ばれるほどの激しい非難を祖国から浴びました。またそのことがきっかけとなって、同年日本では「重要美術品等ノ保存ニ関スル法律」（以下「重美保存法」とする）が成立したのです。

（二）「重要美術品等ノ保存ニ関スル法律」

一九三三年三月一日、『東京朝日新聞』が社会面トップで報じています。

折も折、米国で狂喜する絵巻物　わが美術界に大衝撃：円安に狙わるる古美術・古文書
——その散逸を防ぐ取締法を議会へ——あたら海外へ幾多の逸品——違反者には厳罰の建前
わが国の史学や美術研究上、書画、美術品等に対して、これを保護する法律が従来なかったため、貴重なものが

むざむざ外国に流れ去ったといふ実例が今迄に非常に多く、又今後も、殊に円為替安の風潮に乗って、これら貴重な品も海外散逸の危険にさらされてゐるので、識者の間では憂慮されてゐたが、今後文部省ではこの取締を作ることとなった。……美術品の海外流出防止の法律案が生れようとしてゐる折も折、絵巻としては上乗のものとして重視されてゐる鎌倉時代の土佐光長作『吉備大臣入唐絵詞』が知らぬ間にアメリカに売られてゐることが最近判り、美術界に大きなショックを与へてゐる。二七日東京着のボストン博物館、美術月報二月号に同館の新しく入手した逸品としてデカデカと報告してゐるのによって初めて惜しむべき同絵巻の渡米がわかったものである。その月報は表紙には絵巻中の小姓の引延し写真をのせ、中には吉備大臣が徒然草にもある例の碁を打ってゐるところや、塔の上で饗応に与ってゐる図など六葉の写真を掲げ、五〇語近くの説明をのせて「我が博物館が幸運にも獲得したこの絵巻は日本中世紀美術の最高峰で、この時代の日本美術史研究には日本の外では最重要の絵巻だ」と狂喜して、吉備大臣入唐絵詞号の観を呈している。(47)

紙面には同時に、当時美術史界の重鎮であった瀧精一（一八七三―一九四五）の談話が掲載されています。「……最近円安に乗じてアメリカ辺りから買いだしにきてゐる模様で……この際何とか防止の方法を早く講ぜねばならぬ、尚吉備大臣入唐絵詞は日本にあれば国宝にでもなるべき貴重なものです(48)」と、暗に富田に対して棘のあるコメントを寄せています。

美術史家の矢代幸雄（一八九〇―一九七五）は言っています。「我国の驚愕は、従来余りに其界の注意を引かなかったこの絵巻が、ボストン館報の豊富なる挿絵によって、意外に立派なものであったことを発見し、然もそれが殆ど誰も知らぬ間に、米国に持ち去られて居たという失望に原因して居たのであった」と、当時の狂騒を後に述べています。(49)

しかし、売買予告され、実際に売りに出ていた『吉備大臣入唐絵詞』を国宝指定にもせず、外国の研究によってようやくその真価に気づいた、見る目のなかった当時の文化行政官たちの見識の無さが非難されるべきであって、富田やボストン美術館が非難されるのは筋違いというものでしょう。結局この事件がきっかけとなって、重要美術品の海外流出を防ぐ法律の制定となったわけです。

「第六四回帝国議会議事速記録」を読むと、政府は一九三三年三月一四日衆議院に法案を提出しました。二日後三月一六日、「重要美術品等ノ保存ニ関スル法律案」のための委員会が成立しています。翌一七日には川崎克等が質問に立ち、一八日動議は可決。二二、二三両日に貴族院で開かれた「重美保存法」を議題とした特別委員会で、政友会鳩山一郎文部大臣は以下の様に政府側の提案理由を述べています。

従来国宝ニ付キマシテハ国宝保存法ガ制定セラレテ居リマスガ、国宝タル資格ヲ持チナガラ未ダ其ノ指定手続ノ済ンデ居ラナイ貴重ナ物件ガ、自由ニ海外ニ持チ運ビ出来ル状態ニアルノデアリマス。然ルニ近時円為替安ソノ他ノ事情カラ致シマシテ、是等ノ貴重ナル美術品等デ海外ニ流出スルコトノ危険ニ曝サレテ居ルモノガ少ナクナイノデアリマス。ソレ故此ノ際歴史上又ハ美術上、特ニ重要ナ価値アル物件ニツキマシテハ、急速ニ其ノ調査認定ヲ致シマシテ、其ノ輸出及移出ヲ取締ル必要アリト認メテ、本案ヲ提出シタ次第デアリマス……[50]

法案は原案通りに可決されています。そしてこの「重美保存法」は、『紀要』の発行からわずか二ヵ月後、一九三三年四月一日に公布されたのです。その法律によって、重要美術品と認定されたものを無許可で輸出又は移出した者は、「三年以下ノ懲役若ハ禁固ハ千円以下ノ罰金ニ処ス」（第五条）と定められました[51]。

一九三一年から一九三二年の日本は、軍部の政治介入が露骨となり、国際的な非難を浴びながらも、満州国の建国を宣言し（一九三二年三月）、急速に国家主義的、軍国主義体制に傾いていました。国内の経済不況はますます悪化し、ニューヨーク向け為替レートは一〇〇円に対して、二八ドルくらいまで暴落しています（ちなみに大正年間は一〇〇円につき四九ドルぐらいで推移した）[52]。「重美保存法」が成立した一九三三年は、二月のプロレタリア作家小林多喜二の虐殺や、三月の国際連盟からの脱退があった年です。思想取り締まりと軍国主義化が推し進められた最中の出来事だったのです。瀧の『吉備大臣』流出に対する富田への批判発言にも、そのような時代背景があってのこととも考えられますが、絵巻の流出が法案制定の直接の刺激となったのです。

富田幸次郎が日本であまり知られていないのは、岡倉覚三の陰に隠れ過小評価されていたきらいもあるでしょうが、この絵巻にまつわる批判がきっかけで、人々の間に、腫れものにはさわりたくないという心理が働いて、今日に至っているのではと私は推察しています。後にアジア部で勤務した小川盛弘は、「富田は、あれだけの名品が買い叩かれ、日本の不況期に転々とするのを見かねて」、『吉備大臣』の購入を決断したのだと私に語っています(53)。富田はこの絵巻を二一万円で買ったそうです。そして三五年後、当時の口惜しさを静かに語っています。

……あの時分の金で六、七萬ドルだったが、今なら何でもないけど、そのときは大きなものだった。だからといつて、日本で出せないことはなかったのだろうが、なぜ買わなかったと思ったのである。私は売りに出ているから買った。誰も買い手がなかったから買った。ところが私は、日本のものを持ち出して怪しからんと、瀧精一というえらい人から国賊よばわりされた(54)。

実は、『西本願寺本三十六人歌集』や『平家納経』の摸本制作で知られ、のちに文部省文化財審議官となった田中親美（一八七五―一九七五）が晩年知人に語ったところによると、ボストン美術館がこの絵巻を買おうとしているのを知った田中が、国外に出るのを惜しんで政府に購入を働きかけたが、予算不足が理由なのか、結局、何の策も講じられなかったということです。「文部省には絵巻を写真にする一〇〇円の予算もない」と伝えられています(55)。

また、富田によれば、『帝王図鑑』を彼が買ったことに対しても、「国賊」と呼ばれたそうです。「シナのものを買って国賊とやられたのだから妙な気持だった……日本に売りに来て買わなかったシナのものを、アメリカで買って国賊だというのは不思議な見解である」と述べています。[56]「重美保存法」のにわかの成立は、つまるところ、富田によって『帝王図鑑』に続き、『吉備大臣入唐絵詞』をもボストン（アメリカ）に運ばれた、日本人の口惜しさが根底にあったといえるかもしれません。

そしてこの法律は、当時あまりにも政府と学者達があわて興奮して作った法律だけに、「急速ニ其ノ調査認定ヲ」し（上記鳩山の提案理由を参照）、拙速に「重要美術品」指定を行ったために、大多数はそういう程度とはほど遠い、かつまた充分に調査して認定されたものでもないことが明瞭になる、などということもありました。[57]また贋作が認定されるということもあったのです。戦後「重要美術品」は「重要文化財」として指定され直すことになり、その整理に多大な年月を要することになったのです。

この事件はその後の富田の生涯に影を落としましたが、結果として、彼はボストン美術館の中国美術の専門家として知られるようになり、次のように明言しています。

そんなこと（国賊騒動）もあったが、岡倉先生が関係されてから新しく入ったものは大体において中国のものといえるだろう。先生は何といっても日本の母は中国だといって、中国のものを集めることに非常に努力された。私も先生の遺志を継ぎ、私が部長になってから入れたものは、大部分は中国のものである。だからボストンのシナ絵画のコレクションは大いに誇ってよいものといえよう。[58]

富田は記しています。「この絵巻がボストン入りしたのは、丁度満州事変の当時で、ボストンあたりのアメリカ人の対日感情は日に日に悪化している時代」であったと。彼は当時ハーヴァード大学で講師をしていた矢代幸雄にすすめられ、『吉備大臣入唐絵詞』が初めて陳列された日の「日本の為に友達を作りつつある」感動的な様子を書きました。矢代はそれを持って帰朝し、『朝日新聞』に掲載を交渉しました。しかしその掲載は瀧精一に阻まれてしまったのです[59]。

（三）瀧精一の説、矢代幸雄の説

これまで述べてきましたように、「重美保存法」に積極的な『国華』[60]主筆で東京大学美術史学科教授であった瀧精一と、欧州留学の経験があり美術品の国外流出に寛大で、のちに東京芸術大学教授となる矢代幸雄という、日本を代表する二人の美術史家が相反する考え方を持っていたことがわかります。

瀧は富田を非難し、「何とか流出を止める策を講じなければならない」としました。一方の矢代は、美術が国際外交上非常に役に立っていることを指摘し、「『吉備大臣入唐絵詞』の輸出に驚いて制定した重美保存法は、戦前の日本を象徴する極端に全体主義国家的にして、かつ美術鎖国主義的なる法律」であるとのちに述べています[61]。『吉備大臣入唐絵詞』をめぐる瀧と矢代、二人が代表するそれぞれの説の対立は現代においても解決を見ておりません。

要は、日本の優れた美術品は国の宝として国内に留め置くべきだという意見に対し、そのような美術品は日本および日本文化をよりよく理解してもらうための、いわばよき外交官にもなる、という考え方が一方にあるということです。保存と公開のジレンマという問題がそこにはからんでいました。富田はこの騒動の顛末を以下の様に述べています。

（私は）美術の売物があったから買っただけのことだ。瀧さんの説は、国外へ美術品を持ち出すことは危険が多い、見たけりゃ向こうから来たらいいじゃないかということだった。ところが見に来たって見せないという人が多い。そこらに矛盾がある。見せる設備もなし、持っている人は見せないという。だから瀧さんの説は理に合わない説だったと思う[62]。

本章第二節冒頭で、私は東京国立博物館の展示内容の実態について、石澤正男の話を挙げました。石澤は一九三〇年代、日本で美術にかかわる人々――海外からの研究者をも含んでのことですが、彼らが研究したいと願う作品は、国立博物館や個人の蔵に深く眠ったままだと言っています。必要な作品を鑑賞するには、ツテを求めて探さざるを得なかった状況があったのだと思います。

日本が戦争に負け、一九四〇年代五〇年代という混乱期には、経済的な理由で名品を手放す人が多く、再び優れた日本の美術品が市場にあふれました。しかしボストンの富田幸次郎が動いた形跡はありません。富田は後年アジア部キュレーターズ・ファンドという、潤沢な資金を獲得するようになるのですが、その資金で日本の名画を購入したという記録もありません。富田の眼にかなうほどの作品がなかったのか、『吉備大臣入唐絵詞』騒動が影を落としていたのかどうかはよくわかりません。しかし想像をたくましくすれば、先の富田の文から察すると、裏を返せば戦後の日本が富田にとって、「見せる設備があり、持っている人は見せる」という時代の到来を、期待させるものであったからであろうと私は推察しています。

本章は、富田がアジア部長に就任に至るまでの経緯と、彼のアジア部長時代初期の出来事について考察しました。岡倉はかつて語っています。「陳列には良いものを厳選して展示しなければならない。登録には普遍的かつ基本的な事実が記されていなければならない。目録は歴代の中国・日本美術部長の見解を示し、それは生き生きした創意に満ち、美術品に対する一般参観者の関心を呼び覚ますことを目指したものでなければならない」と。[63]

歴代の部長の一人となった富田が、一九三〇年代日米間に起きた緊張を背景としながら、師であった岡倉が二五年前に語った前記の言を守りつつ、ボストンで地歩を固めていった様子を概観しました。

付表6［挿図Ⅲ］帝王図鑑

Kojiro Tomita,『波士敦美術館蔵支那画帖自漢至宋』, *Portfolio of Chinese Paintings in the Museum: Han to Sung Periods* (Cambridge: Harvard University Press, 1938),10 〜 11. より転載。

付表7［挿図Ⅳ］徽宗五色鸚鵡図

Kojiro Tomita,『波士敦美術館蔵支那画帖自漢至宋』, *Portfolio of Chinese Paintings in the Museum: Han to Sung Periods* (Cambridge: Harvard University Press, 1938), 146 より転載。

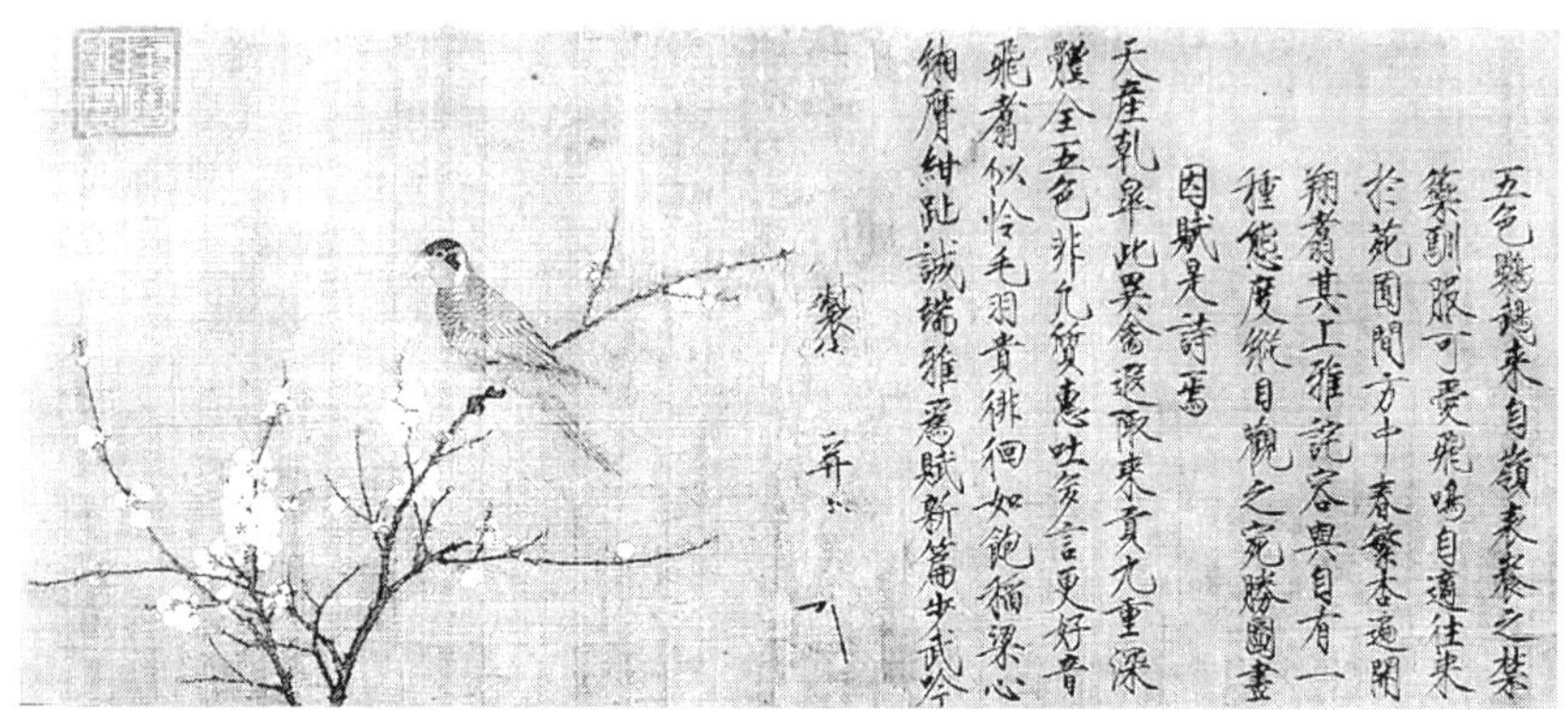

［挿図Ⅴ］吉備大臣入唐絵詞

東京国立博物館・京都国立博物館編『ボストン美術館所蔵日本絵画名品展』（日本テレビ放送網、1983年）（図録19）より転載。

第六章　一九三六年「ボストン日本古美術展覧会」の試み（一九三六〜一九四〇）

――戦間期における日米文化交流の一事例

日本ではまったく無名の富田幸次郎の名前は、「重要美術品等ノ保存ニ関スル法律」（一九三三年に制定、以下「重美保存法」とする）成立の後、俄かに知られるようになりました。その彼に、戦前国際文化振興会という日本政府の外郭団体が協力を要請します。[1] 富田はそれに応え、日米友好の文化事業である「ボストン日本古美術展」（以下、「ボストン展」とする）開催に力を尽くしました。本章は、日米文化交流の上で富田が重要な役割を果たす、この一九三六年開催の「ボストン展」とはどのようなものであったか、その詳細を明らかにすると共に、その国際関係上の意味を検討します。

第一節　「ロンドン展」と「ボストン展」

一九三一年の満州事変後、日本が一九三三年に国際連盟を脱退すると海外におけるイメージは悪くなる一方でした。そこで改善策としていくつかの海外文化交流事業が行われました。その成果の一つが、一九三六年の九月一〇日から一〇月二五日にわたってボストン美術館内で開催された「ボストン展」です。

一九三四年四月創立したばかりの国際文化振興会は、当初から事業の柱として海外での美術展の開催を掲げており、「ボストン展」は国際文化振興会にとって最初期の事業に当たります。一九三〇年代における日本の海外美術展は近年注目を集めていますが、この展覧会における富田幸次郎が果たした役割についてはあまり知られておりません(2)。

一方英国では、一九三五年一一月二八日から翌年三月七日まで、バーリントン・ハウスという歴史ある建物において、「ロンドン国際中国美術展」(以下「ロンドン展」とする)が開催されておりました(3)。英国王立芸術院主催によるもので、国王ジョージ五世(一八六五―一九三六)の戴冠二五周年を祝う催しでした。中国故宮の文物がはじめて海外に展示され、しかも、英海軍巡洋艦サフォーク号が運搬したのです。「ロンドン展」は大きな話題を呼び大評判となりました。これにより蔣介石の中国政府は大いに宣伝効果をあげ、結果として中国文化の質の高さが認識されることになったのです(4)。「ロンドン展」の開催の目的は、中国文化の卓越性を内外に示すことと、政治的に日本に侵略された中国を支援することであったといわれております(5)。

片や「ボストン展」は、日本の外務省と文部省の所轄下、国際文化振興会が中心となり、その「ロンドン展」に対抗するかたちで行なわれたのです。「ロンドン展」実行委員会の委員長は、ヴィクター・ブルワー・リットン卿(Victor Bulwer Lytton, 1876-1947)でありました。周知のようにリットン卿は、一九三二年国際連盟より満州事変と満州国について調査を依頼された人物でした。

二つの美術展の背景を、ジャーナリストの朽木ゆり子は、「混迷を深めていた東アジア情勢と文化外交という形で、それぞれイメージ好転を図った中国と日本の遠謀」があったとしています(6)。またウォレン・コーエンは「中国政府がバーリントン・ハウスでの展覧会に参加して宣伝効果をあげたのに対抗して、日本政府は、国宝や天皇の御物まで公開し……軍隊が中国で犯しつつある残虐行為によって象徴されるような野蛮人ではなく、伝統美術に象徴される高度に洗練された民族だと思われることを願った」とし、少なくとも一九三七年南京虐殺が起こる以前の時期までは、国際社会における日本の評判を上げることに寄与した、とある程度の評価を与えています(7)。

「ボストン展」が、中国の「ロンドン展」の成功を横に見つつ、実際それに対抗しようとしたのか、あるいはどの程度「ロンドン展」に触発されたのかは、日本側の資料からは確認できません。しかし、一九三五年開催の「ロンドン展」を、実際に見聞した経験をもつ矢代幸雄は、「欧米に於ける東洋趣味は完全に日本から支那に転換させられてしまった観」があったと回想しています。「ロンドン展」はジャポニズムの終焉を印象づけたといえるかもしれません。矢代は「ボストン展」実行委員の一人であり、国際派と目されていました（付表10　ボストン日本古美術展覧会委員会　参照）。他の日本側の委員たちが、日本美術も中国美術と同等の価値があるのだと世界の人々に伝えたい、このように願ったことは推して知るべしでしょう。

「ボストン展」はアメリカにおける日本古美術展として戦前では初、規模は最大でした。また海外日本古美術展では、「一九一〇年日英博覧会」（以下、「日英博」とする）以来のもので、「一九三九年伯林日本古美術展」（以下「伯林展」とする）に先立つものとして位置付けられます。一九三七年（昭和一二年）一月、展覧会を主催した日本側の国際文化振興会から、『ボストン日本古美術展覧會報告書』（以下『報告書』とする）が出版されています(9)。美術展の詳細はこの『報告書』に拠りました。

まずここで、この美術展が行われた一九三六年とは、いったい日本にとってどういう年であったのかを確認しておく必要があると思います。一九三六年は一月一五日、日本のロンドンの軍縮会議からの脱退と二・二六事件、ベルリンオリンピック（八月一日～八月一六日）の開催、日独防共協定（一一月二五日）が締結された年にあたります。

前々年の一九三四年、既にワシントン海軍軍縮条約破棄を通告した日本は、一九三六年の年初、ロンドン軍縮会議からも離脱してしまいます。国力について考えれば、米英と日本とでは大きな隔たりがあったのですから、現実的考慮からすればまとめた方が有利な話であったはずです。にもかかわらず、離脱するという選択は日本と米英側との溝を深め、国際的に孤立の状態にますます陥らせてしまいました(10)。

更に追い打ちをかけるように翌月には二・二六事件が起きました。二・二六事件は周知のように、昭和史上未曾有のクーデター事件でした。陸軍歩兵連隊一四〇〇名が、青年将校に率いられ実弾を携えて重臣たちを襲撃し、総理大臣岡田啓介（一八六八―一九五二）、大蔵大臣高橋是清（一八五四―一九三六）、内大臣斎藤実（一八五八―一九三六）、侍従長鈴木貫太郎（一八六八―一九四八）、教育総監渡辺錠太郎（一八七四―一九三六）、前内大臣牧野伸顕（一八六一―一九四九）等を襲い、高橋、斎藤、渡辺を殺害、鈴木に重傷を負わせ、岡田の身代わりとなった彼の義弟を殺害するという、前代未聞のテロ事件でした。

犠牲者の中に、犬養内閣以来財政を担当し、陸軍の要求を抑えてきた高橋蔵相が加わっていたことは大きいことでした。経済学者の中村隆英は、「高橋にかわる声望をもつ財政担当者は、もはやその時期においては見出しがたかった」と指摘しています。[11]斎藤、岡田の二人の海軍大将が相次いで政権についたのは、元老西園寺公望（一八四九―一九四〇）によって、国内においては陸軍の要求をある程度は受け入れても破綻をもたらさない方針を守り、国際環境についても見識があり、対英米関係を良好に保ってゆくことのできる人物と目されていたからでした。親英米派は二・二六事件によって凋落を余儀なくされたといえるでしょう。また、日本近現代政治史学者の伊藤隆は、「とにかく下手をすると陸軍が反乱を起こし、自分の生命が危なくなる、ということになると、どうしても政治家は臆病にならざるを得なくなります」と、二・二六事件が政治に与えた影響を指摘しています。[12]

前章で述べましたように、一九三一年頃から日本は軍部の政治介入が露骨となり、急速に国家主義的、軍国主義的体制に傾きつつありました。その背景には国内の農村、中小商工業者、職人層における経済不況が深刻な様相を示しつつあったことが挙げられます。先の中村は、「軍部の満州侵略や、対中国強硬論に拍手する声がこの層から出たこともあらそわれない」と述べています。[13]不況に耐えかねた人々は、現状の打破と新しい政治状況を望むようになっていったのです。

一方で、一九三六年夏にはベルリンでオリンピックが開催されました。ナチの宣伝に終始した異様な大会でしたが、前畑秀子の二〇〇メートル平泳ぎ決勝に日本中が沸き立ちました。同年一一月、そのドイツと、防共協定が締結されたのです。大恐慌で資本主義が脆弱な姿を露呈し、それを支えている民主主義も日本人には怪しく映ってきたのかもしれません。アメリカが自信を失くしているように見え、逆に元気になったドイツの軍民一体の国家社会主義の方が、日本人にはよく見えてしまったのでしょうか(14)。

そして、日本人はまるで熱病にかかったかのように精神主義者、国粋主義者となっていったのです。「ボストン展」が開催された一九三六年九月、一〇月は、日本が国際的な孤立を深めていた、まさにその時でした。そして一一月には日独防共協定が締結されたのです。それは、「ボストン展」に出品された美術品が米国から帰国の途にあった時期のことです。

立派な『報告書』が存在しているにもかかわらず、「ボストン展」が近年まで取り上げられることが少なかった理由は、先に述べましたように、一九三六年という年はあまりに重大事件が多かった年であり、日米関係が急速に悪化する流れのなかで、このような大がかりな国際文化交流が遂行されたことは例外的に見えたのかもしれません。日米対立が深まっていく過程でこの「ボストン展」は次第に忘れ去られていったようです。

第二節　「ボストン展」を支えた人々

「ボストン展」は、日本国内が草木もなびくようなファッショ的傾向が増大する中、その間隙をついて行われた、「日米関係修復の試み」のように映ります。国際文化振興会理事長樺山愛輔（一八六五―一九五三）は、この展覧会の趣意を『報告書』で次のように述べています。「古美術を通じて日本の文化を海外に宣揚し、同時に日米両国の友情を深める最も有意義な企て」であると。

まず、簡単に概略を述べておくことにします（付表8「経過年表」一七八頁参照）。一九三六年秋九月、米国においてハーヴァード大学創立三百年記念祝典が行われるに当たり、これに関連しボストン美術館が日本古美術展を共同開催することとなりました。出品蒐集のため美術館は一九三六年春、東洋部長富田幸次郎を日本に派遣し、重ねて館長ハロルド・エッジェル（George Harold Edgell）も来日し、日本側と交渉にあたりました。日本側の容るところとなり、外相廣田弘毅（一八七八—一九四八）の尽瘁により委員会が組織され、徳川家達（一八六三—一九四〇、日米協会）を長として国際文化振興会が斡旋窓口となりました。重要な美術品を国外に持ち出すことに関しては、「重美保存法」絡みで多少の論議はあったのですが、御物、国宝、重要美術品、その他民間有志の珍蔵品、合わせて一〇〇有余点の出品を得ることとなったのです。

七月一四日、出品物は国際汽船葛城丸に搭載され米国に向かいました。八月七日、溝口禎次郎（東京帝室博物館美術課長）は美術品送付監督として郵船秩父丸で横浜を出発、ハワイ、サンフランシスコ、シカゴを経て八月二五日ボストンに到着しました。

当初九月一日開会の予定でしたが、九月一〇日に延期され、その間に美術館は採光、通風、壁面及び陳列箱の整備等、会場の設備に万全を尽くし、溝口を感激させています。四五日間の会期中観覧者は一〇万人を超え、特別展としてはボストン美術館始まって以来の新記録でした。

一〇月二五日展覧会は無事閉会し、出品物は一〇月三一日国際汽船那古丸に搭載され、溝口も便乗し、ニューヨーク、パナマ運河を経由し、ロスアンジェルスを経て一二月一四日横浜港に到着しました。エッジェル館長はこれより二日前に浅間丸にて東京に再訪し、日本側に感謝を述べています。

（二）ボストン側事前交渉

「ボストン展」の内容についてこれより詳しく検討します。岡倉覚三以来、二人目の日本人ボストン美術館東洋（アジア）部長に就任した富田幸次郎は、二年程遡った一九三四年、九月から翌年四月まで、極東、インド、フランス、

1934年、日本訪問時、銀閣寺での茶会に出席の富田（右端）、中央はバーナード・リーチ

英国へ美術調査に出張しました。日本では「重美保存法」成立の翌年にあたりますが、その折、国際文化振興会を訪問し、ボストンにあるハーヴァード大学創立三百年記念のため、同地のボストン美術館で日本古美術展を開催したいと申し出たのです。

先に富田は、米国複数都市（ボストンを含む）で開催された「現代日本画展覧会」の不満を聞いておりました。「出品画中ニ於イテハ、其ノ画題ノ採択並構図着色等ヲ、故意ニ外人向トナサムト努力シタルカ如キ、傾向モナキニ非ス。之等ハ日本ノ如キ大美術国ノ、大家連ノ態度トシテ、面白カラサルヘシト云フ如キ、説ヲナスモノアリタル由」と、日本に書き送っています[15]。建国後日が浅く、古美術は外国のものであった米国に、富田は日本出自の東洋部長として、「日本ノ如キ大美術国ノ」現代美術ではない（傍点は筆者、以下同様）、古美術の優品を紹介したい切実な願いがあったかと思います。

しかし次に述べるように、米国では古都と呼ばれてはいても、ボストンを国際文化振興会理事長の樺山愛輔及び日本側が開催地として認めるかどうかは予断を許しませんでした。米国の政治の中心はワシントン、経済文化の中心地はニューヨークであると認識されていたからです。この事前交渉において、富田は一九三四年一一月二〇日、部下であるロバート・ペイン（Robert Treat Paine, Jr.）に次のような書簡を送っています。

御存知のとおり、グルー駐日大使はボストニアンでハーヴァード出身ですし、ホームズ総裁とも知合いです。私は切に願っているのですが、エッジェル館長が、私がここで（日本で、筆者注：以下同様）行なっていることは（美術館で）承認されたものである——そのことをグルー大使に連絡してほしいということです。私は、ホームズ総裁からも美術館代表者として、大使がボストンに好意的となるよう、手紙を書くべきと考えています。キャメロン・フォーブス、ジェローム・グリーン、ラングドン・ウォーナーからも、大使と樺山伯爵に、ボストンに決定されるよう説得の書簡を送ることを願っています。[16]

前記したペイン宛東京からの書簡で、富田がこれまで培ってきたボストニアンのネットワークを駆使し、ボストンで日本古美術展が開催されるよう説得に当たったことが窺われます。

富田は同書簡で、「素晴らしいショーになるよ、我々の広いギャラリーで、このような特別展が開催できるとしたらね」と記しています。一方で、「重美保存法」成立の張本人であったためでしょうか「私の行動は常に見張られている」、しかし「美術品を売りたいと、たくさんの人々が私を訪ねてくるが、一セントも使えないのだよ、と公言できるからいいね」とも記しています。

ペイン宛てのこの書簡を書いた一週間後、一九三四年一一月二七日、富田は美術館総裁エドワード・ホームズ(Edward Jackson Holmes)に次のように書き送っています。

いうまでもなく、ボストンの威信を守るためには、ボストンという都市がこのような国際的に重要性を持つ展覧会の開催地に選ばれることが必要なのです。私達の手から滑り落ちてニューヨークに決定されたなら、世界の人々の眼に我々の（ボストンという都市の）地位はますます低下しているように映るでしょう。[17]

ニューヨークに対し、都市としての対抗心があったのか、富田の若者のような意気込みが伝わる書簡です。さらにこの書簡では、「Mr. Nedzu（根津嘉一郎）、Marquis Hosokawa（細川護立）、Baron Masuda（益田孝）、Baron Ozaki（尾崎行雄？）、Mr. Moriya（?）、Baron Iwasaki（岩崎小彌太）たちの、私設であるが重要なコレクションを見学した」とホームズに伝えています。後に述べたいのですが、私は富田が『ウォーナー・リスト』に大きく関与していたと考えています。[18] 米軍が空爆を避けるべき場所として、前記の私設コレクションがリスト項目の一部に一致しているのです。これらの私設コレクションの所在場所やその内容について詳しく知る人は、アメリカでは富田以外に居なかったのではないでしょうか。

ボストン美術館と日本滞在中の富田との書簡のやり取りの中で、頻繁に登場する人物を列記すると次のようになります。前述しましたようにボストン美術館総裁のエドワード・ホームズに宛てた書簡がまず目に付きます。ホームズは長く館長 director でしたが、ハロルド・エッジェルが後任となったので、当時は総裁（president）という立場にいた模様です。さらに米国日本大使ジョゼフ・グルー (Joseph Clark Grew, 1880-1965)、ハーヴァード大学総長ジェイムス・コナント (James Bryant Conant, 1893-1978)、前米国日本大使キャメロン・フォーブス (William Cameron Forbes, 1870-1959)、ハーヴァード大学フォッグ美術館所長で、キャメロン・フォーブスの弟であるエドワード・フォーブス (Edward Waldo Forbes, 1873-1961)、三百年祭委員長ジェローム・グリーン（Jerome Davis Greene, 1874-1959）、美術史家で後にフォッグ美術館館長となる、富田とは旧知のラングドン・ウオーナーたちです。

ハーヴァード大学三百年祭実行委員長ジェローム・グリーンは、アメリカン・ボード日本ミッション初の宣教師、ダニエル・グリーン（Daniel Crosby Greene, 1843-1913）の三男として、少年時代を同志社大学の構内で育っています。[19] 同志社大学と富田の生家とは数百メートルの距離であることを私は確認しております。富田とグリーンに、京都という接点があったことは、展覧会成功の一要因であろうと想像しているのですが。

グリーンは当時、アメリカ太平洋問題調査会（ＩＰＲ）の会長であり、アメリカ学術団体評議会（ＡＣＬＳ）や、ロックフェラー財団の重要なメンバーでした。つまりグリーンはこの時点で、アメリカの知性と富に関与できていたことになるのです。ＩＰＲとＡＣＬＳの日本研究者たちは、やがて国務省などで対日政策の専門家となっていきました。富田とグリーンは一九三六年という、日米戦争開戦前の早い時期に、ボストン美術館側、ハーヴァード大学側の代表として、同じ仕事に関わったことになります。

富田は国際文化振興会との数回に及ぶ話し合いにおいて、「国宝クラスの美術品を送ることに、賛成してほしい」旨を伝え、「政府や関係者による資金調達方法や、『重美保存法』の対処法、デリケートな日本美術をいかにして輸送するか」などについて討論を重ねました。富田にとって一番の難問は、先に言及したように、日本人にとってボストンがニューヨークに比べ知名度が低いことにありました。「すべてがうまく運んだなら、開催時期は一九三六年がいい、ハーヴァードの三百年祭があるからね」と、日本での仕事を終え、次の予定地に向かうため安国丸に乗り込んだ富田は、船上からペインに書き送っています[20]。

東京を立ち、その後インドを経て、エジプトを訪問中の富田は、一九三五年二月、エッジェル館長から手紙を受け取っています。手紙には、「……我々は日本美術の大展覧会に大興奮です。コナント学長、グルー大使、キャメロン・フォーブス前日本大使、ジェローム・グリーン氏、皆既に（樺山伯他に）手紙を書きましたよ、もちろん私も。これでボストンが選ばれなかったら大いに驚きます……全く君のイニシアティブのおかげです」と記されています[21]。

富田幸次郎が日本を訪問した翌年の一九三五年秋、国際文化振興会理事長であった樺山愛輔、理事であった團伊能（一八九二—一九七三）が渡米します。二人はボストン美術館側との交渉に好印象を持ったのか、ニューヨーク、ワシントンではなく、ボストンを日本古美術展の開催都市に決定しました。その年の暮れ、ボストン美術館館長ハロルド・エッジェルは、ワシントンに斎藤博駐米大使を訪ね援助を依頼しました。こうして「ボストン展」は正式に開催の運びとなったのです。

ボストンで日本古美術の優品を紹介したい富田幸次郎、彼のリーダーシップの下にボストンの親日派がこの企画を支持したこと、アメリカにおける満州事変以来の反日感情を和らげたい日本側、それぞれの思惑が合致し、一九三六年展覧会は動き始めました。

（二）日本側文化人たち

一九三六年二月二四日（二・二六事件の二日前）、外務大臣廣田弘毅は朝野の名士を官邸に招待し午餐を共にしました。「ボストン展」の援助を懇請するためでした。その日のうちに、国際文化振興会理事であった團は、無線電信にて、米国ハーヴァード大学創立三百年祭事務総長ジェローム・グリーンに宛て、午餐会が催されたこと、その席上において、廣田外相がボストン日本古美術展覧会開催の件について、来会諸氏の助力を依頼したこと、細川護立侯（侯爵）が一同に代わって「ボストン展」に協力する旨を約したことなどを伝えました。さらに、ボストン美術館東洋部長富田幸次郎氏の到着を待って、実行に着手する旨を伝えました。

これに対し同月二七日、美術館長ハロルド・エッジェルは、團の電信に対し謝意を表し、同時に富田幸次郎夫妻が三月一九日、サンフランシスコ発の龍田丸にて渡日する旨を通知しています。

米国の一私立大学と一民間美術館の共同開催の美術展に、日本側は国を挙げて対応をしているようです。国際文化振興会は、一九三六年度事業（昭和一一年四月〜一二年三月）の項目の一つに、「……米国ボストン美術館における日本古美術展覧会（九月）。日米協会その他と共に委員会の事務遂行にあたることに決定。借室料、事務費、内地旅費、保険料（内地？）等合計二万円の予算のうち一万二〇〇〇円を負担することに決定。支出額三万九三二三円〇九銭。……」、とあります。[22] 国際文化振興会一九三六年度予算の内、三分の一以上に当たる経費が、この美術展のために支払われたことがわかります。

一方の富田はホームズ総裁に、「ボストン展」期間中の米国での美術品の保険料、梱包の荷解き、及び再梱包の費用、新たに作るガラスのショーケースやその設置代として、数十万円（several hundred thousand yen）が必要になるだ

「ボストン日本古美術展覧会」のポスター（1936年）

ろうと記しています。[23]富田は「ボストン展」期間中のみのボストン側の保険料を提示しています。日本・ボストン間往復にかかる高額な保険料については言及していないのです。[24]日米協会（金子堅太郎初代会長、徳川家達〔一九二四年〕二代会長、樺山愛輔〔一九四一年〕三代会長）を頼ったのかもしれません。実際にはどこが支払ったかは不明ですが。おそらく莫大な額を要したでありましょう。

私の調査によれば、富田幸次郎は生涯九度日本訪問を果たしています（富田幸次郎略年譜　参照）。その内一九三四年と一九三六年、短期間に二度「ボストン展」の準備のために来日しています。ボストン美術館館長ハロルド・エッジェルも準備答礼で二度日本訪問を行っています。一九三六年米国大使ジョゼフ・グルーは夏休みを兼ね、この母校の記念行事に出席しております。[25]グルーは日本帰任時には、先のエッジェル館長を伴って宮中に答礼に行っています。[26]ボストン側は何度も関係者を派遣し、きめ細やかに準備を進めたことがわかります。

一方、日本側からは、出品物監督者として、東京帝室博物館美術課長溝口禎次郎がボストンを往復したことは先に述べました。駐米大使斎藤博（一八八六—一九三九）は、九月一〇日に行われた開会式に出席し、次のように挨拶しました。

（この展覧会はアメリカに対する）感謝と友誼の印として……海陸路の危険を冒して貴重品を送るに就いては日本に於いて反対の声があった。然し乍らホルムス、エッジェル、富田各氏の誠意と熱心は、これらの困難に十分に打ち勝つことができた。殊にエッジェル博士が態態日本に赴かれた事は有意義なことであった。宮内省よりは特に伎楽面及び一八世紀の絵画をお貸下げになり、高松宮、帝室博物館、東京美術学校その他諸家よりの出品を得て、玄に未曾有の日本古美術展覧会が開催されることになったのである。全くこの展覧会は委員長侯爵徳川家達氏が述べて居られる如く、空前にして絶後のものとなるであろう。

参観者で賑わう「ボストン日本古美術展覧会」会場（1936年）

一九三六年九月一二日の東京朝日新聞は、「ボストンに開く国粋日本の華、古美術展招待の盛観」という見出しで、開会式の模様を大きく取り上げています[27]。

観客動員数は四〇日間で一一万三八七人、一日平均では二七〇〇人でした[28]。ボストン美術館始まって以来の大盛況でした。ちなみに「伯林展」が、一九三九年二月二八日から三月三一日までのおよそ一ヵ月間にわたって、ベルリンで開催されましたが、主催者東亜美術協会の報告によれば、その観客動員数は七万人で、一日平均では二三〇〇人でした[29]。今日でさえ、観客数十万人を超える展覧会の開催は容易なことではないでしょう。「日本からの総合的な美術展がはじめてボストンに来たのは一九三六年のことで……一般に深い感銘を与えた」と、後にボストン美術館館長に就任した、ペリー・ラズボーンは述べています[30]。後々の語り草となるほどの盛況であったことが窺えるのです。また米国各地の美術館は一つの漏れもなく、館長、部長を派遣したそうです。

国際文化振興会理事長樺山愛輔は、『報告書』で次のように述べています。「……米國の新聞紙、雑誌等に掲載された本展覧会に関する記事は、嘗てない程の熱心を以て紹介、論評して居り、その量に於いても質に於いても、實に吾々の予想の外であって、如何に米國に於いて歓迎され且つ真剣に鑑賞されたかを知った……」と。またこの『報告書』には、展覧会に関する、当時米国で発表された雑誌、新聞記事の抜粋がほぼ網羅され転載されています。しかし私がたまたま見つけた、一九三六年九月一四日付の『タイム』(TIME) 誌が掲載した、"Art: Hirohito to Harvard" の記事は載っておりません（付表9　掲載誌　参照）。昭和天皇のファーストネームを使った記事の掲載がはばかられたのでしょうか。

(三) 金子堅太郎と他の委員の履歴

さてここで、日本側の人物たちに焦点を当ててみます（付表10　ボストン日本古美術展覧会委員会、付表11　委員の履歴参照）。一九三六年当時、五〇歳代後半の人物たちが多い（生年月日がわかる、最高齢の金子を含んだ人物たちの平均年齢は五九歳）ことに気付きます。彼等は様々な年代から構成されていますが、全体に親米リベラリストと呼ばれる人々でした。近衛が自由主義者であったかどうかは疑問が残るのですが。また表を見る限り、彼等の多くが何らかの形で過去に欧米滞在経験を有した文化人であることがわかります。海外に知己が多く、実際に、金子、井上、樺山、串田、小松、團は米国の大学に留学しておりました。矢代はハーヴァード大学で教師をしていたこともありました。

同時に、串田（三菱）、團（三井）、根津（東武鉄道）、森村（ＴＯＴＯ、ノリタケ）、三原（日本郵船）、福井（三井合弁会社）のように、多くが財閥や実業界の一員でありました。森村のようにアメリカを主要市場の一つとしている場合もありました。日米友好は彼等にとってビジネス上の利益としても重要であったのです。また委員会メンバーは、かなりの大所帯でしたので、実際には、樺山以下の実行委員（黒田、小松、團、福井、溝口、三原、矢代）が中心となり、富田と一緒に作業に当たったのではと考えられます。

二〇一〇年、私は晩年の富田とよく食事をしたという、前ボストン美術館アジア部所員の小川盛弘氏に富田幸次郎に関してのインタビューを行ないました。[31] 伺うと、やはりこの美術展はボストン美術館にとって大きな事件となっているそうです。私が「よく豪華なものをあつめられましたね」と申し上げると、氏は「富田は『金子さんに世話になった』、『金子堅太郎の力が大きかった』と生前よく話していた」と、語ったのです。時に金子は八五歳、富田は四六歳でした。

金子堅太郎は遡ること三〇年前、日露戦争後のポーツマス講和条約締結に先立ち、伊藤博文（一八四一—一九〇九）枢密院議長の密命を帯び、ハーヴァード大学で同窓セオドア・ルーズベルト（Theodore Roosevelt 1858-1919）に講和の斡旋を依頼しております。金子とルーズベルトが知己となったのは、一八八九年、欧米諸国の議院制度調査の目的で旅立つ金子に、ウィリアム・ビゲローが、「将来大統領になる人物であるから、会っておくように」と、紹介状を金子に手渡したことが発端でした。[32] ビゲローは富田をして、「ビゲロー博士は日本で見るものすべてを買った人でありますす、そしてそれらすべてを自分のものにしなかった人なのです」と言わしめた、ボストン美術館東洋部の礎を築いた人物の一人です。[33] ビゲローを通じて、富田とは間接的に金子と繋がっていたのでしょう。

金子堅太郎は一八九八年、第三次伊藤内閣で農商務大臣を務めています。本書第二章で述べましたように、富田は若い頃、農商務省からボストンに派遣された海外実業練習生でありました。そもそも、農商務省海外実業練習生制度の設立は、次官であった頃の金子のアイデアによるものでしたから、二人は何かの縁を感じたのかもしれません。一九二四年の移民法に不快感を示し、晩年は親米から嫌米に転じたといわれる金子ですが、母校の三百年祭とビゲロー、富田のために、老体にもかかわらず一肌脱いだのだと思います。

さらに言えば前にも指摘しましたように（第三章参照）、「ボストン展」開催依頼者である、ボストン美術館総裁エドワード・ホームズは、ハーヴァード時代の金子の世話をしたオリヴァー・ホームズ・ジュニアの甥でした。ここに明治時代からつづく、日米間の人的ネットワークの存在を見るようです。ハーヴァード大学三百年祭の式典は、世界から著名な学者などを招く大々的なもので、フランクリン・ルーズベルト大統領は、学生時代に同じクラブに所属したジョゼフ・グルーを見つけ、貴賓席から「ハロー、ジョー」と呼びかけてグルーを当惑させたといいます。[34]

一九二四年の移民法改正以来一九三〇年代にかけて日米関係は悪化の一途をたどりました。しかし、翻って見ればそのような状況にあっても日本における親米派、米国における親日派による様々な民間レベルでの日米文化交流はなされておりました。アメリカ人宣教師シドニー・ギューリック（Sidney L. Gulick, 1860-1945）を中心とする「人形交流」（一九二七年）や、関東大震災の時のアメリカからの援助に対する女性答礼使の派遣（一九三〇年）、メジャー・リーガーとの親善試合（一九三四年）などがよく知られています。[35] また、ヘレン・ケラー（Helen Keller, 1880-1968）が来日し（一九三七年）盲・聾学校を訪れ子供たちや関係者を精神的に支えたことも記憶されています。さらに広義にとらえれば、太平洋地域を背景とした日系移民問題や中国の不平等条約問題を取り上げた国際会議（太平洋会議）における、日・米の太平洋問題調査会（ＩＰＲ）のメンバーによる討論なども、学術・文化交流の動きの一つとして取り上げることも可能でしょう。[36]

「ボストン展」はこれら一連の努力の動きの一つに違いないのですが、これまで述べてきましたようにその規模は最大級の様相を示しています。そして日米関係が悪化している最中、ボストンの人々に日本美術への関心を引き寄せるという目に見える結果を得ることが出来たのです。ハーヴァード大学三百年祭の記念事業の一環とするなどした、富田幸次郎の企画力に負うところがあったのではないでしょうか。

本節ではまた、軍国主義が跋扈する一九三〇年代、日米戦争が不可避となってゆく趨勢を前にして、少数派であったかもしれませんが、欧米滞在経験を有した文化人たちが日米友好の目標をもって結集した事実があったことを明記しました。

第三節　「ボストン展」の内容とその余波

（一）重要美術品の海外移送

> 聖慮（天皇の御意志）洵（まこと）に畏（かしこ）しとも
> 忝（かたじけな）しとも恐懼の極みこそ

右の句は溝口禎次郎の「ボストンに使して」（『報告書』）中、溝口が冒頭に詠んだものです。「聖慮」が「ボストン展」での皇室の関わりを意味していることは間違いないと思います。出品された作品には、国宝二点、重要美術品二五点が含まれていました。本来であれば、「重美保存法」により、「其ノ輸出及移出ヲ取締ル必要アリ」のため、重要美術品の海外への持ち出しは禁じられていたことになります。日本政府は一時的にその禁を解いたのです。皇室からの出陳の意味は大きいと思います。

またこのことは、翌々年一九三九年に行われた「伯林展」につながったのではと考えられます。なぜならこの時も「重美保存法」がありながら、国宝、重要美術品が海を渡っているからです。「ボストン展」が、「海外における文化交流として日本古美術展覧会を行う」、という先鞭をつけたと言えるでしょう。富田は以下のように述べています。

> 今回の日本古美術展覧会を見た人々は如何にしてかゝる貴重品が遠路はるばる送られたか不思議に思ふであらう。日本には美術品の輸出を制限する現行法律がある事を知れば更に不審に思ふであらう。即ち国宝保存会及び重要美術品調査委員会なるものがあって、孰れかによって指定された美術品は文部大臣の許可なくしては、短時日の間と

雖も海外に送ることが許されない……然るに今回の美術展には数多の国宝及び重要美術品を含んでいる。……本展覧会を実現せしめた基礎は三百年の昔に築かれ、実際的の建設は過去五十年に亘って続けられて来た。換言すれば、三百年の光栄ある歴史を有するハーヴァード大学の為めでなかったなら、又五十年間のボストン美術館の日本美術に対する不断の関心の故でなかったならば、日本は今回の名宝の貸し出しを許可しなかったであろう。

一九三〇年代という日米間が最も困難な時代に、日米文化交流を成し遂げた富田の自負がうかがえる文章です。

（二）作品選び

出品作品は絵画と彫刻が中心となっています（付表12　出品作品　参照）。作品リストには、天皇の御物である法隆寺から天皇家に献納された『伎楽面』（マスク）、及び伊藤若冲『花鳥図』（『動植綵絵』三十幅の内、『紫陽花双鶏図』と『芍薬群蝶図』）がありました。この二点が出品の目玉作品となっています。高松宮家所蔵からは、『俵屋宗雪筆秋花図屏風』が出されました。国宝であった、佐竹本三十六歌仙『兼盛図』（土橋嘉兵衛蔵）、『長谷雄草紙』（細川護立蔵）も出品されました。

さらに、屏風、絵巻、彫刻類が東京美術学校や徳川家、細川家、岩崎家、松方家、根津家、益田家、松永家など緒家から出品され、国宝級の豪華な作品が合計一〇〇点にも及び展示されたのです。例を挙げると、『雪舟筆真山水図』（根津嘉一郎蔵）、『雪舟筆花鳥図屏風』（大橋新太郎蔵）、『雪舟筆破墨山水図』（岡崎正也蔵）、『長谷川等伯筆烏鷺図』（團伊能蔵）、『本阿弥光悦筆鹿図』（武藤金太蔵）、『尾形光琳筆鶴図屏風』（大倉喜七郎蔵）[37]、『蕪村筆野馬図』（東京帝室博物館蔵）、などがありました（所有者は当時）。

伎楽面

『報告書』には、「富田幸次郎氏到着後直ちに、團男（爵）、矢代、溝口、津田の諸氏にてボストン美術館より借用希望の品目につき協議すること等具体的問題を進め」等の記載があります。富田が作品選びに大きく関与していた事実が窺えます。富田は御物「伎楽面」を特に取り上げ、「殊に御物の伎楽面は奈良時代の完全なる遺品であるのみならず、今回の展覧会に至るまで一〇〇〇年以上も禁裏の外に出された事のないものである」、と紹介しています。

もう一つの御物、伊藤若冲『花鳥図』（動植綵絵）は、若冲最高傑作と折り紙がつくのはごく最近のことです。[38]後に米国人ジョー・プライス（Joe D. Price, 1929-）という、伊藤若冲の大コレクターの出現を考えますと、一九三六年の段階で富田が米国人に若冲を紹介した意義は大きいのではないでしょうか。富田はただ古く美しい、装飾性の勝った作品を展示するのではなく、若冲のようなアメリカ人に受け入れられるインパクトのある作品、かつ、剣豪宮本武蔵筆になる、『梅鳩図』のような話題性のある作品も選んでいます。雪舟作品が、一〇〇点中八点と飛びぬけて多く紹介されているのも目を引く点です。雪舟を高く評価する富田のキュレーターとしての嗜好が反映されているのかもしれません。

複数作品が出展された作家は、雪舟八点、雪村四点、狩野元信三点（伝一）、狩野探幽三点、俵屋宗達二点、土佐経隆二点、土佐光起二点、岩佐又兵衛二点となっています。作品のジャンルは、絵画（屏風を含む）が八三点、仏像が一三点（金銅、木）、工芸品が四点（マスク、木彫狛犬、模造厨子二点）です。

富田が欧米で人気の浮世絵を選んでいないのは、展示品に浮世絵の祖といわれる岩佐又兵衛による『風俗絵』や『堀江物語』を入れたことや、ボストン美術館が彼の交渉により、浮世絵の至宝と呼ばれる「スポールディング・コレクション」を既に所蔵していたためであろうと思います。

（三）展覧会の成功

富田幸次郎は一九一〇年、農商務省海外実業練習生として学びながら、岡倉覚三の下、ボストン美術館でアルバイトをしていました。同年、日本政府から「日英博」における日本の出品物の事務取扱を要請されロンドンに赴きました。やがてボストン美術館アジア部長となり、一九三四年東京に寄り、国際文化振興会の樺山愛輔に面会し、このプロジェクトが動き出したことは先に述べました。富田の若い頃の「日英博」での見聞、あるいは彼が過去ボストン美術館のスタッフとして係わった様々な特別展で培った経験等は、「ボストン展」での作品選びや展示方法に生かされたと考えられます。

「ボストン展」は盛況のうちに一〇月二五日、無事閉幕しました。『ニューヨーク・ヘラルド・トリビューン』（一九三六年九月七日）に、次のような記事が載りました。「海外に於ける今回の如き、大規模の日本古美術展覧会は、実に一九一〇年ロンドンに於て開かれた『日英博覧会』以来のことであるが、質に於ては遙かに優れていると、ボストン美術館東洋部長富田幸次郎氏は語った」とあります。富田幸次郎は「日英博」の実務を担当した経験があります。その富田が「質に於ては遙かに（「日英博よりも」）優れている」と言っているのです。この富田の言は、さまざまに行われた日本の海外美術展の比較を語る上で重要だと思います。

樺山愛輔は『報告書』の発刊に寄せて次のように述べています。

（この展覧会は）古美術を通じて日本の文化を海外に宣揚し、同時に日米両国の友情を深める最も有意義な企てであった。この展覧会の経過は単に美術に関係ある人々のみならず広く文化事業に関心を有する人々にも大いに参考となるべきを想ひ、特にボストン美術館の終始変わらざる至れり尽くせりの準備、取扱殊に展観方法に就いては凡そ、事美術品展観に従ふ人々に、尠（すくな）からざる示唆を提供するものと信じたので……。

右の文は、ボストン美術館の非の打ち所がない仕事ぶりが強調されています。富田は展示作品のそれぞれに専用のガラスケースを特注しました。さらに、日本人の表具師（林繁太郎？）に美術品の扱いを任せ、ついで彼に期間中の

「ボストン日本古美術展覧会」の出品美術品を見送る富田、溝口、エッジェル

展示替えも行わせるなどして万全を尽くしました。東京帝室博物館で働く溝口をして、「ボストン展覧会の設備は実に完璧といふべく、いかに美術館員諸氏の努力がよくこの難事を征服せるかを想ひて、彼等の真面目なる態度に信頼せしめられたる次第なり」と言わしめています。「ボストン展」における展示状況はそれほど完璧だったのです。前章で指摘しましたが、「重美保存法」の眼目は、国外へ美術品を持ち出すことは危険が多いということにありました。東京大学教授であり『国華』主幹であった瀧精一がその急先鋒の論客でした。瀧は見せる設備も未だ十分ではない時に、「見たけりゃ向こうから来たらいいじゃないか」と主張しておりました。

「ボストン展」を成功させた富田幸次郎の功績は、日本古美術を文句のつけようのない程完璧に展示することで、瀧説を覆し、美術品を通じて国際文化交流の可能性を引き出したことにもあると思います。また国際文化振興会のその後の活動にとっても、この展覧会は日本の海外文化交流の参考事例として、そのノウハウや知見を後々広く役立てたのではと考えられるのです。

（四）余波として

一九三六年は、政治的に困難な事件やベルリンオリンピックなど重要事件が重なりました。富田幸次郎の名前と共に「ボストン展」はやがて人々の記憶から失せていきました。「ボストン展」開催の目的は、「日本のイメージの好転」

と「日米友好」を図るものでした。しかし、当然のことながらこの文化交流が直ちに、一九二四年の移民法以来の日本人の米国への反発や、米国における日本の中国進出への警戒感を、和らげたというような形跡は見当たりません。米国は、華北事変（一九三五年の華北分離工作）以来、中国における日本の行動を否認し抗議を繰り返していきます。つまり、短期的に見れば米国において、日本の意図は達せられなかったといえるでしょう。

やがて一九三九年、アメリカは日米通商条約廃棄により、日本に対して輸出禁止を行い得る態勢を整え、条約違反の非難を受けることなく、いつでも自由に日本に対して輸出禁止を行い得る状況を構築したのです。輸出の許可制から禁止、輸出禁止から在米資産の凍結へ、日米通商の全面的停止までは間もなくのことです。[39]

しかしながら、このような日米関係緊迫の渦中にあっても、一九三六年に「ボストン展」という、日米文化交流があったという事実が消えるわけではありません。長期的な視点に立てばいくつかの意味はあったと考えられるのです。その最大のものはアメリカの地に、「日本古美術」を印象づけたことだと思います。後のことになりますが日米戦争中、京都や奈良の地、あるいは東京といった地の文化財への配慮から、これらの都市の文化財を破壊するような爆撃はなされなかった可能性は否定できません。つまり、このことは、富田と『ウォーナー・リスト』との関連を私に想起させるのですが、これに関しては次章で述べたいと思います。

さらに言えば、富田が自ら招いた日本での「重美保存法」の成立でありましたが、結局彼自身が自らの手で骨抜きにさせたという事実があります。戦後「重美保存法」は、「文化財保護法」（一九五〇年施行）として指定され直し、その第四四条に「重要文化財は、輸出してはならない。但し、委員会が文化の国際的交流その他の事由により特に必要と認めて許可した場合は、その限りでない」、という一条が定められたのです。[40]「一九五三年アメリカ巡回日本古美術展」は、新たに制定されたこの「文化財保護法」の下、日本政府の肝いりにより再びボストンでも開催されたのです。[41]

太平洋戦争が始まる前、アメリカ太平洋問題調査会（ＩＰＲ）と、アメリカアジア学会会長でもあったジェローム・グリーンは、アメリカ学術団体評議会（ＡＣＬＳ）の中に日本委員会という組織の発足を提唱しました。日本に関する研究者の育成が急務であると、アメリカの知識人たちがその必要性を強く感じたためでした。ハーヴァード大学フォッグ美術館のラングドン・ウォーナーが委員長となり、イェール大学歴史学教授であった朝河貫一と共に、富田幸次郎は一九三〇年の創立から一九三七年までこの委員会のメンバーでした。[42] 朝河は、一九〇九年の『日本の禍機』出版以降も日本の知識人たちに書簡を送り、その回覧を依頼するという手法で、後発の帝国主義国と化していく日本外交を批判しつづけていました。[43]

一九三四年、朝河が尽力し蒐めた日本古典書籍をイェール大学図書館で披露することになりました。そしてその陳列会である「日本イェール協会コレクション展」が開催される運びとなったのですが、朝河は、「満州事件ニつき米国の輿論が遍く（あまねく）日本の行為を非難する当時ニ候間、此陳列が政治的、外交的プロパガンダのやうに思はる丶を避けたく、此の点大に注意致居候」と、「紐育の総領事などをも招きて何か催しては」との大学図書館からの提案も断ったといいます。富田同様、アメリカ東部に住む日本人知識人の朝河は、一九三〇年代の日本の行状を厳しく批判する一方で、文化事業からは政治性を排除することに気を使っています。

これに対し、一九三三年、祖国に「国賊」と呼ばれた富田幸次郎でしたが、一九三四年と一九三六年に日本を訪問し、「ボストン展」開催に向け全力で交渉に当たりました。その間、ボストン側を一枚岩に取りまとめることにも抜かりはありませんでした。この意志の強さと、綿密な計画を立てそれを実行に移していく積極的な行動力の源泉は、単に「アートの力を信じていた」に過ぎなかったのかもしれません。彼は「ボストン展」の政治的意図にはあまり頓着せず、ただキュレーターとしての本領を発揮しただけのように映ります。しかし、本章で述べた「ボストン展」成功までの過程は、彼の日本人離れのした、こだわりのないおおらかなスケールの大きさ、あるいは職人的なプロ意識（純粋性）を強く印象づけています。

付表8　経過年表

年月日	経過
昭和9年秋（一九三四）	ボストン美術館東洋部長富田幸次郎氏来遊の際ハーヴァード大学三百年記念祝典の砌ボストン美術館にて日本古美術展覧会を開催したき希望ある趣を伝う。
昭和10年秋（一九三五）	国際文化振興会理事長樺山愛輔伯爵、理事團伊能男爵訪米の際、ボストン美術館要路者と懇談、美術館の意向を確かむ。
昭和10年末	ボストン美術館長エッジェル博士ワシントンに斎藤駐米大使を訪問し、正式にボストン美術館の希望を述べ援助方を依頼、大使はその旨を外務大臣に通達す。
昭和11年2月（一九三六）	外務大臣朝野の名士を招待、ボストン美術館に於いて日本古美術展覧会開催の希望を有する旨を伝えその援助を依頼さる。席上細川護立侯爵は来賓を代表して協力する旨を答えらる。
3月23日	関係者一同参集、委員会の組織其の他実行運動に着手。
4月6日	ボストン美術館東洋部長富田幸次郎氏来朝。
5月6日	ボストン日本古美術展覧会委員会成立。
5月14日	第一回実行委員会開催。
5月16日	ボストン美術館館長エッジェル博士来朝。
5月18日	エッジェル博士、富田幸次郎両氏歓迎会を兼ね、第一回委員会を開催。同日午後六時より第二回実行委員会を開催。
5月20日	第三回実行委員会開催趣意書作成、具体的問題実施に入る。
6月3日	第四回実行委員会開催。
6月10日	第五回実行委員会開催。
6月24日	第二回委員会開催。
6月30日	帝室御物、高松宮御所蔵品御貸下御内諾賜る。一般所蔵家より貸与承諾続々到る。

7月8日	国際文化振興会事務所に出品物下見展観を催す。
7月11日	第六回実行委員会開催。
7月12日	出品物全部の荷造完了。
7月14日	出品物葛城丸に積載。
7月15日	葛城丸横浜出帆。
7月18日	富田幸次郎氏帰米。
8月7日	溝口禎次郎氏出品物監督者として渡米。
8月17日	葛城丸ボストン港に到着。即日美術品はボストン美術館に収容。
8月25日	溝口禎次郎氏ボストン着。
9月10日	ボストン日本古美術展覧会開会式。
9月11日	展覧会一般に公開。
10月25日	展覧会閉会。
10月31日	出品美術品那古丸に積載されボストン港出帆帰国の途に着く。
12月12日	ボストン美術館長エッジェル博士答礼のため来朝。
12月14日	那古丸横浜に入港。美術品到着。溝口氏帰朝。同日夕、エッジェル博士及溝口禎次郎氏歓迎晩餐会開催。
12月15日	美術品荷解き開始。御物を宮内省に返納。
12月16日	高松宮邸に幹事伺候拝借の御屏風返納。同時に一般出品者に出品物返還開始。
12月17日	エッジェル館長宮中に参内。御礼言上。同日夕、エッジェル館長は晩餐会を催し関係者に挨拶即夜帰米。
12月22日	出品物全部返還完了。
	以上。

（出典：国際文化振興会編『ボストン日本古美術展覧會報告書』六〇頁）

付表９　掲載紙誌

新聞名　雑誌名	掲載日	内　容（見出し）	備　考
The Art Digest	1936/ 9	*Japan Provides Great Exhibition for the Boston Art Museum*	月刊美術雑誌
The Art News	1936/9/12	*Imperial Treasures Come to the Boston Museum* ウォーナー / 富田 / ペイン記あり	ニューヨーク美術専門週刊雑誌
The Literary Digest	1936/9/19	*Japan Bows to Art It Lends Boston*	ポピュラーな週刊雑誌
ART	1936/9	*Japanese Painting and Sculpture*	月刊美術専門雑誌
Asia	1936/10	Japanese Art at Boston　ヘンダーソン（コロンビア大学講師）記	アジア関係専門雑誌
Junior League	1936/11	*Art Treasures from Japan*	青少年月刊雑誌
The Burlington Magazine	1936/10	*Japanese Art at Boston by Kojiro Tomita*	英国ロンドンで発行月刊美術雑誌
World Youth	1936/9/26	*National and Imperial Treasures from Japan* 富田 / 斎藤大使記あり	２週間毎の国際時報
The Christian Science Monitor	1936/7/10 9/10 9/11(9/15 10/13　10/15 10/31)	*Boston Is Soon to View the Treasures of Japanese Royalty*(7/10) *Exhibition of Japanese Art Is Ready at Boston Museum*(9/10) *Harvard Visitors See Japanese Loan*(9/11)	全国紙
The Boston Globe	1936/7/10 (8/17 9/11 10/31)	*Unusual Exhibition of Japanese Art Will Be Held Here During September*(7/10) *Exhibition of Japan's Art Treasures Opens at Museum*(9/11)	地方紙
The New York Times	1936/9/6	*Artists of Japan Speak to The soul Through Symbols* 矢代幸雄記	全国紙
New York Herald Tribune	1936/9/7 (6/7) 9/27	*Among 136 Japanese Art Treasures to Go on Exhibition at Boston This Week*(9/7) *The Painting and Sculpture of Japan*(9/27)	全国紙
The New York Times	1936/9/20	*Boston Savors Ageless Japanese Art*	全国紙
Harvard University Tercentenary Gazette	1936/8/14	*The Loan Exhibition of Japanese Art*	ハーヴァード大学三百年祭時報
Boston Traveler	1936/9/11(7/9 9/15 8/17)	*Japan's Art Treasures Go on Display*	地方紙
Boston Sunday Post	1936/9/13 (8/17)	*Priceless Treasures of Japanese Art Lent by Nippon Government to Boston Museum of Fine Arts*	地方週刊紙
Boston Evening Transcript	1936/9/12 (8/17)	*Japanese Art Seen in Its Full Glory*　富田、斎藤大使、ウォーナー、エリシーフ（ハーヴァード大学教授）記あり	地方紙日曜版
Boston Morning Globe	1936/9/5	*Japanese Will Join in Harvard Session*	地方紙
Yong America	1936/11/13	*Japan- A Modern Nation*	青少年向き週報
Boston Herald	1936/7/10 (8/17 9/11 9/12 9/13 11/1)	日本古美術展	地方紙
Boston Post	1936/9/11 (10/11)	日本古美術展	地方紙
Time	1936/9/14	*Art: Hirohito to Harvard*	週刊ニュース雑誌 全国誌

（出典：国際文化振興会編『ボストン日本古美術展覧會報告書』27 ～ 59 頁を参考にして橘が作成）

付表10　ボストン日本古美術展覧会委員会（50音順）

委員会役職	所属	爵位他	氏名
顧問	米国大使		ジョゼフ・クラーク・グルー
顧問	日米協会名誉会長	伯爵	金子堅太郎
顧問	貴族院議長、国際文化振興会会長	侯爵	近衛文麿
顧問	国宝保存会会長、貴族院議員	侯爵	細川護立
顧問	駐米日本大使		斎藤博
顧問	帝室博物館総長		杉栄三郎
委員長	日米協会会長	侯爵	徳川家達
委員	文部省専門学務局長		赤間信義
委員	日米協会理事		浅間良三
委員	東京帝国大学名誉教授	文学博士	姉崎正治
委員	文部省学芸課長		石丸優三
委員	貴族院議員	子爵	井上匡四郎
委員	外務省文化事業部長		岡田兼一
委員	国際文化振興会常務理事	子爵	岡部長景
委員	国宝保存会委員		荻野仲三郎
委員	国際文化振興会理事長	伯爵	樺山愛輔
委員	国際文化振興会常務理事	伯爵	黒田清
委員	国際文化振興会理事		串田萬蔵
委員	ハーヴァード・クラブ副会長		小松隆
委員	文部省宗教局保存課長		柴沼直
委員	宮内次官	男爵	白根松介
委員	国際文化振興会理事	男爵	團伊能

委員	国際文化振興会副会長	侯爵	徳川頼貞
委員	奈良帝室博物館学芸委員		新納忠之介
委員	貴族院議員		根津嘉一郎
委員	京都帝国大学教授	文学博士	濱田耕作
委員	国際文化振興会理事		福井菊三郎
委員	東北帝国大学教授		福井利三郎
委員	外務次官		堀内謙介
委員	帝国美術院顧問		正木直彦
委員	文部省宗教局国宝鑑査官		丸尾彰三郎
委員	東京帝室博物館美術課長		溝口禎次郎
委員	国際文化振興会常務理事		三原繁吉
委員	文部次官		三邊長治
委員	日米協会理事	男爵	森村市左衛門
委員	東京美術学校教授		矢代幸雄
委員	外務省文化事業部第三課長		柳澤健
委員	東京美術学校校長		和田英作
実行委員	委員長	伯爵	樺山愛輔
実行委員	委員	伯爵	黒田清
実行委員	委員		小松隆
実行委員	委員	男爵	團伊能
実行委員	委員		福井菊三郎
実行委員	委員		溝口禎次郎
実行委員	委員		三原繁吉
実行委員	委員		矢代幸雄

幹事	国際文化振興会主事		青木節一
幹事	日米協会主事		武田圓治
幹事	国際文化振興会嘱託		津田敬武

（出典：国際文化振興会『ボストン日本古美術展覧會報告書』一七〜一八頁）

付表11　委員たち

委員	経歴
ジョゼフ・クラーク・グルー（一八八〇―一九六五）	ハーヴァード大卒。日米人形交流、メジャー・リーガー来日、ヘレン・ケラーの来日に尽力。天皇存置に動く。
金子堅太郎（一八五三―一九四二）	ハーヴァード大卒。一九二四移民法、日米開戦を憂慮。初代日米協会会長。
近衛文麿（一八九一―一九四五）	一九一八年『日本及日本人』に「英米本位の平和主義」を発表。
細川護立（一八八三―一九七〇）	永青文庫設立。
斎藤　博（一八八六―一九三九）	パナイ号事件（一九三七）に関し、全米ラジオ局の番組を買上げ謝罪。一九三九年ワシントンで客死。米巡洋艦アストリア号が遺骨を横浜に運んだ。
徳川家達（一八六三―一九四〇）	ワシントン軍縮会議全権。日米協会会長。
杉栄三郎（一八七三―一九六五）	帝室博物館総長。
姉崎正治（一八七三―一九四九）	独英印に留学。日本ＩＰＲの有力なメンバーとなる。
井上匡四郎（一八七六―一九五九）	独米で学ぶ、鉄道大臣。
岡部長景（一八八四―一九七〇）	昭和初期の外交官。
荻野仲三郎	日本古美術保存事業。
樺山愛輔（一八六五―一九五三）	アマースト大学卒業。日米協会会長。滞米経験二〇年以上。

人名	経歴
串田萬蔵（一八六七—一九三九）	ペンシルベニア大卒。三菱銀行。三菱系列の統師者として財界に重きをなした。
小松隆	ハーヴァード・クラブ副会長。戦後日米協会会長。
柴沼　直（一九〇三—一九七三）	教育家。教育大学学長。
白根松介（一八八六—一九八三）	宮内次官。
團伊　能（一八九二—一九七三）	ハーヴァード大、ロンドン大、リヨン大で学ぶ。美術史家。三井財閥。
徳川頼貞（一八九二—一九五四）	英留学。一九二一渡欧。西洋音楽家のパトロン。
新納忠之助（一八六九—一九五四）	彫刻家。
根津嘉一郎（一八六〇—一九四〇）	鉄道王。
濱田耕作（一八八一—一九三八）	ヨーロッパに留学。考古学者。
堀内謙介（一八八六—一九七九）	一九三〇年ニューヨーク総領事、一九三八年駐米大使。
正木直彦（一八六二—一九四〇）	欧米に長期出張。東京美術学校校長。
丸尾彰三郎	彫刻史家。社寺の古彫刻、文化財の調査保護。
森村市左衛門	ＴＯＴＯ、ノリタケ。日米貿易。
矢代幸雄（一八九〇—一九七五）	欧米滞在長い。海外知己多い。美術史家。
三原繁吉	日本郵船重役。一九一二パナマ運日日本郵船重役。浮世絵コレクター。
福井菊三郎	三井合弁会社理事。
青木節一	国際連盟年鑑を著す。

（出典：国際文化振興会『ボストン日本古美術展覧會報告書』を基に橘が作成）

付表12　出品作品

No.	作品		所蔵者
1	若冲花鳥図　絹本着色	二幅	帝室御物
2	伎楽面	二面	帝室御物
3	宗雪筆秋花図　紙本着色　六曲屏風	一隻	高松宮家
4	蕪村筆野馬図　紙本着色　六曲屏風	一隻	東京帝室博物館
5	志貴山縁起（摸本）紙本着色（飛倉巻）	一巻	東京帝室博物館
6	戯画残缺　紙本水墨	一幅	東京帝室博物館
7	住吉画巻残缺　紙本着色	一巻	東京帝室博物館
8	長谷川久蔵筆大原御幸図　紙本着色　六曲屏風	一隻	東京帝室博物館
9	岡本秋暉筆牡丹軍鶏図　紙本着色	一幅	東京帝室博物館
10	阿弥陀如来二十五菩薩来迎図　紙本着色（模写）	三幅	東京帝室博物館
11	狛犬　木造	一対	京都帝国大学文学部陳列館蔵
12	菩薩立像　金銅	一躯	東京美術学校
13	飛天繍像（法隆寺旧蔵）	二枚	東京美術学校
14	孔雀明王像　絹本着色	一幅	東京美術学校
15	弥勒来迎図　絹本着色	一幅	東京美術学校
16	雪村筆竹林吠虎図　紙本水墨	一幅	東京美術学校
17	常信筆桐ニ鳳凰図　紙本金地着色　六曲屏風	一隻	東京美術学校
18	伝藤原長隆筆舟遊図　紙本着色　重要美術品	一幅	戸田弥七
19	応挙筆雌雄鶏図　絹本着色	一幅	岡橋治助

20	呉春筆松鯉図　絹本着色	一幅	寺田甚吉
21	光悦筆鹿図残缺　紙本金銀泥	一巻	武藤金太
22	伝豪信筆阿仏尼像図　絹本着色	一幅	武藤金太
23	金輪王仏図　絹本着色　重要美術品	一幅	益田孝
24	持国天立像　木造　興福寺伝来　重要美術品	一躯	益田孝
25	多門天立像　木造着色	一躯	益田孝
26	隆能筆源氏画巻（摸本）　紙本着色	一巻	益田孝
27	土佐経隆筆聖徳太子絵伝　紙本着色（第一・第四巻）	二巻	堂本印象
28	佐竹家伝来三十六歌仙切（兼盛）　紙本着色　国宝	一幅	土橋嘉兵衛
29	懸仏　銅製	一個	玉井久次郎
30	岩佐勝以又兵衛筆堀江物語画巻　紙本着色	三巻	村山長挙
31	信實筆聖徳太子御像　絹本着色	一幅	住友吉左衛門
32	雪舟筆漁樵問答図　紙本水墨	一幅	住友吉左衛門
33	過去現在因果経残缺　紙本着色　重要美術品	一巻	前山久吉
34	清滝権現図　絹本着色	一幅	前山久吉
35	肖像画　絹本着色	一幅	前山久吉
36	橘夫人厨子（模蔵）	一基	松永安左衛門
37	大日如来座像　木造漆箔	一躯	松永安左衛門
38	文殊菩薩像　絹本着色	一幅	松永安左衛門
39	阿弥陀如来像　絹本着色	一幅	松永安左衛門
40	菩薩像　木造漆箔（法隆寺伝来六菩薩の中）	一躯	根津嘉一郎
41	白鳳時代金銅立像　金銅	一躯	根津嘉一郎
42	日光菩薩立像　木造　藤原時代	一躯	根津嘉一郎

43	犬追物図　紙本着色　六曲屏風　重要美術品	一隻	根津嘉一郎
44	宗達筆浮舟図　紙本着色　六曲屏風	一隻	根津嘉一郎
45	永徳筆誰袖図　紙本着色　六曲屏風	一隻	根津嘉一郎
46	元信筆猿廻図　紙本淡彩　六曲屏風	一隻	根津嘉一郎
47	伝光長筆普賢十羅刹女図　絹本着色　重要美術品	一幅	根津嘉一郎
48	伝金岡筆聖観音座像　絹本着色	一幅	根津嘉一郎
49	長隆筆釈迦経歴図　絹本着色　重要美術品	一幅	根津嘉一郎
50	栄賀筆五髪文殊像　絹本着色	一幅	根津嘉一郎
51	雪村筆柳鷺図　紙本水墨	一幅	根津嘉一郎
52	啓書記筆真山水図　紙本淡彩　重要美術品	一幅	根津嘉一郎
53	雪舟筆真山水図　紙本水墨	一幅	根津嘉一郎
54	雪舟筆福禄寿図　紙本水墨	一幅	根津嘉一郎
55	雪舟筆彼岸図　紙本水墨	一幅	根津嘉一郎
56	宗丹筆周茂叔図　紙本淡彩　重要美術品	一幅	根津嘉一郎
57	芝観深筆菅公像　絹本着色	一幅	根津嘉一郎
58	岩佐又兵衛風俗絵　紙本着色　重要美術品	三幅対	根津嘉一郎
59	法隆寺玉虫厨子（模造）	一基	根津嘉一郎
60	弥勒半跏像　金銅	一躯	橋本関雪
61	観音立像　金銅	一躯	橋本関雪
62	聖観音立像　金銅	一躯	橋本関雪
63	謝春星筆闇夜漁舟図　絹本淡彩	一幅	小林一三
64	元信筆鷺織図　紙本淡彩　六曲屏風　重用美術品	一隻	井上三郎
65	探幽筆四季花鳥図　紙本淡彩　六曲屏風	一隻	松方正作

66	始興筆杜若図　紙本金地着色　六曲屏風	一隻	松方正作
67	雪舟筆破墨山水図　紙本水墨	一幅	岡崎正也
68	伝元信繋馬図　紙本着色　六曲屏風　重用美術品	一隻	岡崎正也
69	岳翁筆山水図　紙本水墨　重要美術品	一幅	岡崎正也
70	伝周文筆山水図　紙本淡彩　重要美術品　六曲屏風	一隻	岩崎小弥太
71	抱一筆麦穂菜花図　絹本着色　重用美術品	双幅	岩崎小弥太
72	守景筆山水図　紙本淡彩	一幅	牧田環
73	光起筆鶉図　絹本着色	一幅	牧田環
74	冷泉為恭筆紫式部日記、枕草紙図　絹本着色	双幅	吉川元光
75	隆能筆源氏物語図　紙本着色（模写）	三巻	徳川義親
76	等伯筆烏鷺図　紙本水墨　六曲屏風　重要美術品	一隻	團伊能
77	童形大師像　絹本着色　重要美術品	一幅	團伊能
78	宗達筆伊勢物語帖　紙本着色	一冊	團伊能
79	光起筆須磨明石図　紙本着色　六曲屏風	一隻	金光庸夫
80	松花堂筆花鳥画賛図　紙本着色　六曲屏風　重用美術品	一隻	渡邊昭
81	蛇足筆夏冬山水図　紙本水墨	双幅	徳川宗敬
82	伝経隆筆大内裏図　絹本着色　重要美術品	一幅	安田善次郎
83	雪舟筆花鳥図　紙本着色　六曲屏風　重用美術品	一隻	大橋新太郎
84	雪村筆山水図　紙本水墨	一幅	井上辰九郎
85	雪舟筆中布袋左右花鳥図　紙本水墨	三幅対	保坂潤治
86	岳翁筆震昭女図　紙本水墨　重要美術品	一幅	保坂潤治
87	崋山筆市河米庵像　絹本淡彩　重要美術品	一幅	下村仙
88	観音立像　金銅	一躯	細川護立

番号	作品名	数量	所蔵者
89	長谷雄草紙　紙本着色　国宝	一巻	細川護立
90	武蔵筆梅鳩図　紙本水墨　重要美術品	一幅	細川護立
91	蘆舟宇都山図　紙本着色　六曲屏風	一隻	池田成彬
92	祖仙筆鹿図　絹本着色	一幅	福井菊三郎
93	雪舟筆山水図　紙本水墨	一幅	福井菊三郎
94	探幽筆山水図　紙本淡彩　六曲屏風　重用美術品	一隻	西脇健治
95	光琳筆鶴図　紙本着色　六曲屏風	一隻	大倉喜七郎
96	宇治橋図　紙本金地着色　六曲屏風	一隻	溝口宗彦
97	探幽筆中観音左右龍虎図　絹本淡彩	三幅対	前田利為
98	半江筆春靄起鴉図　絹本着色　重用美術品	一幅	遠山元一
99	雪村筆山水図　紙本水墨	一幅	伊勢傳一
100	弥勒半跏像　金銅	一躯	新納忠之介

＊作品名の旧字体は一部常用漢字に改めた。

（出典：国際文化振興会編『ボストン日本古美術展覧會報告書』二一一～二一三頁）

終章　太平洋戦争とその後（一九四一～一九七六）

本章は太平洋戦争中及びその後の富田幸次郎の活動について述べることにします。太平洋戦争が始まると、富田はボストン美術館の日本展示室を閉め、館内の日本美術の至宝をウィリアムズ・カレッジに疎開させ、反日論者による破壊の危険から守ろうとしました。さらに、後述するようにロバーツ委員会[1]のメンバーとなり、旧友ラングドン・ウォーナー（Langdon Warner, 1881-1955）と協力しながら、重要な文化財が所在する日本の諸地域には空爆を止めるよう、米国政府に進言しました。本章ではこれらのことを明らかにしたいと思います。また、戦後の富田の活動を紹介すると共に、彼が生涯にわたって行った仕事の意義についてまとめることにします。

第一節　敵性外国人として

一九四一年一二月七日、日本がパール・ハーヴァーを奇襲したことにより、日本国籍の富田幸次郎はこの日を境に敵性外国人（Aliens of Enemy Nationalities）となり、常にその登録証を携帯しなければならなくなりました。一六歳で渡米後すでに三五年が経過し、アメリカ合衆国で責任ある仕事をつづけ、アメリカ女性と二〇年以上結婚生活を送りながらも、そのような立場に置かれたのです。開戦時彼は五一歳になっておりました。

この時期を語る富田自身の記述はとても少ないのですが、次のように短く語っています。

一九四一年から五年ぐらい、私共は日本ギャラリーを閉鎖しなければなりませんでした――戦争がありましたので。他方で私たちは中国展の開催へ大きな関心を持ちました。この五年間については少ししかお話しがありません――私達の最も重要な美術品を、州の西部に避難させなければならなかったということ以外には。

マサチューセッツ州ダックスベリーで「富田資料」を所有するACMの館長であるチャールズ・ウェヤハウザー(Charles Weyerhaeuser)氏は、富田の年若い友人でありました。彼は「ミスター富田が、第二次大戦中重要な日本美術を守ったのです」と、この疎開作業をとても評価しておりました。これは私にとって非常に印象的でした(3)。コレクションを外へ運び出すということだけでも大変な作業であるのに、それを何事もなかったかのように無事に戻したことは、富田の功績の一つです。この疎開作業のためでしょう、富田は、ハロルド・エッジェル館長が承認した敵性外国人用の「旅行許可願い」を携帯し、マサチューセッツ州ウィリアムズタウンにあるウィリアムズ・カレッジに二度赴いています(4)。

富田は一九三八年より、セーラムにあるピーボディー博物館日本部の名誉キュレーターに就任しておりましたが(一九三八〜一九七〇)、一九四三年、仕事でその博物館に行く時にも「旅行許可願い」を携帯しています(5)。敵性外国人としての彼は、ボストンからほど近いウィリアムズタウンやセーラムなど、近隣地域

EA-2
(To be filled out in duplicate)

REQUEST FOR LICENSE TO TRAVEL
(Enemy Alien)

February 14,1942
Date

To United States Attorney
District of Massachusetts
Boston, Massachusetts

Sir:

I hereby request that in accordance with the laws and regulations pertaining to enemy aliens, a license to travel be granted.

Name and Address: Kojiro Tomita
4 Greenough Place
Jamaica Plain, Mass.

Nationality: Japanese

Alien registration number: 1735561

Purpose of trip: On business connected with the Museum of Fine Arts, Boston, Mass.

Destination: Williams College, Williamstown, Mass.

Date of Departure: February 19, 1942

Date of Return: February 19, 1942

Route to be followed, if by automobile:
Routes 9, 20, 7.

Name of railroad, steamship, or bus line: None

Reference: (Must be citizen) Dr. George Harold Edgell
Director
Museum of Fine Arts, Boston.

(Note: If intermediate stops are to be made, give complete details of carriers to be used or routes to be followed)

Kojiro Tomita
Signature of alien

Boston, Massachusetts Date

License to travel as set forth above is granted.

Edmund J. Brandon
United States Attorney
G. Gerald J. McCarthy
Asst U.S. Atty

敵性外国人用の「旅行許可願い」

に移動するにも不自由さが付きまとっていたのです。

しかしこれらの出来事は、日米間で戦争をしているという事態であっても、富田のボストン美術館やピーボディー博物館でのアジア部キュレーターという地位が継続していたことを裏付けています。しかしながら一九四三年、富田は本国送還リストに名前があるから出頭するようにという連絡を受け取っています[6]。

彼は日本に送還されませんでした。理由は明らかではありませんが、おそらくボストン美術館は彼の働きを必要としており、国務省と交渉したのではないでしょうか。当時のボストン美術館アジア部の人的状況は、ライブラリアンであった平野千恵子が一九三九年に亡くなっており[7]、一九四二年、富田の部下であったアジア部次長のロバート・ペインは海軍に徴兵されておりました[8]。ハーヴァード大学講師で、ボストン美術館で翻訳などのアルバイトをしていた都留重人（一九一二―二〇〇六）や、表具師として働いていた林繁太郎は交換船で既に日本に帰国しておりました[9]。日本美術を疎開させたり、中国展を開催したりと、中国、インド、ペルシャをも扱っていたアジア部長の富田は、戦時人材不如意な美術館にとって貴重でした。

ところで、富田幸次郎は日本の敗戦が間近の一九四四年一一月二〇日、米国陸軍省ボストン支所のジョン・ブース少佐（John W. Booth, Major, A. U. S., Chief, Intelligence Branch, Security and Intelligence Division）から次のような礼状を受け取っています。「富田様：貴方へお礼申し上げます――貴方がこちらの代表に（届けて下さった）、日本で影響力のある人物について（の情報）です。この資料は陸軍省にとって、大変興味のあるものでした[10]」。富田は米国陸軍省の情報局に情報提供をしていたことがわかります。

敗色濃い祖国日本の現状を遠く見つめながら、彼が「日本で影響力のある人物」として、どのような人物の名前を挙げたのか興味は尽きないのですが、これに関しては私の調査は届いておりません。他にも、富田は北京や上海、シンガポールなどかつてハリエット夫人と共に訪れた、アジア各地の風景写真の提供に協力しています[11]。アジア各地の日本占領地への空爆準備のために、軍の要請を受けたのかもしれません。日本人としてアメリカに住む以上、アメリカに敵対しないことを、彼自身で証明する必要があったのだと思います。

一方西海岸では、大部分の日本人と日系人が自宅を追われ強制収容所に送られ、理不尽な生活を強いられておりました。開戦前の一九四一年七月二五日、米国は在米日本資産凍結を発表しています。ハリエット夫人は、その当時米国籍を取り戻しておりましたが（本稿第三章参照）、日本資産凍結の五ヵ月以上前に、義父富田幸七作『蒔絵盆』（一八九〇年頃制作）と、夫富田幸次郎作『蒔絵香合』（一九〇五年制作）をボストン美術館に寄贈しています。[12] この二つの作品は、彼女にとって最も守らなければならない大切なものだったのでしょう。戦争が始まると、「……（アメリカにある東洋古美術商の）山中商会はアメリカ政府の管理下に入ることになり、最終的には商品と店内の家具や調度品すべてを没収されて、売り払われた……[13]」とありますから、ハリエットはその前に安全策を講じたのだと思います。

惜しまずに私へ資料を提供してくださった富田恭弘氏（現富田家当主）は、戦争中の出来事を私宛ての書簡で次のように記しています。「……ハリエットも敵国人と結婚していることで白眼視された……危害（幸次郎への）を心配して、ハリエットが毎日車で幸次郎を送迎していたのだが、その取り合わせも含め度々誰何（すいか）された……二人とも人目を避けるようにひっそりと暮らす辛い日々だった……[14]」と。開戦後直ちに幸次郎の預金は封鎖されたのでしょう、ハリエットは銀行に出向いて相談に行っています。[15] 一九四一年一二月一六日、幸次郎は日々の社交の場であったユニヴァーシティ・クラブに退会届を提出しています。[15]

第二節　ロバーツ委員会のメンバーとして――「ウォーナー・リスト」への関与

先に述べましたように、富田は第二次大戦中のことは公にはほとんど語ってはおりません。戦中の富田の活動をたどるために、富田関連のいくつかの新聞雑誌記事に依拠して足跡をたどることにします。

（二）ラングドン・ウォーナー博士の供養塔

一九五八年六月一日号の『週刊朝日』に次のような記載がありました。「富田幸次郎ボストン美術館アジア美術部長（六八歳）、このほどハリエット夫人と共に来日。六月九日、親交のあったラングドン・ウォーナー博士の供養塔（奈良法隆寺において）の除幕式がおこなわれるので、（ウォーナー）未亡人にかわって出席する」[17]。

関連記事としてさらに、一九五八年六月一〇日付の『ジャパン・タイムズ』（*The Japan Times*）は、一九三六年以来二〇数年振りに日本を訪問したこの時の富田の様子を次の様に伝えています。「ウォーナー博士の仲間、京都再訪を喜ぶ：……富田が云うには、『ウォーナー博士と私はアメリカ政府に京都と奈良を空爆から除外（spared from bombing）するように勧めました』（傍点は筆者。以下同様）。加えて、『私は二つの歴史的な都市を戦争の惨禍から守る手伝いができたことをうれしく思っています』と語った……」とあり、富田が『週刊朝日』が予告したように、実際に法隆寺で行われた除幕式に出席したことが記されています[18]。

青年時代の富田とウォーナーは、一九一〇年代、岡倉覚三が中国・日本部長をしていた時代に、ボストン美術館で共にアシスタントとして働いた経験がありました（本稿第三章参照）。さらには一九三〇年代、ウォーナーが委員長を務めていたＡＣＬＳ（Committee of the American Council of Leaned Societies）日本委員会に、富田が最初期のメンバーとして協力をしておりました（本稿第六章参照）。これらの事実から富田とウォーナーが親しかったことがわかります。ではなぜ法隆寺はウォーナーを供養するに至ったのでしょうか。なぜ富田はその供養塔の除幕式にわざわざ出席したのでしょうか。

疑問を解く鍵は次の文で明かされています。岡倉の遺品、遺稿を富田から受け取っていた茨城大学五浦文化研究所所員であった緒方廣之は、富田幸次郎からの聞き書きとして次のように語っているのです。

そして話題は太平洋戦争に移った……当時未だ日本国籍の富田先生に対しては、米国政府も先生の人格と職務の重要性を認め……単に、FBIから一定区域外への旅行制限を指示された程度で、戦前と変りなく、東洋部長の要職の儘職務を続けられたのであった。その上戦況の進展に伴い設けられたロバーツ委員会の一員として、かつて、天心に共に仕えた親友のラングドン・ウォーナー日本部主任を助け、日本文化財リストの作成に当たった。親友ウォーナー博士は夜も厭わず、度々富田先生宅を訪れ、助言を求め、二人は協力して最悪の場合でも「上代の奈良」と「京都」そして出来得れば中期の「鎌倉」を含め爆撃を阻止することを強く提案されたとのことである。(19)

この聞き書きは、一九六三年、富田の生涯第八回目の日本訪問時に行われたものと私は考えています。この時彼は、茨城県五浦に創設された、緒方が所属する「天心記念館」の開館式に出席し、「岡倉先生の思い出」を語っているからです。法隆寺が「上代の奈良」を代表するものであることは言うまでもありません。ウォーナーのアメリカ政府への進言により（そのように推定されている）、破壊を免れた都市の代表寺院として、法隆寺は今は亡きウォーナーに感謝を捧げる意味で供養塔を建設したのでしょう。富田は、共に日本の文化遺跡を守るために尽力した旧友を偲ぶために、一九五八年ウォーナー供養塔除幕式に出席したのだと考えられるのです。後述しますが、富田夫妻のこの一九五八年の日本訪問は、富田幸次郎の五〇年にわたるボストン美術館への貢献に対する美術館からの贈り物でした。日本政府から勲三等瑞宝章の叙勲を受けるため来日していたのです。

（二）ロバーツ委員会

前述の緒方廣之による聞き書きで注目したいことは、ウォーナーと富田がロバーツ委員会のメンバーであったことです。ロバーツ委員会とは通称で、正式名称は「戦争地域における美術的歴史的遺跡の保護・救済に関するアメ

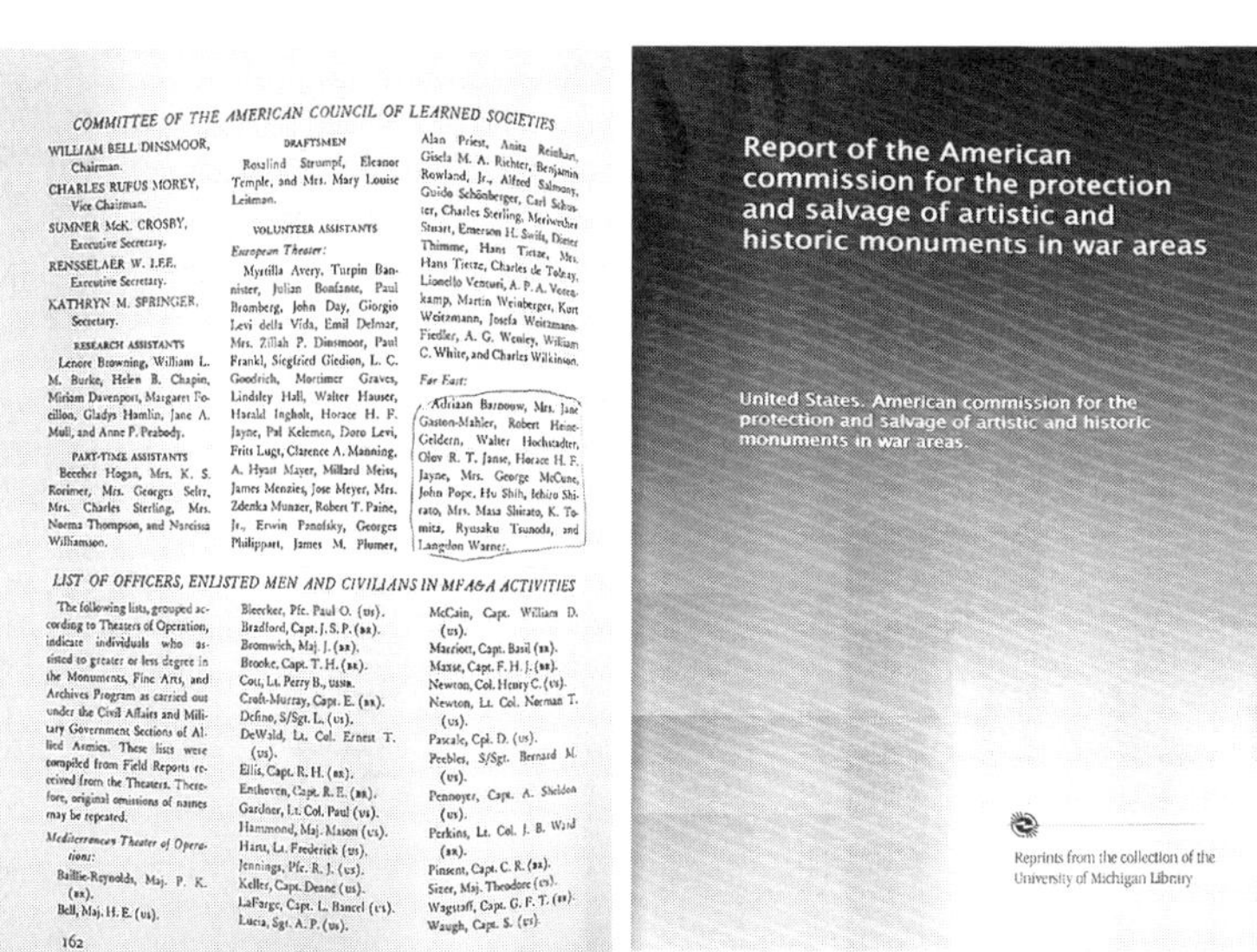

COMMITTEE OF THE AMERICAN COUNCIL OF LEARNED SOCIETIES

WILLIAM BELL DINSMOOR, Chairman.
CHARLES RUFUS MOREY, Vice Chairman.
SUMNER McK. CROSBY, Executive Secretary.
RENSSELAER W. LEE, Executive Secretary.
KATHRYN M. SPRINGER, Secretary.

RESEARCH ASSISTANTS

Lenore Browning, William L. M. Burke, Helen B. Chapin, Miriam Davenport, Margaret Focillon, Gladys Hamlin, Jane A. Mull, and Anne P. Peabody.

PART-TIME ASSISTANTS

Beecher Hogan, Mrs. K. S. Rorimer, Mrs. Georges Seltz, Mrs. Charles Sterling, Mrs. Norma Thompson, and Narcissa Williamson.

DRAFTSMEN

Rosalind Strumpf, Eleanor Temple, and Mrs. Mary Louise Leitman.

VOLUNTEER ASSISTANTS

European Theater:

Myrtilla Avery, Turpin Bannister, Julian Bonfante, Paul Bromberg, John Day, Giorgio Levi della Vida, Emil Delmar, Mrs. Zillah P. Dinsmoor, Paul Frankl, Siegfried Giedion, L. C. Goodrich, Mortimer Graves, Lindsley Hall, Walter Hauser, Harald Ingholt, Horace H. F. Jayne, Pal Kelemen, Doro Levi, Frits Lugt, Clarence A. Manning, A. Hyatt Mayer, Millard Meiss, James Menzies, Jose Meyer, Mrs. Zdenka Munzer, Robert T. Paine, Jr., Erwin Panofsky, Georges Philippart, James M. Plumer, Alan Priest, Anita Reinhart, Gisela M. A. Richter, Benjamin Rowland, Jr., Alfred Salmony, Guido Schönberger, Carl Schuster, Charles Sterling, Meriwether Stuart, Emerson H. Swift, Dieter Thimme, Hans Tietze, Mrs. Hans Tietze, Charles de Tolnay, Lionello Venturi, A. P. A. Vorenkamp, Martin Weinberger, Kurt Weitzmann, Josefa Weitzmann-Fiedler, A. G. Wenley, William C. White, and Charles Wilkinson.

Far East:

Adriaan Barnouw, Mrs. Jane Gaston-Mahler, Robert Heine-Geldern, Walter Hochstadter, Olov R. T. Janse, Horace H. F. Jayne, Mrs. George McCune, John Pope, Hu Shih, Ichiro Shirato, Mrs. Masa Shirato, K. Tomita, Ryusaku Tsunoda, and Langdon Warner.

LIST OF OFFICERS, ENLISTED MEN AND CIVILIANS IN MFA&A ACTIVITIES

The following lists, grouped according to Theaters of Operation, indicate individuals who assisted to greater or less degree in the Monuments, Fine Arts, and Archives Program as carried out under the Civil Affairs and Military Government Sections of Allied Armies. These lists were compiled from Field Reports received from the Theaters. Therefore, original omissions of names may be repeated.

Mediterranean Theater of Operations:

Baillie-Reynolds, Maj. P. K. (BR).
Bell, Maj. H. E. (US).
Bleecker, Pfc. Paul O. (US).
Bradford, Capt. J. S. P. (BR).
Bromwich, Maj. J. (BR).
Brooke, Capt. T. H. (BR).
Cott, Lt. Perry B., USNR.
Croft-Murray, Capt. E. (BR).
Defino, S/Sgt. L. (US).
DeWald, Lt. Col. Ernest T. (US).
Ellis, Capt. R. H. (BR).
Enthoven, Capt. R. E. (BR).
Gardner, Lt. Col. Paul (US).
Hammond, Maj. Mason (US).
Hartt, Lt. Frederick (US).
Jennings, Pfc. R. J. (US).
Keller, Capt. Deane (US).
LaFarge, Capt. L. Bancel (US).
Lucia, Sgt. A. P. (US).
McCain, Capt. William D. (US).
Marriott, Capt. Basil (BR).
Maxse, Capt. F. H. J. (BR).
Newton, Col. Henry C. (US).
Newton, Lt. Col. Norman T. (US).
Pascale, Cpl. D. (US).
Peebles, S/Sgt. Bernard M. (US).
Pennoyer, Capt. A. Sheldon (US).
Perkins, Lt. Col. J. B. Ward (BR).
Pinsent, Capt. C. R. (BR).
Sizer, Maj. Theodore (US).
Wagstaff, Capt. G. F. T. (BR).
Waugh, Capt. S. (US).

162

ロバーツ委員会報告書の表紙と本文の一部

リカ委員会」（The American Commission for the Protection and Salvage of Artistic and Historic Monuments in War Area）です。オーウェン・ロバーツ（Owen J. Roberts, 1875-1955）合衆国最高裁判所判事を委員長としたので、通常この略称で呼ばれております。事務職員以外のメンバーは無償の奉仕活動として、地図付の各国別文化財リストを作成して陸軍省に提出しました。それはロバーツ委員会の柱となる活動の一つだったのです。(20)

ロバーツ委員会の報告書を読むと、活動を担ったグループとしてACLSが取り上げられています。ACLSから参加したメンバーの合計は八七人でした。その内、極東地区（Far East）の担当として富田幸次郎の名前が出てきます。(21) ウォーナーと共に活動した人物として、報告書には他に三人の日本人らしき名前が記されています。イエヒロ・シラト、ミセス・マサ・シラト、リュウサク・ツノダの三人です。イエヒロ・シラトはコロンビア大学の日本語学者であった白戸一郎のことかもしれません。だとしたら、ミセス・マサ・シラトは白戸夫人でありましょう。リュウサク・ツノダは、一九三一年コロンビア大学で日本歴史講座講師に就任し、そこでドナルド・キーン（Donald Keene, 1922-2019）を教えたことで知られる角田柳作でありましょう。(22)

この日本文化財リストは、別名『ウォーナー・リスト』と呼ばれています。正しい名称は、『陸軍動員部隊便覧（M354-17A）民事ハンドブック日本一七A：文化施設』です。(23) 一九四四年七月に初版が発行されています。その改訂版が一九四五年五月に発行され、岡倉関係以外の資料として、富田自身が茨城大学五浦文化研究所に寄贈したものを、私は実見しております。富田はウォーナーと共にリストに関与したことを示唆したかったのでは、と考えています。このハンドブック全文は三一頁からなり、日本の主要な文化遺跡と文化財を一覧表にしています。さらに京都、奈良、東京の略図と本州から九州までの全体地図を掲載し、序文において日本文化史の概略が記されています。

ウォーナーと日本人四人の役割分担については想像するしかありませんが、序文に関しては白戸夫妻や角田が関わっていたかもしれません。ただリスト部分に関しては先に緒方廣之が指摘したように、富田が深く関与していたのではないかと私は考えています。緒方の聞き書きに加え、ハリエットの親しい友人であったエディス・ウェヤハウザー（Edith Greenleaf Weyerhaeser, 前述したチャールズ・ウェヤハウザーの母）が次の様に述べているからです。「……とりわけ日系人が悲惨な迫害にあっていたのは第二次世界大戦中でした。彼女（ハリエット）は、幸次郎がその頃日本の主要な文化財のある地域への破壊を免れさせるという、大成功な奮闘ぶりについてよく話してくれました……」と。(24)

ARMY SERVICE FORCES MANUAL　M354-17A
Civil Affairs

CIVIL AFFAIRS HANDBOOK
JAPAN
SECTION 17A: CULTURAL INSTITUTIONS

Headquarters, Army Service Forces　May 1945

RESTRICTED. DISSEMINATION OF RESTRICTED MATTER. No person is entitled solely by virtue of his grade or position to knowledge or possession of classified matter. Such matter is entrusted only to those individuals whose official duties require such knowledge or possession. (See also paragraph 23b, AR 380-5, 15 March 1944.)

United States Government Printing Office
Washington: 1945

『ウォーナー・リスト』

また、ウォーナーと富田の職場や住まいが同じボストン圏にあり、先に引用した緒方の聞き書き通り、ウォーナーが夜も厭わず、度々富田家を訪れ助言を求めるなど、互いの相談に好都合であったことも、考慮に入れられるかもしれません。コロンビア大学の白戸夫妻と角田はニューヨークに居たと推定されます。

この『ウォーナー・リスト』を読むと、京都や奈良の他に、團伊能や根津嘉一郎（後の根津美術館）、岩崎小彌太（静嘉堂文庫）や細川護立（後の永青文庫）等の、東京にある私設コレクションがリストに含まれていることが注目されます。富田が生まれ育った京都や奈良を熟知しているのは当然でしょうが、一九三四年と一九三六年「ボストン展」開催のため日本に美術調査に訪れ、著名なコレクターや展覧会委員であった人物たちと面会していたことが役立ったのではないでしょうか（本稿第六章参照）。

ところで近年、アメリカ軍が日本の文化財を守るために古都の空爆を回避したという説は、全くの誤りであるということがいわれております。一九七〇年代中頃から、米国において日本占領期の原資料が全面的に利用可能となり、新たな事実が浮かび上がって来たからです。

一九八五年、政治学者の五百旗頭真は『米国の日本占領政策』を著し、一九四五年七月二二日、ドイツのポツダムにおいてトルーマン大統領（Harry S. Truman, 1884-1972）と陸軍長官スティムソン（Henry Lewis Stimson, 1867-1950）との間で、原爆投下や天皇制についての対日政策をめぐる会談が行われたことを、その著作の中で記しています。そして原爆投下部分の内容が次のように記されています。「……八四パーセントが山に囲まれるスティムソンの『お気に入りの都市』京都こそ、軍事的にはもっとも大きな効果が期待できる理想的な実験地であった……スティムソンは大統領に訴えて、（第一候補地）京都の除外についての理解を求めた。大統領は即座に強くスティムソンへの同意を表明した……」とあります。原爆投下候補地として、他に広島、小倉、新潟が挙げられています。(25)

トルーマンとスティムソンとの会談内容から、京都は原子爆弾投下候補都市の第一候補地であり、その破壊能力を正確に知るため、あえて通常爆撃は控えられていた。しかし会談後、京都がターゲットから除外された。この二点がわかります。つまり、京都は原爆投下対象都市であり、そのため温存されていた都市であったことが、今日では判明しているのです。原子爆弾で破壊する目標の都市は、未だ空爆をうけていないことが望ましいとされていたのでしょう。

一九九五年、吉田守男は『京都に原爆を投下せよ――ウォーナー伝説の真実』を著しています。吉田の説は、「（原爆の）京都投下で日本がソ連寄りになるのを恐れるスティムソン長官をよそに、米軍上層部は終戦前日も京都投下訓練をつづけていた。しかし、意外に早い日本の降伏で投下の機会を失した。同長官が考慮したのは文化財ではなく、戦後の世界戦略上の得失だった。また、米軍は空襲目標の一八〇都市を人口順に選んで、その順に爆撃していたが、奈良、鎌倉については、本格攻撃の順番が来る前に終戦、というだけだった」、という内容にまとめられるでしょう。[26]

吉田は、実際にリストに掲載されている名古屋城天守閣や首里城、青葉城などが戦火で焼失していることに言及し、「『ウォーナー・リスト』によって日本の文化財は守られた」というのは根拠がないと結論付けています。さらに、「……実際に何の役に立ったかについては、戦後、占領軍兵士たちが日本を観光してまわる際のガイドブックとして重宝がられた……」とも述べています。[27]

しかし、吉田のこの説は『ウォーナー・リスト』を幾分過小評価してはいないでしょうか。吉田が上記の様に言い切るほど、『ウォーナー・リスト』が無意味であったとは私には思えないのです。現にハンドブックとしてリストそのものは存在していますし、緒方廣之による富田幸次郎からの聞き書き通り、京都、奈良、鎌倉の三古都は主だった空爆は控えられ今日に至っているからです。さらに、東京にある根津美術館や静嘉堂文庫美術館、永青文庫は今日も健在です。

リストが陸軍長官であったスティムソンの「お気に入りの都市」に影響を与えたかどうかはわかりません。いずれにしましても、民間人であった富田とウォーナーが、軍の最高機密であり、アメリカ史上最もよく守られた秘密と伝えられる、「マンハッタン計画」のことを知る由はなかったと思います。そしてそれがリストの作成と同時進行していたなどとは。ましてや文化財が人命より優先するなどとは思いもしなかったでしょう。

以下に紹介する戦後間もなくに交わされたウォーナー、富田間の書簡は、日本の文化財への空爆を阻止するために、二人が実際に何らかの協力したことを物語っていると思います。

《ウォーナー：富田宛》

ジョージ・スタウト氏と奈良から京都を慌ただしく旅していましたが、これまでにこれ程感動したことはありませんでした。ほぼ一分ごとに、幼な子が前に出されて、私に花を渡させられ、恐怖で泣きながら母親のところに戻るという公式のレセプションがありました。慌しく茶の湯と代表団があり、一日中カメラのシャッター音とフラッシュが鳴っていました。最悪だったのは、私達が寄った全てのプレス・カンファレンスです。しかし、今思い出すと、彼らが、文化の中心の破壊を避ける米国の方針のシンボルを欲しいのであれば、害はありませんでした。しかし、彼らが、私の娘がマッカーサー氏と結婚し、私が八〇歳以上であるといった時には、彼らの親切な私に関する宣伝としては、少し極端だと思いました。神話は続き、もちろん、私達の広報部は悪ふざけで許容しました。米国でも日本でも、どんなに列ができようと、親しみやすい宣伝が好ましいとされています。(28)

《富田：ウォーナー宛》

貴殿の書簡に大いに感謝します。特に、貴殿が重大な問題について活動している中で、貴殿が手紙を書かれたという心遣いと友情に、感謝しています。

スタウト氏、シックマン氏および貴殿によるに「美術と記念碑」（ＭＦＡＡ）に関する仕事についての貴殿の説明で、私は元気づけられました。(29) 貴方三人が築いた素晴らしい基盤の上に、後任者が懸命に築いていくことを願います。

貴殿が美術と文化の保護者と言われても驚くことではありません。美術と文化には普遍的な魅力があり、それ故に世界平和の源です。法隆寺の壁画や他の古美術品が、程なくして、正しく注目されることを願っています。そのような世界的な宝が無視されている事態を貴殿は心苦しく思っているに違いありません。スタウト氏がその知識と技術を復元に活かす機会があればよいと思います。近い将来、どのようなことが美術にあろうと、ホリス

氏やケリー氏ではなく、貴殿、スタウト氏又はシックマン氏が責任者になることを切に願っております。(30)

前記往復書簡に登場する人物として、ジョージ・スタウト（George Stout, 1897-1978）と、ローレンス・シックマン（Laurence Sickman, 1907-1988）の名前が共通します。ジョージ・スタウトは、アメリカで最初の美術保存研究室を設立した美術保存のスペシャリストです。またローレンス・シックマンは、ミズーリー州カンザスシティーにある、アジア美術で名高いネルソン・アトキンス美術館のキュレーターとして、戦後も活躍した人物です。

ウォーナー、スタウト、シックマンの三人は、ＧＨＱのＳＣＡＰ（マッカーサー最高司令官直属）の将校として、米国陸軍から占領下の東京に派遣されておりました。彼等が芸術の回復を目的としたＭＦＡＡのメンバーであったことを裏付けています。またこの三人と富田との間に親交があったことも確認できます。

The Japan Times. June 10. '58

Associate of Dr. Warner Enjoying Revisit to Kyoto

By KENJI ARAI

KYOTO—Kojiro Tomita, longtime director of the Asian arts department of the Boston Museum of Fine Arts, is enjoying a sojourn in his native Kyoto with his Boston-born American wife, Hariett.

He returned to Japan last April 18 for a summer vacation. His pleasure while in Japan has been to see objects of ancient Japanese fine arts and to eat "suppon" (turtle) dishes for which Kyoto is famous.

During his 50 years with the Boston museum he has played a major role in collecting objects of Oriental fine arts for the institution and in introducing Japanese arts to Americans.

Less known, however, is his behind-the-scenes cooperation in the campaign of the late Dr. Longdon Warner, an American scholar of fine arts, against the wartime bombing of Kyoto and Nara.

The 68-year-old Japanese artist is in his homeland for the first time since 1936, when he returned to collect exhibits for an exposition of Japanese fine arts during the 300th anniversary celebrations of Harvard University.

After graduating from the Kyoto Municipal School of Technology and Art (now the Kyoto College of Fine Arts), he went to the United States in 1906. He was "discovered" by the late Tenshin Okakura, then adviser to the Boston museum, and was made a staff member of its Oriental arts department.

Kojiro Tomita

Tomita was with the Boston museum during the war but lived an uncomfortable life as an enemy national. But he was on close terms with Dr. Warner, then lecturer at Harvard.

"With Dr. Warner, I recommended to the U.S. Government that Kyoto and Nara be spared from bombing," he recalls, adding modestly: "I am glad to have been of some help in saving the two historic cities from the ravages of war."

Yesterday he attended a ceremony marking the unveiling of a monument to Dr. Warner built in the grounds of Nara's Horyuji Temple. He represented himself and Mrs. Warner who was unable to visit Japan

「古都を空爆から除外するよう勧めた」と語った『ジャパン・タイムズ』の記事（1958年6月10日）

ウォーナーは「奈良から京都を旅して、これほど（無事であったことに）感動したことはありません」、「彼ら（日本人）が、文化の中心（京都・奈良）の破壊を避ける米国の方針のシンボルを欲しいのであれば、害はありませんでした」、「神話は続き、もちろん、私達の広報部は悪ふざけで許容しました」と、ウォーナー伝説を彼自身幾分受け入れているかのようです。

それに対し富田は、「貴殿が美術と文化の保護者と言われても驚くことではありません」と返答しています。ロバーツ委員会において、ウォーナーのイニシアティブにより、日本文化財リストを作成したことを指していると思います。いずれにせよ、書簡のやり取りからは、少なくとも、ウォーナーと富田の二人が、「文化の中心（京都・奈良）の破壊を避ける米国の方針」を認識していたことがわかります。『ウォーナー・リスト』が京都や奈良への空爆阻止に役に立ったかどうか、今日疑問が付され、明確には判断できません。しかし、本節の冒頭で述べたように、富田幸次郎は一九五八年、『ジャパン・タイムズ』の記者に、「ウォーナー博士と私は、アメリカ政府に京都と奈良を空爆から除外するように勧めました」と語っているのです。二人が日本の文化財を守ったと自負していたことは間違いないことだと思います。

第三節　戦中の著作活動――『ボストン美術館蔵北魏石室について』

戦時中の富田幸次郎の著作活動について触れておくことにします。富田は一九四二年『ボストン美術館紀要』一二月号において、「六世紀の中国の石室」を発表しています。[31] この論考は富田著作中、唯一日本語に翻訳されている論文です。坪井直子が訳し、二〇〇八年「ボストン美術館蔵北魏石室について」という題目で、仏教大学文学部幼学の会より出版されています。[32]

この「六世紀の中国の石室」は、一九三一年二月に洛陽翟泉鎮で墓誌とともに発見され、四月には中国国外に持ち出されました。寧懋という人物を記念するために造られたこの石室は、一時は日本の山中商会にあったのですが、その後アメリカに送られ、一九三七年ボストン美術館所蔵となりました。

坪井直子は、「……富田氏が孝子伝を知らないながらも、希少な董黯（とうあん）譚が石室に描かれていると正しく捉えていることは、驚くべきことである。……富田氏の論考は、新たな資料や事実が判明している現在では、聊（いささ）か不十分な点もあるが、石室の制作年代を始めとして、その示唆するところは甚だ有益である。ボストン美術館蔵の寧懋石室は、第一級の北魏時代の資料であり、この石室の最初の本格的な考察として、富田氏の論考は重要であると考える……」、と述べています。(33)

富田は石室の制作年代を五二九年と推定していますが、現在の通説では五二七年です。寧懋（四五四―五〇一）は北魏朝（三八六―五三四）の官吏でありました。彼の二人の息子によって、父である寧懋への記念として制作されたことが、もとは石室と一緒にあった碑文、寧懋墓誌によって明らかとなっています。ボストン美術館は図像が彫られた石室のみを所蔵しました。したがって、富田は図像の内容について、ネルソン・アトキンス美術館に居たローレンス・シックマンから提供された、その碑文墓誌拓本の漢文から解読を行ったのです。(34)

魏石室

石室の壁面には、古代中国で孝行を行ったとされる、伝説上の人物たちのいくつもの画面が描かれています。坪井が希少だという董黯譚とは以下です。富田の英文を坪井が次の様に訳しています。

壁の下半分の場面には「董黯の母は王奇の母と語り合う」という伝説が彫られる。董黯（二世紀前半）は母に孝行な息子であった。王奇という名前の隣人の母は、董黯の彼の母に対する献身を指摘しながら、息子の不注意な振る舞いを諌める。この模範的な息子と比べて批判されたことに怒った王奇は、董黯が留守の間に、董（黯）の家に行き、董（黯）の母を侮辱した。後に董黯の母が亡くなった時、董黯は悲惨な出来事を覚えていて王奇を殺す。そして、母の墓に首を祭った後、官憲に自首する。しかし、皇帝の和帝は董黯の罪を許すのみならず、官職に任命した。けれども彼は辞退したのである……。

富田は、この董黯譚以外にも次のような石室に彫られた図像の解説を行っています。一つは、「丁蘭は木母に仕える」（一世紀頃の人物であった丁蘭は、母の死後、母の像を刻んで造り、あたかも生きているかのように仕えた話）です。二つ目は、「舜が瞍の井戸から来て、立ち去ろうとしている」（舜は紀元前二四世紀から二三世紀に統治した中国の伝説上の皇帝。父や弟によるあらん限りの悪い扱いにもかかわらず舜は忠実に両親に仕え、弟を愛した。遂に皇帝に選ばれて帝位を継ぎ、徳を以て国を統治した話）。さらには、「董永は父の世話をして助ける」（董永の父への孝の行いの褒美として、妻として地上に遣わされた天の織女の物語）など、彼は石室に彫られた図像の解説を行うことにより、ドラマチックな古代中国の説話を、おそらくアメリカの人々にはじめて紹介しているのです。[35]

孝子伝の研究家である黒田彰によれば、実は、漢代以降、数多く作られた孝子伝は、「その後尽く湮滅に帰し（隠すなど処置してわからなくてしまうこと）、中国本土においては現在、専ら逸文（他の文章の中などに一部分だけ残った文章）を通じてしか、その姿を窺う術がない」そうです。[36]ところが、日本においては、奇跡的に散逸を免れた完本の孝子伝が二本、今日伝存しています。陽明本『孝子伝』[37]と船橋本『孝子伝』[38]がそれです。「両孝子伝はこれまで一般に公開されたことがない」そうです。しかしながら二〇〇三年、ようやく黒田を代表とする「幼学の会」が、『孝子伝注解』を著し、ここに両孝子伝が知られることになったのです。

先に言及した坪井が、「富田氏が孝子伝を知らないながらも、希少な董黯譚が石室に描かれていると正しく捉えていることは、驚くべきことである」と述べているのは、中国から日本に伝来し、一般に流布されていた『二十四孝』の物語にも存在しない董黯譚を、一九四二年の段階で、彼が拓本のみを手掛かりに独学で読み解いたことを指しています。

富田がこの論文を地道に推敲していた一九三〇年代後半は、日中戦争が泥沼化する過程でありました。このような時局にあっても、中国の文化や美術を高く評価する彼の態度は学者としての中立性を失ってはおりません。

第四節　戦後――アジア部の第二ゴールデン・エイジ

富田幸次郎は一九四六年の『年報』で次のように述べています。「……近時、東方の美術への関心が深まっていることは確かである……加えて、太平洋地域から帰還した将校たちが、その地域で求めてきたオブジェに対する知識を必要としているようだ……」[39]。そして遂に一九四七年、「日本ギャラリーを再開しました」（『年報』）と公式発表しています[40]。

ボストン美術館公式記録、『ボストン美術館一〇〇年史』を著した、ウォルター・ホワイトヒル（Walter Muir Whitehill）は、戦後の富田幸次郎アジア部長時代を、「ビゲロー、ウェルド、岡倉時代に匹敵する実り多い時代であった」、「アジア部の第二ゴールデン・エイジであった」と記しています[41]。

（一）キュレーターズ・ファンドの創設

戦後の富田幸次郎時代を「アジア部の第二ゴールデン・エイジ」と呼ぶというのは、富田が一九四一年に創設した、「アジア部キュレーターズ・ファンド」に次々と資金が集まったことや、中国、朝鮮陶磁器で有名なホイト・コレクションが譲渡されたこと、さらには、スポールディング・コレクションの総てが、ボストン美術館に正式に移されたことが内外に知られるようになったことなどを指していると思います。富田キュレーター時代にボストン美術館のアジア部の名声はさらに高まったのです。

「アジア部キュレーターズ・ファンド」について富田は次のように語っています。

妙なことですが――何年間にもわたって、私達は一〇ドルか一五ドル程度の版画を買うにも大変だったのです……一五ドルの版画購入費、あるいはその他のあらゆる経費について、評議会に対して申請が必要だったのです。なぜなら私の部のための特別な基金はありませんでしたから。そこで私は「アジア部キュレーターズ・ファンド」の創設を決断いたしました……[42]。

富田は、アジア部長の自由裁量で必要な時に重要な作品を購入できる基金、「アジア部キュレーターズ・ファンド」を創設したのです。基金を集めるといっても富田のとった方法は目新しいことではありませんでした。東洋美術鑑定家としての名声と評判があがるにつれ、富田には様々な美術品鑑定の依頼が舞い込むようになりました。鑑定依頼者は必ず「何か御礼をしたい」と申し出ました。そこで富田は、アジア部に援助してくださればありがたいと伝えるのを常としたのです。

こうして富田のまわりには岡倉時代を彷彿とさせるようなボストニアンたちが集まり、援助の手を差しのべるようになったのです。チャールズ・ホイト（Chares B. Hoyt, 1889-1949）が五〇ドル寄付したのが始まりでした。チャールズ・ウェヤハウザーの父、パルプ会社を経営しＡＣＭ創設者となったカール・ウェヤハウザー（Carl Weyerhaeuser）も基金に協力した一人でした。基金は徐々に潤沢になっていきました[43]。

（二）スポールディング・コレクションの全てがボストン美術館に収まる

富田は一九四一年、「スポールディング兄弟・日本浮世絵コレクション」の所有を、正式に内外に発表しました。ウィリアム・スポールディング（William S. Spaulding, 1865-1937）と、ジョン・スポールディング（John T. Spaulding, 1870-1949）兄弟は、一九〇九年に日本を訪れ、米国への帰国直前に浮世絵に出会いました。

兄弟はボストンに戻ると、一九一三年頃より本格的に浮世絵収集に乗り出しました。そして、帝国ホテル旧館の設計者として日本に赴く、有名な建築家フランク・ロイド・ライト（Frank Lloyd Wright, 1867-1959）に大金を預け、彼を自由裁量をもつ代理人として日本で好きなだけ浮世絵を買わせたのです。兄弟はライトの審美眼を信じて疑わなかったのです。さらに兄弟は、アメリカやヨーロッパの版画愛好家のコレクションから出された作品を競売で購入しました。兄弟はこうして、最も優れた美術的質および最高の保存状態にある作品のみの浮世絵コレクションを完成させたのです[44]。

このコレクションは兄弟の遺言により門外不出とされ、わずかに許可された研究者のみが閲覧でき、一般には現在でもたまにしか公開される機会がありません。その鮮やかで繊細な色彩は、刷られた当時の「錦絵」（多色刷り）の状態を奇跡的に保持しているといいます（本稿第四章参照）。富田は次のように語っています。

それらの浮世絵は、一九二二年の初期、美術館に正式に合法的に入りました。けれどもスポールディング家では、ごく内輪の自分達家族だけで楽しむことを望んでおりましたので、その贈り物は彼等の家に置かれたままでした……一九四一年、兄が亡くなり弟のジョン・スポールディングは……美術館に移すことを決めました……[45]。

浮世絵の至宝とも呼び習わされていた、「スポールディング・コレクション」の総ての作品を入手したことは、ボストン美術館の日本美術蒐集の名声をますます高める結果となったのです。富田は一九四一年、『ボストン美術館紀要』一〇月号に「スポールディング兄弟・日本浮世絵コレクション」を発表しています[46]。

第五節　アメリカ人キュレーターとして生きる

一九五三年、富田幸次郎はアメリカ市民権を得ています。六三歳になっておりました。一六歳で渡米して以来滞米生活は四七年に及んでいました。この出来事について彼はジョージ・メリーディー（George Meleedy）という友人に宛て、以下のような書簡を送っています。

アメリカに来て以来、市民権（の取得）は私がこれまでに受け取った贈り物の中で最もワンダフルなものです……今日の午後ウィーラー博士（Dr. Wheeler）のオフィスにお邪魔してその証明書を見せたのです。彼はこの喜びを分け合ってくれ、同じ市民（Fellow- citizen）だと（言って）大歓迎してくれました……。(47)

メリーディーもウィーラーという人物も不明ですが、富田は親しい友人たちに囲まれ、素直に喜んでいます。一九二四年の移民法以来、全く閉ざされていた日本人の米国への帰化が可能になったのは、一九五二年、移民国籍法（マッカラン・ウォルター法）の成立によってでした。しかし、この法律は移民割り当て制度を残したままの改正であり、日本人の市民権取得は一〇〇人のみに限定されたものでありました。(48) いずれにせよ、富田はこの改正を知り応じることにしたのでしょう。富田と同時代にアメリカ東部に住んだことが確実な日本人、朝河貫一、国吉康雄（一八八九―一九五三、アメリカンモダニズムの画家）にしても市民権の取得に至らず亡くなっているのです。(49)

米国籍を得たことで、富田はより自覚的にアメリカ人キューレーターとしてのアイデンティティーを構築していったと考えられます。一九五六年ハリエット夫人へのインタビューとして、『クリスチャン・サイエンス・モニター』に次のような記事が掲載されました。(50) タイトルは「美術館カップル、家では二つの文化がリンク：東西が豊かに溶け合って」というものです。内容の一部は以下です。

夫と私は人種の違いでけんかになったことが一度もありません。なぜなら彼の視野はとても広く――たぶんそれは彼が完全にアメリカナイズされているためだと思うのですが……三年前、彼はアメリカ市民になることが出来ました。その日は彼の人生で最も幸福な日となりました――それは私にとっても（同様）です……。

それから、私が講演に行った（婦人クラブへの）時のことで忘れられないことがあるのです。その時の夫のアドヴァイスは、「観客に伝えなさい、二つの文化（東洋と西洋）の共通性について。それだけが互いへの理解につながる手立てなのだから。差異を気にするよりも」だったのです。(51)

富田夫妻が記事に取り上げられた理由は、太平洋戦争と朝鮮戦争を経て、アジアへの関心が高まりつつあった一九五〇年代のアメリカ社会を背景に、夫妻が東アジアとアメリカ合衆国との融合のシンボルとなりうると考えられていたことにあると思います。ハリエットは、インタビューの中で、富田のトランスナショナルな性格的要素を指摘しています。

記事後半に語られる幸次郎のハリエットへのアドヴァイスは、富田が常に「共通性こそが文化の違いに優る」と考えていたことを表しています。ここで私が思い出すのは、『吉備大臣』がボストンに来た時の様子を彼は次のように語っていることです。「当時日本の立場を説明すると、……反感を募らせるばかりであった際に、美の威厳のみは、政治を離れ、人種の差別を越え、人間の心より発し心に徹するものを以て、周囲の人々を感化して居た……」と。

彼は文化における共通性を信じ、東洋と西洋には、本質的な美の基準における差異はないと考えていたようです。そしてそのことは、より一般的な差異を乗り越える鍵となりうると信じていたのではないでしょうか。

富田幸次郎は確かにコスモポリタンでありました。彼がこのように各々の文化を平等視できた理性はどこから来たのでしょうか。彼は元来、父親であった富田幸七譲りの柔軟な思考を携えておりました。そして、一〇代という若い年齢で、一九〇六年から米国ボストンに住み、岡倉覚三をはじめ、生涯を決定するような様々な人々に巡り合い、彼等の人格の深層に触れ、互いに共感し合う体験を得ていました。また、一九一〇年には「日英博」の裏方として、ロンドンにも滞在した経験がありました。さらには、一九二一年ハリエット夫人と結婚後、美術調査のために二人で世界中を旅しました。結果、彼はどこの文化にも偏らない、キュレーターとしての審美眼を獲得するに至ったと思うのです。富田は常に言っていました、「アート・イズ・ユニヴァーサル」と。[52]彼は日本もアメリカも、そして中国も同じ視線で眺めていたのではないでしょうか。

富田の師であった岡倉覚三が、著作『東洋の理想』において、ひたすら東洋文明の復権と東洋諸国の連帯を唱え、西洋と東洋を決して同じサークルの中でとらえなかったことを考えると、富田のこのコスモポリタン性は、岡倉を超える視野であるといえるかもしれません。岡倉の活動の中心は日本であり、富田は結局のところ世界で戦わざるを得なかったからだと思います。

勲章を掛けてもらう富田幸次郎とハリエット夫人（1958 年 5 月 19 日）

富田幸次郎は、日本の古都京都を出身地としアジアにルーツをもつ人物でありました。そして七〇年間アメリカ、ボストンで暮らしました。数奇な運命により彼の職場となったのは、ボストン美術館アジア部でした。ここに彼は五五年間在職しました。内三二年間はアジア部キュレーターでありました。歴史あるボストン美術館でも、このような長いキャリアを持った学芸員の存在はこれまでに例がありません。[53]

先に述べましたように、一九五八年、ボストン美術館評議会は五〇年にわたる富田の功労に報いるため、三ヵ月の日本旅行を富田夫妻にプレゼントしました。旅行中の五月一九日、「日本の美術と文化をアメリカ合衆国に半世紀にわたって紹介した功績」で、日本政府は彼に勲三等瑞宝章を授与しました。この間、富田は『芸術新潮』八月号に、「富田幸次郎――

ボストン美術館五〇年」を寄稿しています。素直に叙勲を受けたせいか、二五年以上前の「国賊」騒動への生々しい怒りは抑えられ、文章はやや枯れた調子で書かれています。その後、前述したように京都・奈良に向かい、法隆寺のウォーナーの供養塔除幕式に出席しました。

一九五九年、富田幸次郎はボストン日本人会（一九〇四年設立、日系人の組織としては全米で最も古い）の副会長に推され、生まれ故郷京都とボストンが「姉妹都市」関係を結ぶことに尽力しています。[54] 京都市総合企画局国際課推進室にあった「ボストンとの姉妹都市綴り」によれば、「一九五八年、五月一日、ボストン美術館東洋部長富田幸次郎氏夫妻を招き協力方を依頼した」とあります。[55] 翌年、「一九五九年六月二四日、高山（義三）京都市長は、ボストン市を公式訪問し、京都、ボストン姉妹都市提携を実現した」、という記載が同綴りにあります。またひとつ、戦前から富田幸次郎が使命とした日米文化交流への努力が実を結んだことになります。

一九五九年九月六日の『ニューヨーク・タイムズ』に、「ボストンの鏡、日本によって捜索される」という記事が掲載されました。記事の内容は、五一年前、ボストン美術館に購入された（岡倉キュレーター時代に）古代鏡を、日本政府が買い戻す動きを見せている。その鏡は四世紀末に日本を支配したとされる、仁徳天皇の陵からの出土品であるとのことだが、ボストン美術館アジア部長富田幸次郎は、その際「交換という形でなら返還されるだろう」と述べた、というものです。[56]

世界的にようやくごく最近にこそ、文化財返還問題への関心が高まってきておりますが、一九五〇年代に富田がこのような発言をしていることは注目に値するのではないでしょうか。私はボストン美術館にその後鏡はどうなったかを問い合わせることにし、ボストン美術館アジア・アフリカ・オセアニア部の学芸員、エレン・タカタ（Ellen Takata）氏に資料調査を依頼しました。

エレン・タカタ女史からの返事には、「その鏡に対して、ある個人が個人的に交換したい、という申し出があったことが小さな通信文として残っています」、しかしこれに関しては「日本政府の関与はないようでした。そしてこの様な交換は美術館のポリシーには合致しませんでしたので、富田はこのような個人の申し出を拒絶しました」。このような内容が書かれておりました。この古代鏡はボストン美術館に現存しています[57]。

『ボストン美術館ハンドブック－所蔵品ガイド』による、その『鏡』についての記載は以下です。

『鏡』：日本、古墳時代、五世紀。

日本の古代史において鏡には特別な意味があった。その超自然的な力により太陽女神、アマテラスとの関係があるとみなされていたからだ。本作品のように鏡背に装飾が凝らされた鏡は、所有者の権力を象徴する財宝として、死者とともに埋葬された。高い縁が廻らされた内区の広い帯部分に四方位の象徴が置かれる。北の玄武、南の朱雀、東の青龍、西の白虎である……[58]。

直径 **23.5cm**。

仁徳陵出土とされる鏡

末尾に一九〇八年、美術館所蔵となったことが付されています。残念ながら、日本へ『鏡』返還は行われず、今もなお、ボストン美術館の重要な所蔵品として登録されていることがわかりました。富田の「返還してもよい」、というアイデアはいかにも時期尚早、不発に終わったと言わざるを得ません。しかし半世紀を越える程に長く美術館に居て、在職三二年にも及ぶキュレーターとなる富田には、世界の主要な美術館が、将来必ず直面するであろう問題（文化財返還問題）が見えていたのかもしれないのです[59]。

一九六一年、富田はアメリカ科学芸術アカデミー（American Academy of Arts and Sciences）の、芸術部門におけるフェローに選出されました。遠い昔、彼は岡倉の下で学び始めた頃、「……大審美学者たらむとの大望、或いは野心、我ながら其の抑制に苦しむ程熱く……」と、日本の父母に書き送っていました。[60] 一九歳の時に夢に描いたその「大望」、大審美学者として成功する夢を五二年後に叶えたのです。富田と同郷の京都出身、一九四九年にノーベル物理学賞を受賞した湯川秀樹博士（一九〇七―一九八一）もその年の海外名誉メンバー（Foreign Honorary Members: Phisics）に選出されております。

一九六三年、彼はアジア部キュレーターを辞任しました。ボストン美術館は同時に「名誉キュレーター」の称号を贈りました。七三歳でありました。同年ハリエット夫人と共に、富田には生涯で八度目となる日本訪問を行っております。その折、茨城県五浦での「岡倉天心記念館」の開館式に出席し、帰国（米国）すると、直ちに、富田幸次郎自身が所有する岡倉の遺品や遺稿を、記念館へ寄贈しました。岡倉研究は日本でこそ深めてもらいたいという彼の切な願いが込められているかのようです。

晩年の富田幸次郎（1960 年代）

一九六六年、富田はハリエット夫人や親友のウェヤハウザー家を伴って、最後（九度目）となる日本訪問を果たしています。京都市立美術工芸学校時代からの旧友であった、日本画家佐野五風（一八八六―一九七四）と旧交を温め、漆器商店の山田平安堂に展示されていた、父富田幸七の作品を見て喜ぶなどしております。[61]

一九七五年、富田の尽力により佐野五風の茶室「松風庵」が京都からボストン郊外にあるアート・コンプレックス美術館内の日本庭園に移築されました。富田はハリエット夫人と共にそこで催されたお披露目会「富田夫妻に捧げられる」と題された茶会に出席しました。[62]

翌一九七六年四月一〇日、午後二時半、富田幸次郎はベス・イスラエル病院にて死去しました。八六歳でありました。[63]

ボストン郊外にある ACM の全景

ACM 日本庭園に移築された茶室「松風庵」

富田幸次郎略年譜

年	歳	富田幸次郎関連年譜	日本外交史主要事項
1890 明治23	0歳	3／7蒔絵師富田幸七・ランの長男として京都市上京区二条通西洞院西入西大黒町三三五に誕生。長姉ハル、次姉ヨネ、三姉アサ。岡倉覚三東京美術学校校長に就任。ボストン美術館（MFA）日本部キュレーターにフェノロサ就任。	第一回帝国議会開会。
1891	1歳	京都市上京区椹木町堀川西入ル講堂町七番九に転居。	来日中のロシア皇太子襲われる（大津事件）。
1892	2歳		
1893	3歳		
1894	4歳	京都市待賢幼稚園入園。	朝鮮における東学党の乱に派兵決定。日英通商航海条約調印。8／1日清戦争。
1895	5歳	父幸七第五回内国勧業博二等。	下関条約調印。露独仏三国、遼東半島の返還を勧告（三国干渉）。
1896	6歳	京都市立待賢尋常小学校入学。	韓国問題で小村・ウエーバー覚書。韓国に関し、山県・ロバノフ協定調印。
1897	7歳	大島誠（1873〜1944）長姉ハルと結婚、富田家養子に。	農商務省海外実業練習生制度創設される。
1898	8歳		韓国に関し日露間で西・ローゼン協定成立。
1899	9歳		米ヘイ国務長官、門戸解放宣言。
1900	10歳	京都市立第一高等小学校入学。父幸七パリ万博にて銅賞。	義和団北京各国公使館を包囲、日本公使館員を殺害（義和団事件）。
1901	11歳	父幸七グラスゴー万博にて銀賞、京都市立美術工芸学校描金科教授に任命される。同僚に富岡鉄斎他。	義和団事件に関する最終議定書調印。
1902	12歳	京都市立美術工芸学校入学。	第一回日英同盟協約調印。
1903	13歳	父幸七セントルイス万博に作品を出品。MFA日本部、中国・日本部に。	
1904	14歳	岡倉覚三MFA中国・日本部エキスパートに。	2／10日露戦争開始（宣戦布告）。第一次日韓協約調印。

1905	15歳		血の日曜日事件。桂・タフト協定成立。第二回日英同盟協約調印。ポーツマス条約調印、日比谷焼き討ち事件。第二次日韓協約調印。韓国統監府設置。
1906	16歳	京都市立美術工芸学校卒業。農商務省海外実業練習生に選ばれ、同時に京都市嘱託としてボストンに留学、タケウチ・レジデンスに住む 247 Colunbus Ave. 9月アレイ・アンド・エメリー社の練習生となる。 岡倉覚三MFA中国・日本部キュレーターに就任、『茶の本』をニューヨークのフォックス・ダフィールド社より出版。	関東都督府官制公布。サンフランシスコで日本人学童隔離事件起こる。南満州鉄道株式会社設立。
1907	17歳	4月練習場所をメーソン・ハムリン社に転ずる。英語教師アデレイド・ホール家に居を移す。コロンブス・アヴェニューにアトリエを借りる。塗装（ピアノ等）の仕事を手掛ける。ニューヨーク、フィラデルフィア等に視察。岡倉覚三の知遇を得、農商務省海外実業練習生及び京都市嘱託のまま、この頃MFA中国・日本部の嘱託員となる。父幸七にキモノ一式の送付を依頼する。	日仏協約調印（仏印の仏権益、満韓の日本権益を相互承認）。伊藤韓国統監、韓国皇帝をハーグ平和会議への密使派遣で責任追及。第三次日韓協約（韓国の内政権を掌握）。第一回日露協約調印（満州権益を南北に分割、相互承認）。
1908	18歳	日本の友人達が居ない時、ホール家で過ごす。「第二の故郷はボストン」と富田家に書き送る。10月ボストン市立中学校夜間部にて英作文とドイツ語を学ぶ。 ラングドン・ウォーナー、MFA中国・日本部アシスタントに。	日米紳士協約調印（日本人移民の自主規制）。太平洋方面の現状維持に関し、日米間で高平・ルート協定成立。
1909	19歳	4月駐米高平大使の依頼にて、宮内省帝室博物館に、ボストン市クインシー・ショーのコレクション寄贈を受けるため選択を委託される。8月ハーヴァード大学夏期講習にて、デンマン・ロスの下でデザイン論を学ぶ。9月ボストンでの農商務省海外実業練習生任期満了の後、さらに一年間の助成金を与えられる。この頃、MFA書記ギルマンのアシスタントであったハリエット・ディッキンソンに出会う。ラビンドナ・タゴールが岡倉を訪ねた際、もてなしの手伝いをする。 MFA、ハンチングトン・アヴェニューへ引っ越す。 朝河貫一『日本の禍機』を著す。	伊藤博文、ハルピンで暗殺される。米、満州諸鉄道の中立化を提唱。

年	年齢	事項	社会の動き
1910	20歳	評議会より日本美術のサンデー・ドーセントを依頼される。3月練習指定地変更となり、日本政府の委嘱により、日英博の日本出品協会事務取扱を嘱託されロンドンへ赴任、出発に際しMFAより一〇〇ドル、中国・日本部より時計を贈られる。3／17父幸七死去、ロンドン到着後『京都新聞』を見せられて知る。富田家戸主となる。4月京都富田家へ二〇〇円送金。12月岡倉の要請によりボストンへ。MFA中国・日本部の正式アシスタントに採用される（岡倉以外ただ一人の日英話者スタッフとして）。12月京都富田家へ五〇〇円送金。	第二回日露協約調印。韓国併合に関する日韓協約調印。
1911	21歳	3月日本へ帰国（第一回）、家事整理。徴兵検査を受け、「丙種ヲ以テ徴集免除」となる。日本国内博物館視察。MFA、アシスタント・キュレーターにラングドン・ウォーナーを起用。エラトン・ロッジがスタッフに。	日米改正通商航海条約調印（関税自主権確立）。第三回日英同盟協約調印。清国で辛亥革命勃発。孫文、臨時大総統に就任。
1912	22歳	キーパーのタイトルを得る。ラングドン・ウォーナーMFAを辞めるロッジ、アシスタント・キュレーターに。	中華民国成立。第三回日露協約調印。
1913 大正2	23歳	岡倉の看病をする。『MFA所蔵漆工芸図録』の制作に携わる（未出版）。岡倉、『白狐』執筆（ハリエットがタイプする）後帰国。ボストン岡倉宛カルカッタ在住タゴール家からの郵便物を、五浦に転送する。9／2岡倉、赤倉山荘にて死去。10月ガードナー夫人に夫人の音楽堂にて岡倉追悼会を任される。	米カリフォルニア州議会、排日土地法可決。
1914	24歳		サラエボ事件発生。第一次世界大戦勃発。パナマ運河開通。日本、ドイツに宣戦布告（第一次世界大戦に参戦）。青島占領。
1915	25歳	10／19ロッジ中国・日本部キュレーターに就任。	中国に対し二一カ条要求通告。中国に最後通牒（5／9袁世凱受諾、5／25調印）。

年	年齢	事項	社会の出来事
1916	26歳	中国・日本部アシスタント・キュレーターに就任。4月ウースター美術館にて「日本の子供の時間」の講演をする（二五ドル得る、キモノ着用）。 平野千恵子中国・日本部ライブラリアンに。 7／7イエロー・ペーパーによる日本に対する不正確な情報に憤り、ボストン・グローブに投稿する。	第四回日露協約調印。
1917	27歳	ピッツバーグ等で「日本の子供の時間」の連続講演をする（キモノ着用）。この頃、9 Belmore Terrace Jamaica Plain に居住。	ロシア2月革命。米、対独宣戦布告。石井・ランシング協定調印。ロシア10月革命。
1918	28歳	アーナンダ・クーマラスワミ、インド美術のキーパーに就任。 『プロシーディングス・オブ・アメリカン・アカデミー・オブ・アーツ・アンド・サイエンス』誌 Vol. 53, No. 7に「古代中国紙幣」を、アンドリュー・デイヴィスと共著出版。	ウイルソン米大統領、平和一四カ条発表。シベリア出兵宣言。第一次世界大戦終結（休戦条約調印）。
1919	29歳	6カ月間日本で美術調査（第二回）。 MFA岡倉の遺品を購入。	パリ講和会議開催。パリ講和四大国会議、日本の山東問題に関する要求承認。北京で五・四運動発生。ベルサイユ講和条約締結。
1920	30歳	『MFA紀要』8月号に「新たな浮世絵収蔵品」を寄稿。	
1921	31歳	『MFA紀要』2月号に「三十六歌仙」を寄稿。『日本美術院現代日本画展』カタログ執筆。 ハリエット・ディッキンソン『日本の香と香遊び』を Sonderabdruck 社より出版。 『メトロポリタン美術館紀要』Vol. 16, No.1. に「日本美術院」を寄稿。 クーマラスワミ、インド・Muhammadan 美術部門キーパーに就任。 ロッジ、フリーヤ美術館の館長を兼任。	極東共和国との大連会議開催（〜22・4／16）。原敬首相刺殺される。ワシントン会議開催（〜22・2／6）。日英米仏、太平洋に関する四カ国条約調印（日英同盟廃棄）。
1922	32歳	『MFA紀要』6月号に「スポールディング・コレクション」を寄稿。7月メトロポリタン美術館に出張、メトの刀と調度品調査に協力する。『MFA紀要』10月号に"Surimono-Social Cards of Old Japan"を寄稿。 ハリエット母ローラ死去。	日中両国、山東問題解決に関する条約調印。海軍軍縮に関する五ヵ国条約、中国に関する九ヵ国条約調印。独ソ間にラバロ条約締結。日ソ長春会議開催。北サハリンを除きシベリアからの撤兵完了。ムッソリーニ政権成立。ソビエト社会主義共和国連邦成立。米、「ケーブル法」成立。

年	年齢	事項	社会の出来事
1923	33歳	9／1関東大震災。 10／13ニューヨーク日本領事の前でハリエット・ディッキンソンと結婚（ロバート・ディッキンソン、ローラ・ホスマー長女）京都市下京区佛光寺通柳馬場東入佛光寺東町一一二の幸次郎戸籍に入籍。 同日母ラン京都にて死去。 ハリエット父宅（923 Jamaica Plain）から結婚の案内状が送られる。 ハリエットはバプティストからユニテリアン派となる。	中国、二一ヵ条条約廃棄を通告。
1924	34歳	ハネムーンを兼ね、夫妻で帰国（第三回）。五浦へ岡倉の墓参、日本、朝鮮、中国にて美術調査（4ヵ月間）。榎本久蔵にＭＦＡの仏像修理を依頼。『吉備大臣入唐絵詞』が日本市場で売れ残っていることを知る。ボストンに戻り、病床のガードナー夫人に岡倉墓傍の梅一枝と法隆寺古材で作らせた pagoda を届ける。 7／17ガードナー夫人死去。	第一次国共合作成立。英国、ソ連承認。米上下両院移民法可決。護憲三派内閣成立（幣原喜重郎、外相就任）。
1925	35歳	『ＭＦＡ紀要』10月号に「『平治物語三条殿夜討の巻』―13世紀の日本絵巻」を寄稿。12／8ミルウォーキー・アート・インスティテュートにて、「極東の絵画」講演により五〇ドル得る。 12／20シルベスター・モース死去（日本陶磁器キーパーに33年間就任していた）。	北京で日ソ基本条約調印。上海で英官憲、中国人デモに発砲（5・30事件）、反帝運動激化。
1926 昭和1	36歳	『ＭＦＡ紀要』1月号に「新たな蒔絵収蔵品」を寄稿。富田俊一郎（誠・ハル長男１９０３―１９７４）渡米、１９３１年まで幸次郎宅に滞在。 10／6ウィリアム・ビゲロー死去。	蒋介石、北伐開始。独、国際連盟に加入。
1927	37歳	ＭＦＡ、中国・日本部を改め、アジア部とする。富田は日本部キーパーに。6月デトロイト美術館からの勤務の誘いを断る。英国に出張する。『ＭＦＡ紀要』12月号に「製作年記載の敦煌仏像壁画」を寄稿。12／24レクチャーホールにて「光琳・その前後」講演。	幣原外相議会で内政不干渉などの対中国方針を言明。金融恐慌始まる。国民革命軍南京占領、（南京事件）。第一次山東出兵。日米英三国海軍軍縮会議開催、8／4決裂。「東方会議」開催。第一次国共合作崩壊。
1928	38歳	『ＭＦＡ紀要』2月号に「さらに二つの制作年記載の敦煌仏像壁画」、7月号に「『文姫帰漢図斗方』―宋時代（９６０～１２７９）」を寄稿。2／23ＭＦＡにて「極東の絵画」講演。3月ウィートン・カ	第二次山東出兵。済南事件（日中両軍衝突）。関東軍張作霖爆殺（満州某重大事件）。パリ不戦条約（ブリアン・ケロッグ協約）調印。

年	年齢	事項	社会
		レッジより教授として授業の依頼あり断る。ローレンス・シックマンをMFAにおいて案内する。11月より翌年1月まで梅原末治富田家に滞在。	
1929	39歳	『MFA紀要』2月号に「柴田是真漆絵」を寄稿。3/24MFAで「日本浮世絵」講演をする。東海岸諸州の美術館調査に出張。『バーリントン・マガジン』8月号に「司馬江漢と春重は同一人物」を寄稿、大英博物館、アーサー・ウエーリに反論する。『MFA紀要』12月号に「日本の青銅の壺」を寄稿。The Encyclopedia Britanica 14版「中国・日本の屛風」の項目を執筆。	中国国民政府を正式承認。田中内閣、張作霖爆殺事件の処分に関し天皇に叱責され、総辞職。ニューヨーク株式市場第暴落（暗黒の木曜日）世界恐慌始まる。金解禁の大蔵省令公布。
1930	40歳	『MFA紀要』1月号に「漢時代の青銅壺」を寄稿。ACLSジャパニーズ・コミッティーのメンバーにエール大学歴史学準教授朝河貫一等と就任し（委員長はラングドン・ウォーナー）、1937年9月まで勤める。フランシス・カーショー死去。9/22カーショー夫人宅で俊一郎と「日本の生け花」の講演とデモンストレーションを行う。ロッジがフルタイムでフリーヤ美術館に勤めることとなり、10/15評議会にてアジア部キュレーター就任が決定する。	ロンドン海軍軍縮会議開催。ロンドン海軍条約調印。枢密院本会議、ロンドン海軍条約承認。浜口首相狙撃され重症。国民政府軍、掃共戦開始。
1931	41歳	アジア部キュレーターに就任。『MFA紀要』1月号に「2世紀中国青銅鏡」寄稿。『MFA紀要』4月号に「14世紀日本蒔絵手箱」を寄稿。『MFA紀要』8月号に「古典テキストを校正する北魏王朝の学者達―宋初期の絵巻から」を寄稿。ハリエット、米国籍に戻る。	米、「ケーブル法」改正。9/18満州事変（柳条湖事件）。英国、金本位制を放棄。国際連盟理事会、満州からの期限付き（11/16）撤兵の対日勧告案可決。連盟理事会、満州への調査団派遣の決定。金輸出再禁止。
1932	42歳	1/1ロバート・ペインⅡがアジア部スタッフとして参加。『MFA紀要』2月号に「『閻立本帝王図鑑』」を寄稿。『MFA紀要』10月号に「『趙伯駒筆漢高祖入関図巻』」を寄稿。『吉備大臣入唐絵詞』を購入。12月、『波士敦美術館蔵支那画帖自漢至宋』を、MFAより初版出版。この年よりアジア部キュレーターとして1962年まで、MFA『アニュアル・レポート』の執筆を行う。富田俊一郎帰国。	関東軍、錦州占領。スチムソン国務長官、満州の新事態に対する不承認通告。第一次上海事変。2/29リットン調査団来日。3/1満州国建国宣言。上海停戦協定成立。五・一五事件。日満議定書調印。10/2リットン報告書公表。

年	年齢	事項	社会の動き
1933（昭和8）	43歳	『MFA紀要』1月号に「8世紀朝鮮『薬師如来像』」を寄稿。『MFA紀要』2月号巻頭表題紙と、1頁～21頁が"Kibi Scroll"になっていたことに日本中が驚愕し、批判を受ける。『波士敦美術館所蔵支那画帖自漢至宋』好評に付き値上げが決定される。『徽宗五色鸚鵡図』を購入。4／1日本において「重要美術品等ノ保存ニ関スル法律」が成立する。『MFA紀要』10月号に「『徽宗五色鸚鵡図』」を寄稿。11／30ハリエット父ロバート・ディッキンソン死去、晩年は幸次郎夫妻と暮らしていた。12月『吉備大臣入唐絵詞』を公開する。	独、ヒットラー政権成立。関東軍、熱河作戦開始。ルーズヴェルト大統領就任。連盟脱退。米、金本位制離脱。ロンドン国際経済会議開催。独、軍縮会議及び連盟脱退。
1934	44歳	5月沢田廉三・美喜ニューヨーク領事夫妻をボストンにて案内する。9月から翌年4月まで極東、インド、フランス、イングランドへ美術調査（第四回）。米国籍ハリエットのパスポート住所は4 Greenough Park Jamaica Plain, Boston である。	天羽声明（英米らの対中国共同援助反対の外務省情報部長談）。ソ連連盟加盟。12／29ワシントン海軍軍縮条約破棄通告。
1935	45歳	フランス、イングランド経由でボストンにもどる。4／25高松宮夫妻をMFAにて案内する。『MFA紀要』10月号に「漢の漆皿、高麗銀水差」を寄稿。11／28より翌3／7まで英国で「ロンドン国際中国美術展」が開催。12／17～翌2／2まで「日本屏風絵特別展」開催。『MFA紀要』12月号に「日本の装身具展」を寄稿。	ソ連、北満鉄道を満州国に売却する日ソ議定書調印。8・1宣言（中共、抗日救国統一戦線提唱）。
1936	46歳	1／25メトロポリタン美術館にて「東アジア古代鏡の図像について」講演。3／14～8／2 約4ヵ月間日本へ出張（第五回）。パスポート記載戸主としての住所は京都市上京区元誓願寺通堀川西入富小路町四五五。9／10～10／25 MFA、ハーヴァード大学三百年祭共催で「日本古美術展」開催。『MFA紀要』10月号に「『日本古美術展』について」を寄稿。『バーリントン・マガジン』に「ボストンにおける日本古美術展」を掲載。『ザ・ロマンス・オブ・チャイニーズ・アート』をガーデン・シティー・パブリシング社より、共著出版。『ジャーナル・オブ・アメリカン・オリエン	ロンドン軍縮会議からの脱退通告。二・二六事件（陸軍皇道派のクーデター）。11／25日独防共協定。12／12西安事件（蒋介石を西安に監禁、中共の調停で釈放）。

年	年齢	事項	社会
		タル・ソサエティー」誌にラングドン・ウォーナー著『日本彫刻史』の書評を掲載。	
1937	47歳	『MFA紀要』2月号に「龍門の二体の石像」を寄稿。9月ACLS日本研究委員会のメンバーを朝河貫一と同時期に退任。『MFA紀要』10月号に「『九歌図書絵巻』―12、13世紀中国絵画」を寄稿。『MFA紀要』12月号に「日本木像―1328（康俊作）『僧行八幡神座像』」を寄稿。	7／7盧溝橋事件。第二次上海事変。第二次国共合作。10／5ルーズベルト大統領、日・独を侵略国として非難。日独伊防共協定。12／13南京陥落、南京虐殺事件。
1938	48歳	「ピーボディー博物館日本部」名誉キュレーターに就任（1970まで）。4／4～5／15「第二回日本屏風絵特別展」開催。『波士敦美術館蔵支那画帖自漢至宋』を改訂出版。	「爾後国民政府を相手とせず」の第一次近衛声明。国民総動員法。張鼓峰付近で日ソ両軍衝突。東亜新秩序声明（第二次近衛声明）。
1939	49歳	MFAアジア部ライブラリアン、平野千恵子京都へ出張中死去。7／13～8／13「清長展―スポールディング・コレクションから」を開催。12／1～翌1／15「写楽展」開催。『MFA紀要』12月号に「写楽展について」を寄稿。	ノモンハンで日ソ衝突。独伊軍事同盟。米、日米通商条約破棄通告。独ソ不可侵条約。9／3英仏、対独宣戦布告（第二次世界大戦）。野村外相とグルー米駐日大使間で日米会談開始。
1940	50歳	MFAアジア部にカイミン・チウがコンサルタントとして参加。3／16メトロポリタン美術館にて「中国絵画の特徴」を講演。『MFA紀要』4月号に「『晴雪図鑑』―史忠筆一五〇四」を寄稿。	汪兆銘の南京国民政府樹立。独パリ占領。第二次近衛内閣「基本国策要綱」決定。大本営政府連絡会議「世界情勢の推移にともなう時局処理要綱」決定。北部仏印進駐。日独伊三国軍事同盟。
1941	51歳	『MFA紀要』2月号に「朝鮮高麗時代の銀器」寄稿。アジア部キュレーターズ・ファンドを創設する。4月ハリエット、富田幸七作『蒔絵盆』と、富田幸次郎作『蒔絵香合』をMFAに寄贈。『MFA紀要』10月号に「スポールディング兄弟の日本浮世絵」を寄稿。日米開戦後もアジア部キュレーターの地位はそのままであった。アジア部日本ギャラリー閉室。「スポールディング・コレクション」の、MFAアジア部への寄贈が正式決定される。12／30メンバーであったユニバーシティー・クラブを退会。	日ソ中立条約。ハル国務長官・野村駐米大使のもとに「日米了解案」到着。独ソ戦開始。関東軍特殊演習で85万の兵力動員。7／25米、在米日本資産凍結。7／28南部仏印進駐。8／1米、対日石油全面禁輸。8／14ルーズヴェルト・チャーチル会談（太平洋憲章発表）。9／6御前会議「帝国国策遂行要領」決定。11／5東郷外相、対米交渉甲案を野村大使に訓電。11／26米、日本案を拒否して、ハル・ノート提示。12／1御前会議、開戦決定。12／8真珠湾攻撃。
1942	52歳	1／31 Request For License to Travel（Enemy Aliens）を携帯しウィリ	ミッドウエー海戦。

		アムズ・カレッジに出張する。2／25に再訪。2月～3月、ウィリアムズ・カレッジにいくつかの重要な作品の疎開作業をする。3／13匿名希望でPoulbot リトグラフをＭＦＡに寄贈。3／9ロバート・ペインⅡ海軍へ。6／13ラングドン・ウォーナーよりbooklet に関しての手紙受け取る。7／6嘱託員都留重人、表具師林繁太郎交換船にて帰国。『ＭＦＡ紀要』12月号に「6世紀中国の石室」を寄稿。12月 Office of Strategic Services にアジア地域の写真を提供する。	
1943	53歳	2月本国送還リストに名前があるとの連絡を受ける。3／15ピクトリアル・レコードより北京他の写真提供の礼状届く。4／20名誉キュレーターとしてピーボディー美術館に出張（Enemy Aliens を携帯）。8／13～10／31「中国展」開催。『波士敦美術館蔵元明清画帖』出版の企画を始める。『ウォーナー・リスト（booklet）』の関与をする。	ガダルカナル島撤退。伊無条件降伏。11／5大東亜会議開催。11／23米英中カイロ宣言。
1944	54歳	『ＭＦＡ紀要』2月号に、「『姨母養育図巻』―王振鵬筆」を寄稿。3／15～5／7「中国絵画一五〇〇年展」開催。ホイト・コレクションの一部展示始める。11／20 Army Service Forces（ボストン）より「日本における influential persons の情報」の礼状届く。『ＭＦＡ紀要』12月号に、「唐時代の三つの陶小立像について」を寄稿。	連合軍ノルマンディー上陸。米軍サイパン上陸。
1945	55歳	『ＭＦＡ紀要』1月号に、「紀元五九三年 中国隋時代『阿弥陀如来座像並びに諸尊像』の復元について」を寄稿。ホイト・コレクションを保有するであろうことを発表する。9／17ロバート・ペインⅡ、ＭＦＡアジア部に戻る。	米英ソ、ヤルタ会談。米軍沖縄上陸。ソ連、日ソ中立条約の不延長通告。独無条件降伏。国連憲章調印。7／26ポツダム宣言発表。8／6広島原爆投下。8／9ソ連、対日参戦。8／9長崎原爆投下。8／14ポツダム宣言受諾決定。8／15天皇戦争終結の詔書放送。8／28ＧＨＱ／ＳＣＡＰ設置。9／2降伏文書調印。10／24国連誕生。11／6ＧＨＱ財閥解体に関する覚書。12／9ＧＨＱ農地改革に関する覚書。12／7ブレトン・ウッズ協定発効。
1946	56歳	『ＭＦＡ紀要』2月号に "Portraits of Wu Chuan-chieh（1269-1350）,	1／1天皇「人間宣言」。1／4ＧＨＱ公職追放指令。

年	年齢	事項	社会
		Taoist Pope in Yuan Dynasty.”を、カイミン・チウと共著寄稿。『アニュアル・レポート』に「……アジアへの興味が深まって来ている……オフィサー達が太平洋から帰還したことによって……」と記す。	５／３極東国際軍事裁判開廷。11／３新憲法公布。
1947	57歳	１／21～３／30「日本陶磁器と版画展」を開催。９／７～９／28「極東のテキスタイル展」を開催。９／９～10／19「中国陶磁器展」を開催。ＭＦＡ日本ギャラリー再開を公式にする。９／９クーマラスワミ死去。	トルーマン・ドクトリン発表。マーシャル・プラン発表。
1948	58歳	２／４～４／18「日本古美術展」を開催。７／６ワシントンの議会図書館にハリエット夫人がタイプしていた *The White Fox* を寄贈する。８／11エール大学歴史学教授朝河貫一死去。10月中西部の美術館に出張調査。『ＭＦＡ紀要』10月号に「沈周（1427-1509）作『詩画合璧冊』を、カイミン・チウと共著寄稿。12／３～12／５トロント・オンタリオに出張（ロイヤル・オンタリオ考古学美術館等）。	ソ連ベルリン封鎖開始。大韓民国成立。朝鮮民主主義人民共和国成立。ＧＨＱ経済安定九原則を発表。
1949	59歳	『ＭＦＡ紀要』１月号に「三～四世紀中国における三つの埋葬例」を寄稿。『ＭＦＡ紀要』２月号に「一二世紀ペルシャの銀燭台」を寄稿。『ＭＦＡ紀要』10月号に「道済作『山水十二幀冊』」をカイミン・チウと共著寄稿。	ドッジ公使、日本経済安定策（ドッジ・ライン）発表。北大西洋条約調印、ＮＡＴＯ結成。一ドル三六〇円の為替レート設定。中華人民共和国成立。
1950	60歳	ホイト・コレクションが正式にＭＦＡアジア部保有となる。２月日本からの国会議員団をＭＦＡにて案内。２／８～４／19「イラン展」を開催。５／29エドワード・ホームズ死去。『ＭＦＡ紀要』６月号に「李流芳（1575-1629）作１６１８の『唐宋詩意画冊』」をカイミン・チウと共著寄稿。７／18～10／１「一六世紀日本屏風絵展」開催。10／10～11／12「アーロン・レボウィッチ寄贈による日本版画展」を開催。	６／25朝鮮戦争勃発。中国人民義勇軍朝鮮戦争に参加。米「対日講和七原則」をソ連に手交す。
1951	61歳	『ＭＦＡ紀要』１月号に「陸治（1496-1576）作『石湖図巻』」を、	９／８サンフランシスコ講和条約、日米安全保障条

年	年齢	事項	社会
		カイミン・チウと共著寄稿。2月、『ザ・ファー・イースタン・クオータリー』誌に家永三郎著『上代倭絵全史』の書評を掲載。ホイト・コレクションのカタログ作りの準備始める。11月インディアナ大学アルフレッド・キンゼイから翻訳の依頼。	約調印。
1952	62歳	2／13～3／30「ホイト記念特別展」開催。『MFA紀要』10月号に、「『毛詩書画合巻』伝高宗・馬和之筆（12世紀）」をカイミン・チウと共著寄稿。	日米行政協定調印。日華平和条約調印。日本IMF（国際通貨基金）、IBRD（国際復興開発銀行）加盟。米、移民国籍法成立。
1953	63歳	9／25米国籍取得。キュレーターズ・ファンド順調になる。『MFA紀要』10月号に「日本政府主催、『日本絵画彫刻特別展』」を寄稿。11／14～12／15「日本政府と米の五つの美術館共催による『日本絵画彫刻特別展』」を開催。	スターリン・ソ連首相死去。日米友好通商航海条約調印。朝鮮休戦協定調印。
1954	64歳		日米相互防衛援助協定（MSA）調印。中国・インド、平和五原則を提唱。中ソ対日共同宣言。
1955	65歳	5／1ペリー・ラズボーンが館長に就任。6／9ラングドン・ウォーナー死去。	ソ連、東欧8ヵ国ワルシャワ条約調印。GATT（関税と貿易に関する一般協定）に正式加盟。保守合同成立、自民党結成。
1956	66歳	1／13『クリスチャン・サイエンス・モニター』誌に富田夫妻の談話等が掲載される。2月堀岡智明がアジア部スタッフとして参加。5月トロント、ロイヤル・オンタリオ美術館「古代中国絵画展」のオープニングに出席。『MFA紀要』夏号に「富岡鉄斎（1836-1924）日本画」を寄稿。秋、『波士敦美術館蔵元明清画帖』出版のため、京都より光琳社を呼びこれに当たらせる。「雪舟屏風絵『猿候図・鷹図』」を日本に貸し出す。	フルシチョフ、スターリン批判演説。フィリピンとの賠償協定調印。日ソ漁業条約調印。日ソ共同宣言調印。12／18国連総会、日本の加盟を全会一致で可決。
1957	67歳	1／4～3／8「アジア部の歴史」（全九回）の連続講演をする。『北斎四季昼夜画譜』をMFAより出版。5／7～7／15「コリア展」を開催。12／12評議会より五〇年間の勤務を感謝され、夫妻は3ヵ月間の日本・台湾旅行を贈られる。	欧州経済共同体（EEC）条約調印。岸信介首相東南アジア歴訪、訪米、日米共同声明（「日米新時代」強調）。
1958	68歳	4／18日本訪問（第六回）。MFAに富田所蔵の横山大観作『金魚』	

年	年齢	事項	社会
		等を寄贈する。4／30京都ホテルにてロータリー・クラブ主催で講演をする。5／7日本政府より、勲三等瑞宝章を授与される（在外邦人として戦後初であった）。5／7～7／15「コリア名品展」を開催。6／9法隆寺で行われたラングドン・ウォーナー記念碑除幕式に夫人の代わりに出席する。『芸術新潮』8月号に「ボストン美術館50年」を寄稿。尾形光琳作『松島図屏風』をハワイ等に貸し出す。ジャパン・ソサエティ・ボストン副会長に。	
1959	69歳	6／24京都市長高山義三とボストン市長ジョーン・B・ハインズが姉妹都市提携文に調印。7／24ボストン大学学長より栄誉を贈られる。9／6『ニューヨーク・タイムズ』「ボストンの鏡、日本が捜索」の記事が掲載され、談話が載る。ロバート・ペインⅡ、ハーヴァード大学へ講義に。12月「タイランド展」準備のためタイに出張。	
1960	70歳	1／14までタイに滞在、帰路日本へ立ち寄る（第七回）。1／9～2／7「ガンダーラの仏像展」を開催。2／18～3／27「1957～1960の収蔵品展」を開催。9月ロックフェラーⅢ世のコレクション選択に助言する。11／15～12／31「浮世絵展」を開催。	新日米安保条約、同地位協定調印。池田勇人内閣「所得倍増計画」決定。
1961	71歳	3／11～4／23「タイランド展」開催。5／11「アメリカ美術科学学会」フェローに湯川秀樹と共に列せられる。『ジャーナル・オブ・アメリカン・オリエンタル・ソサエティー』誌8、9月号にラングドン・ウォーナー著『天平の日本彫刻』の書評を掲載。『波士敦美術館蔵元明清画帖』を、MFAより出版。12／11～翌1／14まで「台湾展」を開催。	
1962	72歳	『アニュアル・レポート』にて、翌3／1をもってキュレーター辞任を評議会に申し出たことを記す。55年間勤務、内32年はキュレーターであった。ロバート・ペインⅡのアジア部キュレーター就任が決定。8月ボストンにて岡倉書簡を蒐める。アーサー・マックリーンより	ケネディー米大統領、沖縄返還の意志を表明。10／22ケネディー大統領、キューバ海上封鎖宣言（キューバ危機）。日中長期総合貿易（LT貿易）協定調印。

年	年齢	事項	社会の動き
		（富田の問い合わせに対して）返事受け取る。	
1963	73歳	3月、ボストン美術館アジア部キュレーターを辞任する。「名誉キュレーター」の称号を贈られる。日本訪問（第八回）、「天心記念館」開館式に出席（五浦市）、「岡倉先生の思い出」を語る。	米英ソ、部分的核実験停止条約調印。韓国新大統領に朴正煕当選。
1964	74歳	「天心記念館」に、富田が保有していた岡倉の遺品、遺稿を寄贈、記念館前庭に植樹（紅白梅）を依頼する。10月MFA、東京国立博物館の「オリンピック記念特別展」に『吉備大臣入唐絵詞』を里帰りさせる。Wadsworth Atheneumにおける「日本屏風展」開催に尽力する。11月Wadsworth Atheneumからの名誉キュレーター就任の申し出を引き受ける。	日本、IMF八条国へ移行。経済協力開発機構（OECD）加盟。10／10東京オリンピック開催。10／16中国核実験成功。
1965	75歳	3／5ボストン市長ジョン・コリンズよりボストン・京都コッミッティーのパーティーへの招待があり受諾する。6／24ラングドン・ウォーナー夫人（セオドア・ルーズヴェルトのいとこ）死去。9月カール・ウェヤハウザーの佐野五風作屏風購入に尽力する。ロバート・ペインⅡ死去。	2／7米北ベトナム（北爆）開始。日韓基本条約調印。
1966	76歳	旧友のカール・ウェヤハウザー家と日本訪問（第九回）。佐野五風と旧交を暖める。9／28法隆寺のウォーナー塔が荒れ、忘れ去られていることを嘆き、対策を講じることを提案。東京「山田平安堂」にて父幸七の作品を見て喜ぶ。ウェヤハウザー夫人、「茶道」に触れる。ジャン・フォンテインがアジア部キュレーターに就任。	中国文化大革命全土に拡大。
1967	77歳		東南アジア諸国連合（ASEAN）結成。
1968	78歳	5／8父富田好室作「富岡鉄斎書簡貼交二曲屏風」を大和文華館に寄贈する。	
1969	79歳	ウェヤハウザー家の「アート・コンプレックス美術館（ACM）」設立に尽力する。	中ソ武力衝突（ダマンスキー島事件）。ニクソン米大統領「グアム・ドクトリン」発表。佐藤・ニクソン共同声明（沖縄の72年、核抜き本土並み返還合意）。
1970	80歳		3／14大阪万国博覧会開催。日米安保条約、自動延

			長を決定。日米繊維交渉決裂。
1971	81歳	ウェヤハウザー家、ダックスベリーに「アート・コンプレックス美術館」を設立。	「ニクソン訪中」発表。米、金とドルの交換停止。中国の国連加盟決定、台湾脱退。
1972	82歳	11／16ユネスコ「世界遺産条約」採択。	日米政府間繊維協定に調印。2／21ニクソン訪中。5／15沖縄返還。9／29日中共同声明調印、日中国交正常化。
1973	83歳	法隆寺ウォーナー塔石碑が建立される（碑文について富田へ相談あり）。	ベトナム和平協定調印。日本、円を変動相場制に移行。金大中事件。第四次中東戦争勃発。
1974	84歳		日中航空協定調印。
1975	85歳	10／4アート・コンプレックス美術館の庭園に、京都佐野五風家より移築した茶室「松風庵」が完成、「富田夫妻に捧げられる」茶会に出席。	日中漁業協定調印。第一回先進国首脳会議開催（フランス）。
		12／17ユネスコ「世界遺産条約」発効。	
1976	86歳	4／10ベス・イスラエル病院にて死去。	中国・周恩来首相死去。中国・毛沢東主席死去。
1977			
1978			
1979			
1980			
1981			
1982			
1983			
1984			
1985		9／7ハリエット・富田（96歳）死去。	

出典：本書。外交史事項は増田弘・佐藤晋編二〇〇七『日本外交史ハンドブック−解説と資料』有信堂256〜260頁。

あとがき

「富田幸次郎の生涯に関しては、日本ではほとんど知られていないので、折角ですから、出版を考えたらどうですか」と、私の博士論文審査会の審査に加わってくださり、修士論文の指導教授でもあった油井大三郎先生に勧められたのが、私が本書を書きはじめたきっかけです。先生はその後彩流社の竹内淳夫氏を紹介してくださった。

編集者である竹内氏が私に課したのは、論文調を取り除き「……です。」「……ます。」調にして高校生にもわかるようにという難題でした。本書がわかりやすい文章で統一されているかどうかは自信がないのですが。

富田幸次郎の生涯の詳細についてもう少し詳しいことをお知りになりたい方は、東京女子大学から私の博士論文が公開されております。漢字の間違いなど散見されますが、そちらをご覧いただけましたら幸甚です。博士論文は指導教授であった小檜山ルイ先生のご指導により、脚注など本書より詳しくなっています。

油井先生や小檜山先生への学恩を記しましたが、本書の執筆にあたっては、私からの突然の資料の問い合わせや質問に快く応じてくださった、大阪市にお住まいの現富田家当主富田恭弘氏や、ボストン郊外で富田夫妻の資料を保管しつづける、アート・コンプレックス美術館館長チャールズ・ウェヤハウザー氏をはじめとする、日米両国の様々な方々にお世話になりました。皆様には言い尽くせないほどの感謝をささげます。また、わかりにくい英文の意味を検討してくださった石川薫氏、小保方由希氏にも厚くお礼申し上げます。

それでもやはり私が一番感謝を伝えたいのは、いうまでもなく本書に登場する富田幸七・富田幸次郎という親子に、です。「この親にしてこの子あり」とは言い古されておりますがまさに該当すると思います。彼らに関する資料を読む毎に時空を越え躍動する二人、それぞれの姿が私の眼前に広がり、「書いておかなくては」と私の使命感がかきたてられたのはまごうことのない事実でした。

本書は富田幸次郎の生涯の詳細を明らかにすると共に、二〇世紀のアジアとアメリカ間における友好関係への寄与という、重要に違いない（これは私の独断なのですが）彼が果たした役割について明らかにしたものです。富田幸次郎はアジアの文化がアメリカの生活に溶け込み、そしてそれによりアメリカ文化の奥行が広がってゆく、そのようなことに貢献したのだと私は確信しております。

デーモンの画家 ミハイル・ヴルーベリ

978-4-7791-2278-1C0023(16・12)

その生涯と19世紀末ロシア　植田 樹 著

異端の天才画家――信念の生き様と彼を取り巻いた革命前ロシアの芸術家たち。明晰な理性と自らを破滅させる情熱をもって絵画と格闘し続けた生き方はセザンヌやゴーギャン、ゴッホを連想させる。時代を先駆けた作品は今や完全に復権した！　A５判上製　3,500円＋税

評伝　ピカソ

978-4-7791-1562-2 C0070 (10・09)

未知の画集への果てなき旅　池田節雄 著

変幻無限の画集世界！　８万点もの膨大な作品を残したピカソの生涯と多面的な人物像に、テーマ別の画集を「旅」することで迫る、新視点からの評伝。カラー口絵12ページ、画集・写真集・図録・単行本リスト付。　A５判上製　3,800円＋税

コンスタブルの手紙

978-4-7791-2747-2 C0071(21・01)

英国自然主義画家への追憶 C・R・レズリー著／ジョナサン・メイン編 齋藤泰三 訳

ターナーと並ぶ風景画家ジョン・コンスタブルの自筆の手紙を編集した第一次資料。美しい作品とは逆に不遇だった生涯。人を愛し、「生きた自然」を求め、近代絵画の新しい扉を開いた人間コンスタブルの足跡と名言の全て。図版多数　四六判並製　4,000円＋税

ジョージ・クルックシャンク

978-4-7791-2730-4 C0022(20・12)

ヴィクトリア朝を描いた風刺画家　清水一嘉著

19世紀前半、ナポレオンや皇太子の風刺版画家として一世を風靡した後、ディケンズ等の挿絵画家として活躍したジョージ・クルックシャンク。その生涯を作品とともに紹介する初めての本！　多数の風刺画から当時のロンドンの風俗も読み解く。A５判上製　2,000円＋税

ウィーン工房

978-4-7791-2743-4 C0070(21・08)

帝都のブランド誕生にみるオーストリア近代デザイン運動史　角山朋子著

個性的な芸術性と経済性の両立を試みた「ウィーン工房」の活動を作品、言説、史実から精緻に検証。19世紀末～20世紀初頭の政治や社会情勢を視野に入れ、国際デザイン史の枠組みで、ハプスブルク帝国首都ウィーンの近代デザイン運動史の研究。　A５判上製　4,800円＋税

民族文化遺産の守護神

978-4-7791-2742-7 C0070(21・11)

澗松・全鎣弼物語　李 忠烈著／金 容権訳

韓国に遺る国宝12点、宝物10点、指定文化財４点を含む多数の文化遺産を私財を投じて蒐集した男の一生！ 植民地・韓国で生まれ、早稲田大学で学んだ後、親族から受け継いだ財産を使って、「国を守ることは文化遺産を守ることだ」との生き方。　A５判上製　3,600円＋税

「東洲斎写楽」考証

978-4-7791-1806-7 C0071(12・09)

中嶋　修著

「役者絵」の検証、浮世絵の海外流出過程、「蔦屋重三郎筆禍事件」の究明、浮世絵類考系写本資料に残る記録の解読、当時の歌舞伎界の特殊な状況分析を行い、素性と来歴、登場と理由、絵師とした人物を突き止め、通説の「謎の絵師」論を批判する。　A５判上製　5,000円＋税

〔著者紹介〕

橘しづゑ（たちばな・しづゑ）
1954年、静岡県生まれ。
長年、茶道と花道の研鑽を続ける。
50歳を過ぎ、それらの学問的な裏付けの必要性を感じ、
東京女子大学現代文化学部に編入し社会人学生となる。
1990年代、夫（朝日新聞記者）の赴任に伴い家族で1年間ボストンに住み、
豪華絢爛なボストン美術館の日本コレクションに驚いた経験をもつ。
学部卒業論文ではボストン美術館アジア部長であった富田幸次郎をとりあげる。
その富田が日本ではいまだ全く無名であることから、
大学院時代には、二度の渡米調査を試みつつ独自に調査を重ね、
博士論文『富田幸次郎研究——日米文化交流における役割』を執筆するに至る。
東京女子大学大学院人間科学研究科修了。博士（人間文化科学）。

ボストン美術館 富田幸次郎の50年——たとえ国賊と呼ばれても

2022年4月25日　初版第1刷発行　　定価はカバーに表示してあります

著　者　**橘　しづゑ**
発行者　**河　野　和　憲**

発行所　株式会社　**彩流社**

〒101-0051　東京都千代田区神田神保町3-10　大行ビル6F
電話 03 (3234) 5931　FAX 03 (3234) 5932
http://www.sairyusha.co.jp

印刷　モリモト印刷㈱
製本　㈱難波製本
装幀　渡辺将史

落丁本·乱丁本はお取替えいたします　ISBN978-4-7791-2824-0 C0023

註

はじめに

（1）Walter M. Whitehill, *Museum of Fine Arts Boston: A Centennial History*, Vol. 2 (Cambridge: Harvard University Press, 1970), 526.
（2）ウォレン・コーエン（川嶌一穂訳）『アメリカが見た東アジア美術』（スカイドア、1999年）。コーエンには他に（小谷まさ代訳）『アメリカがアジアになる日』（草思社、2002）などの著作がある。
（3）富田幸次郎「ボストン美術館50年」『芸術新潮』8月号（1958年）、286頁。

第一章　父、蒔絵師富田幸七――漆の近代を見つめて

（1）富田幸七作品には帝室御用品、『小倉山図蒔絵小箱』『逢坂山図蒔絵硯箱』の他、『須磨明石模様蒔絵文台硯箱』『擣衣図蒔絵手』その他がある。京都漆器工芸協同組合「富田幸七」『京漆器――近代の美と伝統　資料編』（光琳社、1983年）、92頁。他に、京都国立近代美術館編『うるしの近代――京都「工芸」前夜から』（京都国立近代美術館、2014年）、32～81頁に富田幸七作品が紹介されている。なお、『うるしの近代――京都「工芸」前夜から』の、表裏表紙全体は幸七作品『名取川蒔絵硯箱』の拡大部分が使用されている。また、マサチューセッツ州ダックスベリーにあるアート・コンプレックス美術館は、富田幸七作『須磨蒔絵硯箱』『磯千鳥蒔絵料紙箱』『紋蒔絵書棚』を所蔵している。本章は、拙稿「蒔絵師富田幸七－漆の近代を見つめて」『ロータス』36号（2016年）、53～71頁を基に加筆訂正したものである。
（2）「富田幸七自筆履歴書」は、幸七女婿富田誠から、誠長男富田俊一郎を経て、俊一郎長男富田恭弘に伝わり、2014年筆者に手渡された写しに拠った。便箋4枚に縦書き、ペン書きである。なお、「履歴」原文は漢字片仮名混じりである。「仝」を「同」にするなど古漢字は一部改めた。＊で示した漢字平仮名混じり文は、京都漆器工芸協同組合「富田幸七」『京漆器――近代の美と伝統　資料編』（光琳社、1983年）92頁からの抜粋である。幸七の年齢は数え年が記入されている。西暦は筆者が記入した。() 内の記入は「履歴」原本にあったものである。〈〉内の記入は筆者が行った。
（3）黒田譲（天外）「山本利兵衛氏」『名家歴訪録』（芸艸社、1901年）、59～69頁。
（4）黒田、「富田幸七氏」、164～165頁。
（5）三井記念美術館で2014年4月から7月まで開催された「超絶技巧！明治工芸の粋」における図録による。広瀬麻美他編『超絶技巧！明治工芸の粋』（浅野研究所、2014年）、173頁～176頁。
（6）黒田、「山本利兵衛氏」、66頁。
（7）黒田、「山本利兵衛氏」、66～67頁。
（8）黒田、「富田幸七氏」、166～167頁。
（9）アイルランド人F・ブリンクリー（Francis Brinkley 1841～1912）のことかと思われる。

幸七の記憶違いであろう。高村光雲「昔ばなし——店初まつての大作をしたはなし」『光雲回顧談』、136 頁に、「……明治 10 年の末か、11 年の春であったか、日取りは確と覚えませんが、その前後のこと、京橋築地にアーレンス商会といふ独逸人経営の有名な商館があって、その番頭のベンケイといふ妙な名の男と逢ふことになった……」という記載がある。ベンケイは独逸人だと思われていたと考えられる。ブリンクリーがベンケイであるとは断定できないが、「……叔父（浮世絵商界の先覚者吉金こと吉田金兵衛）は……夜店をやっているうちに外国人でベンケイさん、これは本名はベンケイというのではないそうです、通称だそうです。毎晩毎晩夜店を冷やかしに来る人で、本当は皆さん方ご承知のあの有名なブリンクリーという人なのです……」という記述が、竹田泰次郎、反町茂雄編「浮世絵商の今と昔」『紙魚の昔がたり　明治大正編』（八木書店、1990 年）、544 頁にある。

(10) 2008 年、富田恭弘氏から筆者に手渡された「富田幸次郎戸籍謄本」写しに拠る。

(11)「富田幸次郎戸籍謄本」写しに拠る。

(12) 山本五郎「米国ニ於ける日本漆器の実況」『日本漆工會報告書』第二回（1893 年）、37 頁～ 38 頁。

(13) 斎藤政吉「米国ニ於ける日本漆器の見聞」『日本漆工會報告書』第三回（1894 年）、20 頁～ 24 頁。

(14) 丸山久左衛門「全国生漆産額の概算」『日本漆工會報告書』第四回（1895 年）、15 ～ 17 頁。

(15) 円山四条派の日本画家であり図案家。明治から昭和にかけて絵画と工芸の分野で活躍した。染色、陶芸、漆芸などの工芸品の図案も行った。『四季草花図屛風』などがある。

(16) 京都画壇を代表する日本画家、円山四条派。『班猫』などがある。

(17) 図案家、漆芸家。雪佳の弟。蒔絵は幸七に師事した。

(18) 円山四条派の日本画家。竹内栖鳳とともに近代京都画壇を代表する。『雪松図』などがある。

(19) 明治大正期の文人画家、儒学者。京都市立美術工芸学校では、美術でなく修身を教えた。生涯を文人として貫き、自由奔放な画風は近代日本画に独自の地位を築いた。幸七とは親しく、富田家で描いた作品もある。『旧蝦夷風俗図』などがある。

(20) 京都市立芸術大学百年史編纂委員会編「年表編」『京都市立芸術大学百年史』、25 ～ 75 頁。

(21) 幸七の病名について、黒田、「富田幸七氏」、172 頁に、「……氏疾病の為顔色蒼白、形容枯槁し、其双手は常に微々顫動せるが……」の記載がある。また、William Thrasher, *Tribute to Kojiro Tomita* (Duxbury, Massachusetts: Art Complex Museum, 1990), 12. では、ハリエット夫人が「幸次郎と幸七の関係はとても近しく、彼はよく、パーキンソン病の父を伴って外出したり、また父の代理として会合に出席するなどしていた」と、幸次郎からの聞いたことを伝えている。

(22) 明治工芸のコレクターである村田理如は、「明治の工芸に魅せられて」という文の中で、「わずか 30 年で衰退してしまった明治の工芸」と記している。広瀬麻美他編、8 ～ 11 頁。

(23) 筆者による西村新一郎氏への電話によるインタビューに拠る（2014 年 5 月 23 日）。

(24) 線を表す技法の一つ。上質で粘着性の強い漆で一筆書きのように見えながら、下書き無しで短い線をつなげ長い線に見せ、その上から金銀粉を蒔く技法。

第二章　幸次郎の生い立ちと米国留学

（1）縦罫線和紙原稿用紙4枚に筆書き。本履歴書は Art Complex Museum(ACM) の中の、The Kojiro Tomita Archives 所蔵である。幸次郎は農商務省海外実業練習生としてボストンに赴任し、その後ボストン美術館中国・日本部に正式に就職し、父幸七の死後富田家戸主となり、家内整理と徴兵検査のため一時帰国し、1911 年にこれを書いた（写し）。提出先は京都市内のどこかと思われるがはっきりしない。

（2）幸次郎の義兄誠、長姉ハル夫妻の長男は俊一郎。恭弘は俊一郎の長男で現富田家当主である。

（3）富田恭弘、筆者宛書簡（2009 年 7 月 2 日）。

（4）幸次郎義兄誠、長姉ハルの二女。

（5）William Thrasher が *Tribute to Kojiro Tomita,* を執筆するに当たり、1980 年代、幸次郎姪芹川スズに幸次郎の生育環境について問い合わせたことに対する、スズの返信（日付無し）。禁門の変は 1864 年であるから長持は伊助時代のものであろう、the Kojiro Tomita Archives 所蔵。

（6）京都漆器工芸協同組合『京漆器・近代の美と伝統　資料編』（光琳社、1983 年）、92 頁。

（7）富田恭弘、筆者宛書簡（2009 年 5 月 9 日）。「……幸次郎さんも中京のぼんぼん（ええ所の子）であり……」という記載がある。

（8）芹川スズの返信による。富田家には先に養女民が居たが、民は早世し、ランが富田家を継いだと思われる。

（9）『大阪毎日新聞』（1906 年 8 月、日付不明）the Kojiro Tomita Archives 所蔵。

（10）『帝国画報』（1906 年 9 月、日付不明）the Kojiro Tomita Archives 所蔵。

（11）松村敏「刊行にあたって」、松村敏監修『「海外実業練習生」報告２農商務省商工彙報』全 18 巻（ゆまに書房、2003 年）。及び、田島奈都子「農商務省海外実業練習生と我が国の美術界」『美術フォーラム 21』Vol. 9（2004 年）、67 ～ 73 頁を参照した。富田幸次郎の留学記録は、農商務省商工局編『大正三年十一月一日現在海外実業練習生一覧』（農商務省商工局、1914 年）に拠った。

（12）松村敏監修、田島奈都子編『「海外実業練習生」報告２農商務省商工彙報』は、練習生の報告のうち、有用として『農商務省商工局臨時報告』に掲載されたものを、資料集としてまとめたものである。富田幸次郎の報告「米国ニ於ケル塗料工業」は第 10 巻、375 ～ 392 頁に収められている。

（13）農商務省商工局編、及び田島、「海外実業練習生として海を渡った美術関係者の渡航先と練習科目」（「農商務省海外実業練習生と我が国の美術界」）、72 ～ 73 頁（表１）を参照した。

（14）Harriet Tomita, in the Kojiro Tomita Archives. ハリエット・富田が夫富田幸次郎との暮らした出来事を手書きし、それをタイプ打ちしたもの。

（15）黄禍論の記述は、ハインツ・ゴルヴィツアー（瀬野文教訳）『黄禍論とは何か』（草思社、1999 年）、廣部泉『人種戦争という寓話－黄禍論とアジア主義』（名古屋大学出版会、2017 年）及び、田中秀隆『近代茶道の歴史社会学』（思文閣出版、2007 年）、180 ～ 190

頁に依拠した。

（16）朝河貫一（由良君美校訂）『日本の禍機』（講談社学術文庫、1987 年）、151 ～ 153 頁。

（17）なお富田幸次郎書簡中、今日では使用を控えるべき用語があるが、原文尊重の原則および本人が差別・偏見助長の意図で用いていないことを考慮し、そのままとした。

（18）富田幸次郎、家族宛書簡（1906 年 10 月 11 日）the Kojiro Tomita Archives 所蔵。

（19）Alley and Emery Inc. Interior Decorations 40 Beacon St. Boston.

（20）富田幸次郎手稿（1906 年 12 月 12 日）the Kojiro Tomita Archives 所蔵。

（21）同上。

（22）富田、家族宛書簡（1907 年 2 月 11 日）the Kojiro Tomita Archives 所蔵。

（23）Harriet Tomita, in the Kojiro Tomita Archives.

（24）富田、家族宛書簡（1907 年 6 月 30 日）the Kojiro Tomita Archives 所蔵。

（25）富田、家族宛書簡（1907 年 6 月 30 日）the Kojiro Tomita Archives 所蔵。

（26）富田、家族宛書簡（1908 年 6 月 22 日、フィラデルフィヤに於いて）the Kojiro Tomita Archives 所蔵。

（27）富田、家族宛書簡（1907 年 9 月 7 日、ニューヨークより兄上へ）the Kojiro Tomita Archives 所蔵。

（28）富田手稿（1906 年 12 月 12 日）the Kojiro Tomita Archives 所蔵。

（29）このピアノ工場は、1854 年ボストンにて創業した。現在でも米国ではスタンウエイに次ぐ高級ピアノ会社と認識されている。

（30）富田幸次郎「米国ニ於ケル塗料工業」『農商務省商工彙報』第 11 号（1909 年）。

（31）富田幸次郎「米国ニ於ケル塗料工業」『農商務省商工局臨時報告』第 10 巻（ゆまに書房、2003 年）、375 ～ 392 頁。

（32）Harriet Tomita, in the Kojiro Tomita Archives.

（33）1908 年、「講演、議論、議論の自由な公開演説を通じて、言論の自由を促進し、情報に満ちた市民を育てる」ことを目的に設立された、米国で最も古い無料の公開講座シリーズ。ビーコン・ヒルのフォード・ビルディングで行われたのが、この名称の由来。

（34）Harriet Tomita, in the Kojiro Tomita Archives.

（35）In the Kojiro Tomita Archives.

（36）富田、家族宛書簡（1907 年 8 月 10 日）the Kojiro Tomita Archives 所蔵。

（37）富田、家族宛書簡（1907 年 8 月 10 日）the Kojiro Tomita Archives 所蔵。

第三章　ボストン美術館――めぐり合う人々

（1）富田幸次郎、家族宛書簡（1908 年 6 月 22 日）the Kojiro Tomita Archives 所蔵。

（2）ボストン史を概観するにあたって、渡辺靖『アフター・アメリカ　ボストニアンの軌跡と＜文化の政治学＞』（慶応義塾大学出版会、2004 年）、10 ～ 101 頁。また清水恵美子『岡倉天心の比較文化史的研究――ボストンでの活動と芸術思想』（思文閣出版、2012 年）、50 ～、62 頁などを参照した。

（3）渡辺、10 頁。

（4）T. J. ジャクソン・リアーズ（大矢健 岡崎清 小林一博訳）『近代への反逆――アメリカ文化の変容 1880 － 1920』（松柏社、2009 年）。原書は、T. J. Jackson Lears, *No Place*

of Grace: Antimodernism and the Transformation of American Culture, 1880 − 1920, (Chicago: University of Chicago Press, 1994).

（5）立木智子「太平洋を越えたアンティ・モダニズムの邂逅――岡倉天心が日本文化の紹介に果たした役割」佐々木隆ほか編『100年前のアメリカ――世紀転換期のアメリカ社会と文化』（修学社、1995年）、312頁。

（6）マルコム・ロジャース「ボストン美術館小史」ボストン美術館編『ボストン美術館ハンドブック』（ボストン美術館、2009年）、10～15頁。及び、Walter Muir Whitehill, *Museum of Fine Arts, Boston, A Centennial History* (Cambridge: The Belknap Press of Harvard University Press, 1970), 218～245.

（7）バイエルン王ルートヴィッヒ二世の後援を得て1872年着工、1876年に完成した。

（8）富田幸次郎「ボストン美術館50年」『芸術新潮』8月号（1958年）、287頁。

（9）井上信一（日本銀行貯蓄増強中央委員会事務局長）「ボストンの訓」コラム「一草一花」（新聞名日付不明）。1960～70年頃の記事であると考えられるが、70年頃とすれば富田はその頃は退職し名誉キュレーターであった。The Kojiro Tomita Archivesに切り抜きが所蔵されている。

（10）E. S. モース（石川欣一訳）『日本その日その日』（平凡社東洋文庫、1970年）。表札のスケッチは124頁、図338。またモースについての概説は、他に中西道子『モースのスケッチブック』（雄松堂出版、2002年）。アディソン・ギュリック編（渡辺正雄、榎本恵美子訳）『貝と十字架――進化論者宣教師J. T. ギュリックの生涯』（東西交流叢書、1988年）などを参照した。

（11）Kojiro Tomita, *A History of the Asiatic Department : A Series of Illusrated Lectures given in 1957 by Kojiro Tomita(1890~1976)*, (Boston: Museum of Fine Arts, Boston,1990).

（12）Ibid, 9～17.

（13）Ibid, 29. 他に、アーサー・マックリーンは、富田宛書簡（August 27, 1962）（the Kojiro Tomita Archives所蔵）において、岡倉のボストン時代、岡倉は収蔵品整理のためのカタログを書くに当たり、一切フェノロサが書いたものを参考にしなかったと記している。

（14）1908年9月21日ロンドンで心臓麻痺により急死。*I want to come back to Miidera*（三井寺のこと）という遺書が手帳に残されていた。

（15）アン・モース「正当性の提唱――岡倉覚三とボストン美術館日本コレクション」名古屋ボストン美術館編『岡倉天心とボストン美術館』（名古屋ボストン美術館、1999年）、138～160頁。

（16）コーエン、59頁。

（17）エドワード・ジャクソン・ホームズの母、フィッツ夫人が西暦593年の年号が刻んである一組のブロンズ製の仏像とその祭壇を購入するために、生まれて初めて銀行で借入する話がTomita, 53.にある。

（18）富田幸次郎手稿『ボストンに於ける天心先生』the Kojiro Tomita Archives所蔵。富田幸次郎は1963年日本訪問時、茨城県五浦市にある「天心記念館」の創設の式典に出席した。本稿はその折の講演草稿と思われる。その中の岡倉とホームズの関係について語っている部分。

（19）同上。

（20）富田によれば、「ホームズ基金」の使途はコレクションの収集と、アジア部が選択した――例えば本の出版などに利用するのも可、という柔軟性のあるものであった。Tomita,

75.

（21）ACM において ACM 学芸員 Maureen Wengler への筆者によるインタビュー（2017 年 6 月 6 日）に拠る。

（22）ガードナー夫人の生涯を概説するに当たり、清水、「岡倉覚三のボストン・ネットワーク構築」の部分、48 ～ 141 頁。及び、Kathleen D. McCarthy ,"Isabella Stewart Gardner and Fenway Court," *Women's Culture- American Philanthropy and Art, 1830 ～ 1930*, (Chicago: The University of Chicago Press, 1991), 149 ～ 178 を参照した。

（23）清水、106 ～ 107 頁。

（24）Harriet Tomita, in the Kojiro Tomita Archives. ハリエットの手稿は頁が順序立てておらず、時として挿入部分がある。

（25）ISGM 学芸員 Alexandra から筆者への e メール（2018 年 2 月 6 日）に拠る。

（26）法隆寺の重要文化財である百萬塔の複製品であろう。百萬塔は 764 年、藤原仲麻呂の乱を機に称徳天皇の発願によって、滅罪と鎮護国家を祈念して造られた、総高 21. 5㎝前後の木製の三重の小塔である。

（27）ISGM 学芸員 Alexandra から筆者への e メール（2018 年 2 月 6 日）に拠る。

（28）ISGM 学芸員 Alexandra から筆者への e メール（2018 年 2 月 9 日）に拠る。

（29）Harriet Tomita, in the Kojiro Tomita Archives.

（30）Letter from Kojiro Tomita to Samuel Cabot (February 25, 1963) in the Kojiro Tomita Archives.

（31）Tomita, 53.

（32）富田、家族宛書簡（1909 年 1 月 15 日）the Kojiro Tomita Archives 所蔵。

（33）Harriet Tomita, in the Kojiro Tomita Archives.

（34）以下の岡倉覚三に関する概説は、岡倉天心『岡倉天心全集』（平凡社、1981 年）、竹内好『日本とアジア』（ちくま学芸文庫、2009 年）、大久保喬樹『岡倉天心――驚異的な光に満ちた空虚』（小沢書店、1987 年）、清水、を参照した。

（35）竹内、406 頁。

（36）岡倉、米山高麗子宛書簡（1903 年 12 月 9 日）。岡倉、『岡倉天心全集』7 巻、156 ～ 157 頁。

（37）Okakura Kakuzo, *The Century Association Exibition of Japanese Paintings on Silk by Yokoyama Taikan and Hishida Shiunso of the Nippon Bijyutsuin* (New York: Century Association, 1904). 訳は名古屋ボストン美術館編、1 頁に拠った。

（38）1913 年に岡倉が死去したため、図録は出版されなかった。

（39）富田、家族宛書簡（1909 年 1 月 15 日）the Kojiro Tomita Archives 所蔵。

（40）富田、家族宛書簡（1909 年 6 月 29 日）the Kojiro Tomita Archives 所蔵。

（41）同上。

（42）ボストンの裕福な投資家、ビジネスマン。ボストン最大の個人納税者であった。

（43）特命全権大使高平小五郎、富田幸次郎宛書簡（1909 年 7 月 10 日）the Kojiro Tomita Archives 所蔵。 松木はボストンの東洋古美術商。

（44）富田、家族宛書簡（1909 年 7 月 16 日）the Kojiro Tomita Archives 所蔵。

（45）Letter from Kensaku Hogen to William Thrasher (July 27, 1989) in the Kojiro Tomita Archives.

（46）岡倉、富田宛書簡（1910 年 11 月 22 日）。岡倉、第 7 巻、38 頁。

（47）富田、家族宛書簡（1909 年 6 月 29 日）。「…練習補助費として三か月分金 89 弗領収仕候…」とある。The Kojiro Tomita Archives 所蔵。

（48）岡倉、7 巻、215 頁。
（49）印度美人とはプリャンバダ・デーヴィ・バネルジー夫人のこと。詩聖タゴールを大伯父にもつ閨秀詩人。
（50）富田、278 頁。
（51）“The staff of the museum,” *Museum of Fine Arts, Boston Annual Report, 1911*.
（52）竹内、399 頁。
（53）「ボストン博物館富田氏帰る。明治三九年来、ボストン美術館の日本美術六万点を整理した人…『妻は日本をまだ知らぬから見せに来たのである』」という、新聞切り抜きが存在する（1924 年、新聞名日付不明）。The Kojiro Tomita Archives 所蔵。
（54）カードには次のことが記されている。*Mr. Robert Clark Dicknson announces the marriage of his dauter Harriett to Mr. Kojiro Tomita. on Saturday the thirteenth of October nineteen hundred twenty three. Jamaica Plain Massachussetts*. In the Kojiro Tomita Archives.
（55）Harriet Tomita, “Memorandum from Harriet Dickison Tomita,” in the Kojiro Tomita Archives.
（56）Harriet Tomita, in the Kojiro Tomita Archives.
（57）*The White Fox: A Fairy Drama in Three Acts Written for Music*（邦題は『白狐』）。信太の森の女狐が阿部保名と結婚し清明を産むが、正体を見破られて姿を消したという信太妻伝説が下敷きとなっている。岡倉生前には活字化されず、ハリエット・ディッキンソンのタイプ稿が定稿となっている。
（58）Harriet Tomita, in the Kojiro Tomita Archives.
（59）富田手稿『ボストンに於ける天心先生』。
（60）富田自身が挿絵を描いたポスターを ACM が所蔵している。スライドショーのタイトルには Child Life in Japan と、和文「子供の時間」が併記されている。富田は 1911 年に帰国した際、凧揚げやコマ回し、ひな祭りなどの子供の遊びをカメラに収めていた。
（61）Harriet Dickinson, *Incense and the Japanese Incense Game*, Reprinted from *Ostasiatische Zeitschrift* 10, 1 ～ 4, August 1922 ～ March 1923.
（62）石射猪太郎『外交官の一生』（中公文庫、1986 年）、49 頁。
（63）同上書、55 頁。
（64）以下の異人種間婚及びグラント学説の概説は山田史郎『アメリカ史のなかの人種』（山川出版、2006 年）に拠った。
（65）貴堂嘉之「優生学」有賀夏紀・小檜山ルイ編『アメリカ・ジェンダー史研究入門』（青木書店、2010 年）、214 ～ 215 頁。
（66）ハリエットの友人エディス・ウェヤハウザーは「二人は子供が大好きだったのですが、もたない決断をしたのです」と述べている。Thrasher, p. ⅴ.
（67）富田恭弘、筆者宛書簡（2009 年 6 月 30 日）。
（68）Martha Gardner, *The Qualities of Citizen: Women, Immigration and Citizenship, 1870-1965* (Princeton: Princeton University Press, 2005), 146.
（60）富田、286 頁。
（70）梅原末治『考古学六十年』（平凡社、1973 年）、130 ～ 136 頁。

第四章　目覚め——美術史家として

（1）アーサー・ウエーリの生涯については、平川祐弘『アーサー・ウェイリー 源氏物語 の翻訳者』（白水社、2008 年）。宮本昭三郎『源氏物語に魅せられた男―アーサー・ウェイリー伝』（新潮選書、1993 年）を参照した。

（2）Arthur Waley, "Shiba Kokan and Harushige not Identical," *The Burlington Magazine for Connoisseurs* (January-June 1928), 178-183. Kojiro Tomita and Arthur Waley, "Shiba Kokan and Harushige Identical," *The Burlington Magazine for Connoisseurs* (July- December 1929), 66-74.

（3）*Bulletin of The Museum of Fine Arts*, (February 1931), 116.

（4）司馬江漢の生涯、作品については、司馬江漢『司馬江漢全集』全四巻（八坂書房、1993 年）。朝倉治彦他編『司馬江漢の研究』（八坂書房、1994 年）。中野好夫『司馬江漢考』（新潮社、1986 年）を参照した。

（5）本章の浮世絵に関する記載は以下の文献を参照した。田中優子『江戸の想像力』（ちくま学芸文庫、1992 年）。小林忠『浮世絵の歴史』（美術出版社、1998 年）。辻惟雄、浅野秀剛『すぐわかる楽しい江戸の浮世絵——江戸の人はどう使ったか』（東京美術、2008 年）。浅野秀剛『菱川師宣と浮世絵の黎明』（東京大学出版会、2008 年）。彬子女王「『風俗画』再考——西洋における日本美術研究の視点から」松本郁代、出光佐千子編『風俗絵画の文化学－都市をうつすメディア』（思文閣出版、2009 年）。小林忠監修『浮世絵の至宝——ボストン美術館秘蔵スポールディング・コレクション名作選』（小学館、2009 年）。タイモン・スクリーチ（高山宏訳）『春画』（講談社学術文庫、2010 年）。林美一『江戸艶本への招待』（河出書房新社、2011 年）。木々康子『春画と印象派』（筑摩書房、2015 年）。

（6）関場忠武『浮世繪編年史』上下合本（東京東洋堂、1891 年）。本書は和綴じ本。序文（preface）は「凡例」部分。ウエーリの論文では『浮世編年史』となっており、「繪」が抜けている。

（7）公刊された浮世絵とは、「好色本禁止令」により浮世絵は幕府の許可なく販売できなくなり、テーマや色数の制限をクリアした浮世絵のこと。

（8）浅野秀剛「司馬江漢の錦絵」『大和文華』126 号（2014 年）、13 ～ 31 頁。

（9）日本での反論に野中退蔵「ウエーレー氏の司馬江漢論に就いて」『浮世繪志』八（芸艸堂、1929 年）がある。なお、本論は富田同様ウエーリ論を問題視しているが、和文のみの短文なので、ウエーリ及び海外の日本美術愛好家にとどいたかどうかは疑問である。富田論は野中論より一月早い発表である。また野中は、ウエーリが同論をドイツの雑誌 *Ostasiatische Zeitschrift*（東アジア・ジャーナル）に掲載した、と記しているが筆者は確認できていない。

（10）江戸時代中期の画家。沈南蘋（1682 ～？中国清代の画家）。彼は長崎に 2 年間滞在し、写生的な花鳥画（南蘋派）の画風を江戸で広めた。

（11）中国明代の人物山水画家。

（12）中国明代の人物山水画家。

（13）当時、中国風様式で描く絵師は長崎派と呼ばれていた。

（14）江戸時代後期の地本作家で薬屋、浮世絵師。滑稽本『浮世風呂』『浮世床』などで知ら

れる。

（15）橋口五葉。明治末から大正期に、文学書の装幀、浮世絵研究者として活躍した。「鈴木春信の絵画」は『浮世絵』5 号（1915 年）にある。

（16）江戸時代中期の浮世絵師。

（17）中国南宋画家。

（18）製糖業で成した財産を相続した、兄ウィリアム・スポールディング（1865 ～ 1937）と弟ジョン・スポールディング（1870 ～ 1948）が収集した、優品揃いの 6500 点にも及ぶ日本版画コレクション。1922 年ボストン美術館に寄贈された。寄贈の際、兄弟が生存している間は、彼等がコレクションの所有者であることを明確にする、美術館での展示を許さない、などの条件が付けられた。1937 年兄が亡くなり、弟のジョンが 1941 年正式に総てのコレクションを寄贈した。美術史家の小林忠は、その内容の質の高さと厳密な保管の両面から、「浮世絵の正倉院」（小林監修、174 ～ 183 頁）と呼んだ。

（19）司馬、『司馬江漢全集』。

（20）朝倉他編、『司馬江漢の研究』。

（21）成瀬不二雄「江漢画の作品価値」朝倉他編、111 ～ 132 頁。

（22）成瀬、「江漢画の作品価値」、113 ～ 115 頁。

（23）浅野、22 頁。

（24）司馬、『司馬江漢全集』四巻、20 ～ 21 頁。

（25）森登編「司馬江漢文献目録」朝倉他編、347 ～ 361 頁。

（26）喜多川歌麿。江戸時代後期の浮世絵師。女性美を追求した美人画の大家。

（27）江戸時代中期の浮世絵師。

（28）葛飾北斎。江戸時代後期の浮世絵師。『北斎漫画』、『富嶽三十六景』、などがある。

（29）江戸時代後期の浮世絵師。旗本出身。

（30）2013 年、『春画展』は大英博物館で開催され、好評を博したそうである。2015 年 11 月 9 日、美術史学会東支部大会「美術史研究における春画の位置」をテーマに行われたシンポジウムにおける、石上阿希発表「近代以降の春画の評価・展示」に拠れば、大英博物館『春画展』には 9 万人が訪れ、内 8 割が女性であったそうである。日本国内では、2015 年 9 月 19 日～ 23 日、東京永青文庫において『春画展』が開催された。期間中 10 万人を突破する観覧者が訪れたそうである。副題として「世界が先に驚いた」となっていた。

（31）「現在の東京と 18 世紀後半の江戸関連地図」サントリー美術館編『世界に挑んだ七年——小田野直武と秋田蘭画』（サントリー美術館、2016 年）、26 頁を参照した。

（32）『七里ヶ浜図』には「Eerste Zonders in Japan Siba:」、『江の島稚児淵眺望・金沢能見堂眺望図衝立』には、「Si Kookan」と記されている。同上書、192 頁～ 193 頁。

（33）小林、2 頁。

第五章　祖国に国賊と呼ばれて

（1）リアーズ、88 頁。

（2）アン・モース、138 頁。アン・モースは「鑑定家として重んじられてきたフェノロサから、ウェルドが購入した 1,000 点以上の絵画の寄託が 1890 年に行われた」と記している。

（3）京都生。江戸後期の四条派の画家。
（4）大阪生。松村景文に学んだ幕末の四条派の画家。
（5）Letter from John Arthur MacLean to Kojiro Tomita (August 27, 1962) in the Kojiro Tomita Archives.
（6）山口静一『フェノロサ――日本文化の宣揚に捧げた一生』（三省堂、1982 年）、8 頁。山口は「（お雇い外国人の中で）全生涯を日本文化の宣揚に捧げ、これを以て自国の文化を変革しようとするほどの熱意を持った人間と言えば、フェノロサを措いて考えられないであろう。彼は日本文化の根底にまず仏教理念を置き、その上に美術と文学と演劇という三本の柱を立てて西洋とは異なるそれぞれの特徴を捉えようとしたのであった」と、指摘している。
（7）田沢裕賀「ボストン美術館の日本絵画コレクション――西欧に示された日本美術の教科書」東京国立博物館編『ボストン美術館日本美術の至宝』（東京国立博物館、2012 年）、25 ～ 37 頁。
（8）アン・モース、138 ～ 144 頁。
（9）緒方廣之「富田幸次郎先生を偲んで」『茨城大学五浦美術文化研究所』第 6 号（1977 年）、25 ～ 36 頁。
（10）名古屋ボストン美術館編、194 頁。
（11）富田幸次郎「ボストン美術館 50 年」『芸術新潮』8 月号（1958 年）、278 ～ 287 頁。
（12）岡倉天心『岡倉天心全集』全 9 巻（平凡社、1981 年）。
（13）緒方、30 ～ 32 頁。
（14）春日井真也は「世界における天台小止観」『岡倉天心全集』2 巻、巻末の「月報」4（2 頁）において、「『ハーヴァード大学神学部紀要』第 16 巻、第 2 号（1923 年 4 月刊行）にウィリアム・ビゲロー医博の長い序注（109 ～ 117 頁）をもった、岡倉天心先生の英訳された天台智者大師の『天台小止観』が収録されている。これは従来全く世に知られていないものであったから、ボストン美術館の富田幸次郎氏から茨城大学五浦美術文化研究所に寄贈されたものの中に加えられて識者の注目を惹いたのである」と、記載している。
（15）Okakura Kakuzo, *The Book of Tea*: (New York: Duffield & Company, 1906).
（16）証明書には、The Library of Congress, Washington, D. C, July 6, 1948. Sir: The Library has received from you the typewritten Libretto: “The White Fox. A fairy drama in three acts. Written for Music”, by Okakur-Kakuzo. Boston, 1913. To Mr Kojiro Tomita, Boston, Massachusetts. とある。茨城大学五浦美術文化研究所所蔵。
（17）Okakura Kakuzo, *The Ideals of the East-with special reference to the art of Japan* (London: John Murray, 1903).
（18）アーサー・マックリーンは富田幸次郎宛書簡の中で、「ボストン時代の先生はいつも部屋に刀を置いていた」と記している。Letter from John Arthur MacLean to Kojiro Tomita (August 27, 1962) in the Kojiro Tomita Archives.
（19）Ibid.
（20）岡倉、「中国・日本美術部の現状と将来」『岡倉天心全集』2 巻、242 ～ 260 頁。1908 年 5 月 9 日の日付がある。
（21）岡倉、「美術館評議委員会に対する岡倉氏の演説」、225 ～ 231 頁。1905 年 2 月 23 日に行われた。
（22）中野明『流出した日本美術の至宝』（筑摩選書、2018 年）、13 ～ 27 頁。

(23) 岡倉、「中国日本美術部の現状と将来」、243 頁。
(24) 清水、179 ～ 180 頁。
(25) 清水、178 ～ 179 頁。
(26) Chie Hirano, *Kiyonaga: A Study in His Life and Works* (Cambridge: Harvard University Press, 1939). ジャン・フォンテイン（石橋智慧訳）「ボストン美術館東洋部を築いた人達——コレクションの歴史に関する諸ノートより」『月刊文化財』234（1983 年）、4 ～ 16 頁を参照した。
(27) 鉄道車両の製造で莫大な富を成したデトロイトの実業家、チャールズ・ラング・フリーヤ（Charles Lang Freer, 1854 ～ 1919）が蒐集した日本美術品を中心とした美術館。フリーヤはアメリカ政府にコレクションを寄贈し、1923 年スミソニアン協会が管理運営を行うフリーヤ・ギャラリーとして開館した。俵屋宗達作『松島図屏風』などを所蔵している。
(28) 石澤正男「ボストン美術館の天心特別籍」岡倉、月報 4、1 ～ 2 頁。
(29) Kojiro Tomita,『波士敦美術館蔵支那画帖自漢至宋』, *Portfolio of Chinese Paintings in the Museum: Han to Sung Periods* (Cambridge: Harvard University Press, 1932).
(30) "Notes", *Bulletin*, Vol. 31, No. 185 (Junuary 1933), 49.
(31) Kojiro Tomita,『波士敦美術館蔵支那画帖自漢至宋』, *Portfolio of Chinese Paintings in the Museum: Han to Sung Periods* (Cambridge: Harvard University Press, 1938).
(32)『帝王図鑑』の旧蔵者は、「楊褒、呉平（旧字）、周必正、中書省、元内府、李安吉、孫星衍、蔡世松、蔡小石、林壽圓、梁鴻志」と記されている。また、『徽宗五色鸚鵡図』の旧蔵者は、「元文宋内府、載明説、宋犖、清乾隆及嘉慶御府、清恭親王府、張允中、山本悌二郎」と記されている。
(33) ボストン美術館編『ボストン美術館ハンドブック——所蔵品ガイド』（日本語版）（ボストン美術館、2009 年）113 頁。
(34) Kojiro Tomita, "Portraits of Emperors, attributed to Yen Li-pen" *Bulletin*, Vol. 30, No. 177 (February 1932), 2 ～ 8.
(35) 富田、284 頁。
(36) Tomita, 29 ～ 56.
(37) Ibid, 29 ～ 43.
(38) ボストン美術館編、116 頁。
(39) Kojiro Tomita, "The Five-Colored Parrakeet by Hui Tsung<1082-1135>," *Bulletin*, Vol. 31, No. 187 (February 1932), 75 ～ 79.
(40) コーエン、115 頁。
(41) 梅原末治『考古学六十年』（平凡社、1973 年）、141 頁。考古学者で富田の友人であった梅原末治は、「少し時代の下がった本物の青銅器に、古い銘をあとから彫りこむことはそんなに六ヶ敷いことではない」と述べている。
(42) 筆者が行った小川盛弘氏へのインタビュー（2010 年 6 月 18 日、荻窪の小川邸）に拠る。
(43) ヤン・フォンテイン「ボストンの日本美術コレクションの歩み－絵画を主として」『ボストン美術館所蔵日本絵画名品展』（東京国立博物館、1983 年）、8 ～ 12 頁。
(44) ボストン美術館編、132 頁。
(45) 戸田鍾之助「老舗美術商が語る関西事情」『芸術新潮』12 月号（1991 年）、29 頁。
(46) Robert T. Paine, Jr., "The Scroll of Kibi's Adventures in China," *Bulletin*, Vol. 31, No. 183

(February 1933), 1 ～ 21. なお、ペインは複製品（duplicate and nearly duplicate material）などを売却して資金を作ったことを 2 頁で注記している。

(47)「折も折、米国で狂喜する絵巻物、わが美術界に大衝撃」『東京朝日新聞』（1933 年 3 月 1 日社会面）。

(48) 同上。

(49) 三山進「名品流転」『芸術新潮』6 月号（1971 年）、96 頁。矢代が 1946 年 4 月、同志社大学日米文化財団の設立時の講演にて述べたことが記されている。

(50) 国立国会図書館「重要美術品等ノ保存ニ関スル法律案特別委員会議事速記録第一號」『第 64 回帝国議会貴族院議事速記録』、241 頁。

(51) 山口静一「吉備大臣入米始末――重要美術品等ノ保存ニ関スル法律の成立をめぐって」『埼玉大学紀要』46 巻第 1 号（1997 年）、19 ～ 36 頁。

(52) 山口、2 頁。

(53) 筆者が行った小川盛弘氏へのインタビュー（2010 年 6 月 18 日、荻窪の小川邸）に拠る。

(54) 富田、284 頁。

(55) 山口、25 頁。

(56) 富田、285 頁。

(57) 矢代幸雄「『吉備大臣入唐絵詞』――ボストン到着前後」『私の美術遍歴』（岩波書店、1972 年）、301 ～ 310 頁。

(58) 富田、286 頁。

(59) 同上書。

(60) 1889 年に創刊された日本・東洋古美術研究誌。瀧は 1901 年から主幹となり、以後 1945 年 72 歳で亡くなるまでの 44 年間主幹として活躍し、『国華』の基礎を固めた。

(61) 矢代、309 頁。

(62) 富田、284 頁。

(63) 岡倉、「美術館評議委員会に対する岡倉氏の演説」、227 ～ 228 頁。1905 年 11 月 2 日に行われたとある。演説の中の「三、当コレクションの展示とそれに関する講演」の部分。

第六章　1936 年「ボストン日本古美術展覧会」の試み

（1）柴崎厚士『近代日本と国際文化交流――国際文化振興会の創設と展開』（有信堂高文社、1999 年）を参照。国際文化振興会は 1972 年まで活動し、現国際交流基金の設立をもって解散した。

（2）五十殿利治編『「帝国」と美術――一九三〇年代日本の対外美術戦略」（国書刊行会、2010 年）を参照。「1936 年ボストン日本古美術展」について言及した論文は以下がある。拙稿「富田幸次郎とボストン美術館――岡倉覚三の思想の継承とその展開」『ロータス』35 号（2015 年）、113 ～ 131 頁。江口みなみ「展示空間から見るボストン日本古美術展覧会」『近代画説』（2016 年）、17 ～ 26 頁。及び志邨匠子「ボストン日本古美術展（1936 年）と矢代幸雄の日本美術論」『秋田公立美術大学研究紀要』第 4 号（2017 年）、17 ～ 26 頁。

（3）詳細については、Royal Academy of Arts, *International Exhibition of Chinese Art Catalogue*

And Illustrated Supplement 1935-1936, 5th ed. (London: Royal Academy of Arts, 1935-1936) を参照した。中表紙には主催者（Patrons）として、HIS MAJESTY THE KING, HER MAJESTY QUEEN MARY, THE PRESIDENT OF THE CHINESE REPUBLIC と印刷されている。全頁は 300 頁を超え、紹介作品数は 3078 点に及んでいる。また、リットン卿（Victor Bulwer Lytton, 1876 ～ 1947）と王立アカデミー会長ウイリアム・ルウェリン（William Llewellyn, 1858 ～ 1941）が共著で序文を寄せている。

（4）矢代幸雄「ロンドン開催の中国美術大展覧会当時から中国旅行まで」『私の美術遍歴』（岩波書店、1972 年）、319 ～ 338 頁を参照した。また、野島剛『ふたつの故宮博物院』（新潮選書、2011 年）に、「ロンドン展」に送られた文物の一部がその後中国大陸を転々と避難しながら、1948 年台湾にたどり着く様が描かれている。

（5）安松みゆき「転機としての 1935 年ロンドン『中国芸術国際展覧会』―― 1939 年の『伯林日本古美術展覧会』の開催経緯をめぐって」『別府大学紀要』55（2014 年）、1 ～ 9 頁。

（6）朽木ゆり子『ハウス・オブ・ヤマナカ－東洋の至宝を欧米に売った美術商』（新潮社、2011 年）、189 頁。

（7）コーエン、180 ～ 187 頁。

（8）矢代幸雄『美しき者への思慕』（岩波書店、1984 年）、233 頁。

（9）国際文化振興会編『ボストン日本古美術展覧會報告書』（国際文化振興会、1937 年）、15 頁。本書は B4 サイズの大判で青い布表紙がかかっている。全頁は 60 頁。

（10）小倉和夫『吉田茂の自問――敗戦、そして報告書「日本外交の過誤」』（藤原書店、2003 年）、99 頁。

（11）中村隆英『昭和史上』（東洋経済新報社、2012 年）、255 ～ 256 頁。

（12）伊藤隆『昭和史を探る』（朝日文庫、1991 年）、186 頁。

（13）中村隆英『昭和恐慌と経済政策』（講談社学術文庫、1994 年）、122 頁。

（14）太田尚樹『駐日米国大使ジョセフ・グルーの昭和史』（PHP 研究所、2013 年）、121 ～ 122 頁。

（15）清水恵美子「1930 年代初頭の米国における現代日本画展覧会」『文化資源学』第 13 号（2015 年）、66 頁。

（16）Letter from Tomita to Paine (November 20, 1934) in the Kojiro Tomita Archives.

（17）Letter from Tomita to Holmes (November 27, 1934) in the Kojiro Tomita Archives.

（18）通称で「ウォーナー・リスト」と呼ばれている日本の文化財に関するリスト。Headquarters, Army Service Forces, *Army Service Forces Manual, M354-17A, Civil Affair Handbook, Japan, Section 17A: Cultural Institution, May 1945* (Washington: United States Government Printing Office, 1945).『陸軍動員部隊便覧（M354 － 17A）民事ハンドブック日本　17A：文化施設』のこと。全文で 31 頁のハンドブックであり、日本の主要な文化施設と文化財を一覧表として掲載している。京都、奈良、東京の略図と日本地図を載せている。序文で日本文化史の概略を説明している。

（19）Evarts Boutell Green, *A New-Englander In Japan Daniel Crosby Green* (Cambridge: Houghton Mifflin Company, 1927), 130.　他に、本井康博『アメリカン・ボード二〇〇年――同志社と越後における伝道と教育活動』（思文閣出版、2010 年）を参照した。

（20）Letter from Tomita to Paine (December 16, 1934) in the Kojiro Tomita Archives.

（21）Letter from G. H. Edgell to Kojiro Tomita (February 25, 1935) in the Kojiro Tomita Archives.

(22) 山本佐恵「国際文化振興会芸術事業一覧」五十殿編『「帝国」と美術——一九三〇年代日本の対外美術戦略』、973 〜 974 頁。

(23) Letter from Tomita to Holmes (November 27, 1934) in the Kojiro Tomita Archives.

(24) 富田は美術品の貸下げの件で、非公式に皇族海軍士官高松宮に面会した。その折、日本海軍の戦艦で輸送する話も出たようだが、その後立ち消えとなった。Letter from Tomita to Holmes (November 27, 1934) in the Kojiro Tomita Archives. なお、1935 年日本人有志が「ロンドン展」に出陳した中国美術の輸送保険料は 70 万円であった、と安松は記している。安松、5 頁。

(25) ジョセフ・グルー（石川欣一訳）『滞日十年』（毎日新聞社、1948 年）、上巻 252 頁。

(26) 国際文化振興会編、25 頁。「天皇陛下に拝謁仰付られ云々」の記載がある。

(27)『東京朝日新聞』（1936 年 9 月 12 日朝刊）。見出しに「ボストン特電」とあり、ボストン美術館の外観写真が共に掲載されている。

(28) 10 月 5 日、富田、国際文化振興会宛て電報による。国際文化振興会編、24 頁。

(29) 安松みゆき「一九三九年の『伯林日本古美術展覧会』と新聞・雑誌批評」五十殿編、153 頁。

(30) 京都国立博物館編『ボストン美術館東洋美術名品展』（京都国立博物館、1972 年）。ペリー・ラズボーンによる出品目録前文を参照した。

(31) 筆者が行った小川盛弘氏へのインタビュー（2010 年 6 月 18 日、荻窪の小川邸）による。

(32) 金子の生涯については、村松正義『金子堅太郎——槍を立てて登城する人物になる』（ミネルヴァ書房、2014 年）を参照した。本書の 105 〜 110 頁で村松は、金子がその報告書『欧米議院制度取調巡回記』の末尾で、「昨年（1889 年）東京出発の際、米国人『ビゲロー』氏より未来の大統領なりとて紹介状を得たる、セオドール・ルーズベルト氏に面会す……」という記述を紹介している。

(33) Tomita, 22.

(34) 廣部泉『グルー——真の日本の友』（ミネルヴァ書房、2011 年）、96 頁。

(35) 波多野勝編『日米文化交流史』（学陽書房、2005 年）、177 〜 178 頁及び、是澤博昭『青い目の人形と近代日本－渋沢栄一と L. ギューリックの夢の行方』（世織書房、2010 年）を参照した。

(36) 太平洋問題調査会については、油井大三郎『未完の占領改革——アメリカ知識人と捨てられた日本民主化構想』（東京大学出版会、1989 年）、1 〜 35 頁、山岡道男『「太平洋問題調査会」研究』（龍溪書舎、1997 年）を参照した。

(37) *Special Loan Exhibition of Art Treasures from Japan.*, Museum of Fine Arts, Boston in Collaboration with the Tercentenary Celebration of Harvard University のポスターに使用された。

(38) 橋本麻里（永青文庫副館長）は、山下裕二（美術史家）との対談集で、「京都国立博物館の『没後 200 年若冲』展が 2000 年。このときはまだ若冲は知る人ぞ知る絵師で、そこまでの人気ではありませんでした……」と語っている。山下裕二・橋本麻里『驚くべき日本美術』（集英社、2015 年）、155 頁。

(39) 日米交渉の詳細については、森島守人『真珠湾・リスボン・東京——続一外交官の回想』（岩波新書、2015 年）を参照した。

(40) 松下隆章他「古美術の海外流出とその対策」『美術批評』8 月号（1952 年）、20 頁の「文化財保護法抜粋」を参照した。

(41) 米国 5 都市の美術館を 1 年にわたって巡回した日本古美術展。ナショナル・ギャラ

リー（ワシントン、1月25日～2月25日、入館者数189,094人）、メトロポリタン美術館（ニューヨーク、3月26日～5月10日、70,790人）、シアトル美術館（7月9日～8月9日、73,756人）、シカゴ美術館（9月15日～10月15日、68,722人）、ボストン美術館（11月15日～12月15日、20,621人）。志邨匠子「冷戦下の1953年アメリカ巡回日本古美術展」『秋田公立美術大学研究紀要』第3号（2016年）、27～38頁を参照した。

(42) 他のメンバーは、フィールド（シカゴ）美術館のベーソルド・ラファファー（Berthold Laufer）、プリンストン大学のエドワード・カッペ（Edward Capps）、コロンビア大学のエヴァーツ・グリーン（Evarts Green, ジェローム・グリーンの兄）、ACLS事務局長モーティマ・グレイブズ（Mortimer Graves）である。山内晴子『朝河貫一論――その学問形成と実践』（早稲田大学出版部、2010年）、363～382頁を参照した。

(43) 阿部善雄『最後の「日本人」――朝河貫一の生涯』（岩波現代文庫、2004年）、157～185頁及び、山内、391～437頁を参照した。

終　章　太平洋戦争とその後

(1) 戦争地域における美術的歴史的遺跡の保護・救済に関するアメリカ委員会。オーエン・ロバーツを委員長としたのでこの名前で呼ばれる。

(2) Tomita, 67.

(3) 筆者によるウェヤハウザー氏へのインタビュー（2011年6月26日、マサチューセッツ州ダックスベリー、ACMにおいて）に拠る。

(4) “Request for License to Travel to Williams College, Williamstown, Mass,” (January 24, 1942); “Request for License to Travel to Williams College, Williamstown, Mass,” (February 14, 1942) in the Kojiro Tomita Archives.

(5) “Request for License to Travel to Peabody Museum,” (April 8, 1943) in the Kojiro Tomita Archives.

(6) Letter from Department of State Washington to Mr. and Mrs. Tomita (February 19, 1943) in the Kojiro Tomita Archives.

(7) Kojiro Tomita, “Department of Asiatic Art,” *Annual Report* (1939), 36.

(8) Kojiro Tomita, “Department of Asiatic Art,” *Annual Report* (1942), 35.

(9) Ibid. 他に、都留重人『いくつもの岐路を回顧して』（岩波書店、2001年）、169～186頁を参照した。

(10) Letter from John W. Booth to Mr. Tomita (November 20, 1944) in the Tomita Archives.

(11) Letter from Office of Strategic Services Washington, D. C. to Mr. Kojiro Tomita (December 22, 1942) in the Kojiro Tomita Archives.

(12) Letter from G. H. Edgell to Mrs. Kojiro Tomita (February 14, 1941) in the Kojiro Tomita Archives.

(13) 朽木、228頁。

(14) 富田恭弘、筆者宛て書簡（2009年7月2日）。

(15) Letter from State Street Trust Company to Mrs. Kojiro Tomita (December 9, 1941) in the Kojiro Tomita Archives.

(16) Letter from the University Club to Kojiro Tomita (December 18, 1941) in the Kojiro Tomita Archives.

（17）『週刊朝日』（1958 年 6 月 1 日）、32 頁。

（18）Kenji Arai, “Associate of Dr. Warner Enjoying Revisit to Kyoto,” *The Japan Times* (June 10, 1958).

（19）緒方、28 頁。

（20）Owen J. Roberts, David E. Finley, et. al., *The American Commission for the Protection and Salvage of Artistic and Historic Monuments in War Areas* (Washington: Superintendent of Documents, United States Government Printing Office, 1946), 157 ～ 159.

（21）*“Far East*: Adriann Barnouw, Mrs. Jane Gaston-Mahler, Robert Heine-Geldern, Walter Hochstadter, Olov R. T. Janse, Horace H. F. Jayne, Mrs. George McCune, John Pope, Hu Shih, Iehiro Shirato, Mrs. Masa Shirato, K. Tomita, Ryusaku Tsunoda, and Langdon Walner”. Ibid., 162.

（22）荻野富士夫『太平洋の架橋者角田柳作――「日本学の先生」』（芙蓉書房出版、2011 年）、176 ～ 177 頁。

（23）Headquarters, Army Service Forces, *Army Service Forces Manual, M354-17A, Civil Affair Handbook, Japan, Section 17 A: Cultural Institution, May 1945* (Washington: United States Government Printing Office, 1945).

（24）Edith Greenleaf Weyerhaeuser, “Reflections Upon a Friendship,” *Tribute to Kojiro Tomita*, edited by William Thrasher (Duxbury, Massachusetts: Art Complex Museum, 1990), ｖ.

（25）五百旗頭真『米国の日本占領政策』（中央公論社、1985 年）、下巻 194 ～ 204 頁。

（26）吉田守男『京都に原爆を投下せよ――ウォーナー伝説の真実』（角川書店、1995 年）。

（27）吉田守男『日本の古都はなぜ空襲を免れたか』（朝日文庫、2002 年）、66 頁。

（28）Letter from Langdon Warner to Kojiro Tomita (May 24, 1946) in the Kojiro Tomita Archives.

（29）戦争地域における、芸術的及び歴史的モニュメントの保護と救済活動を行ったロバーツ委員会の活動（The Monuments, Fine Arts and Archives Program）を指す。ハーヴァードグループと ACLS が委員会の設立に加わり、日本においては連合軍の民事軍政部門が後援した。「ロバーツ委員会報告書」（161 ～ 164 頁）によれば、ウォーナーの名前はハーヴァードグループ、ACLS のメンバーリストに重複している。

（30）Letter from Kojiro Tomita to Langdon Warner (June 17, 1946) in the Kojiro Tomita Archives.

（31）Kojiro Tomita, “A Chinese Sacrificial Stone House of the Sixth Century A. D.,” *Bulletin*, Vol. 40, No. 242 (December, 1942), 98 ～ 110.

（32）富田幸次郎（坪井直子訳）「ボストン美術館蔵北魏石室について」3『海外の幼学研究』（2008）、1 ～ 25 頁。なお、本節では他に以下の文献を参照した。黒田彰『孝子伝の研究』（思文閣出版、2001 年）、幼学の会『孝子伝注解』（汲古書院、2003 年）、松田稔『中国の孝子伝』（勉誠出版、2010 年）。

（33）富田（坪井訳）、冒頭部分の坪井によるはしがき部分。

（34）富田は「ローレンス・シックマン氏が親切に提供してくれた碑文の拓本に拠る」とし、「シックマン氏は 1933 年に開封府でその石室と碑文を見、その後石室と碑文の彫刻を写した完全な一揃いの拓本に出会った」、「碑文の現在の所在は、開封美術館であるかもしれない」と述べている。富田（坪井訳）、17 頁。

（35）Tomita, “A Chinese Sacrificial Stone House of the Sixth Century A. D,” 98 ～ 110.

（36）幼学の会、3 頁。

（37）陽明文庫蔵。陽明文庫は京都市にあり、五摂家筆頭近衛家に伝わる古文書等 10 万件に及ぶ資料を保管している。

（38）京都大学付属図書館清家文庫蔵。船橋家が旧蔵していた資料群。

（39）Kojiro Tomita, "Department of Asiatic Art," *Annual Report* (1946), 38.

（40）Kojiro Tomita, "Department of Asiatic Art," *Annual Report* (1947), 35.

（41）Walter M. Whitehill, *Museum of Fine Arts, Boston: A Centennial History,* Vol. 2 (Cambridge: Harvard University Press, 1970), 526.

（42）Tomita, *A History of the Asiatic Department*, 68.

（43）Ibid., 75. 富田はこの講演を行った 1957 年の段階で、今後 6、7 年は基金が潤沢であろうと述べている。

（44）フォンテイン、12 頁。

（45）Tomita, *A History of the Asiatic Department*, 63.

（46）Kojiro Tomita, "The William S. and John T. Spaulding Collection of Japanese Prints," *Bulletin*, Vol. 39, No. 235 (December, 1941), 73 ～ 78.　なお 1926 年、富田は *Bulletin*, Vol. 24, No. 41, (February, 1926) にて同様論文を寄稿している。

（47）Letter from Kojiro Tomita to George Meleedy (September 15, 1953) in the Kojiro Tomita Archives.

（48）菅美弥「米国 1952 年移民・帰化法と日本における『移民問題』観の変容」『東京学芸大学紀要』 Ⅱ、61（2010 年）。を参照した。

（49）朝河貫一に関しては、山内晴子『朝河貫一論――その学問形成と実践』（早稲田大学出版部、2008 年）、阿部善雄『最後の「日本人」朝河貫一の生涯』（岩波現代文庫、2004 年）を、国吉康雄に関しては、山口泰二『アメリカ美術と国吉康雄――開拓者の軌跡』（NHK ブックス、2004 年）、小沢善雄『評伝国吉康雄――幻夢と彩感』（福武文庫、1991 年）を参照した。

（50）Harriet B. Blackburn, "Museum Couple Link Two Cultures in Home : East and West Blend Richly," *The Christian Science Monitor* (January 13, 1956).

（51）Ibid.

（52）Constance J. S. Chen, " Transnational Orientals: Scholars of Arts, Nationalist Discourses, and the Question of Intellectual Authority," *Journal of Asian American Studies*, Vol. No. 3 (October, 2006), 215 ～ 242.

（53）フォンテイン（石橋智慧訳）、12 頁。フォンテインは「……（富田幸次郎は）当館の歴史上最も長期にわたる職務を全うし……」と述べている。

（54）高山義三『市長の欧米訪問記』（高山義三後援会、1959 年）を参照した。

（55）京都市総合企画局国際課推進室「京都ボストン姉妹都市に関する現在までの経過」『ボストンとの姉妹都市綴り』（1959 年）京都市役所所蔵を参照した。

（56）"Mirror in Boston Is Sought by Japan," *The New York Times* (September 6, 1959).

（57）エレン・タカタ（Ellen Takata）氏から筆者への e-mail メッセージ（2011 年 7 月 21 日）。

（58）ボストン美術館編、130 頁。

（59）大英博物館のパルテノン・マーブルやロゼッタ・ストーンなどの、ギリシャ政府やエジプト政府からの返還要請を指す。

（60）富田幸次郎、家族宛書簡（1909 年 6 月 29 日）the Kojiro Tomita Archives 所蔵。

（61）Thrasher, 3.

（62）Ibid., 7.

（63）"Kojiro Tomita, expert on Oriental art," *Boston Globe* (April 13, 1976); "Kojiro Tomita, 86,

Curator, Boston Museum of Fine Arts," *Boston Herald* (April 14, 1976).「富田幸次郎氏…死去」『朝日新聞』(1976 年 4 月 13 日)、「富田幸次郎氏…死去」『毎日新聞』(1976 年 4 月 13 日)。

参考文献

主要資料館

茨城県天心記念五浦美術館
茨城大学五浦美術文化研究所
茨城大学図書館
国文学研究資料館
東京国立国会図書館

Archives Isabella Stewart Gardner Museum.
The Art Complex Museum.
The William Morris Hunt Memorial Library

一次資料

朝河貫一『日本の禍機』実業之日本社、1909 年。

朝河貫一（由良君枝校訂）『日本の禍機――米国人の日本に対する感情の変遷』講談社学術文庫、1987 年。

朝河貫一書簡集刊行会『朝河貫一書簡集』早稲田大学出版部、1990 年。

石射猪太郎『外交官の一生』中公文庫、1986 年。

石澤正男「富田幸次郎氏のボストン美術館東洋美術部長の任命」『美術研究』第 2 号、1932 年。

ウォーナー , ラングドン（寿岳文章訳）『不滅の日本芸術』朝日新聞社、1954 年。

岡倉天心『岡倉天心全集』（全 9 巻）平凡社、1981 年。

岡倉天心（大久保喬樹訳）『新訳茶の本』角川文庫、2005 年。

緒方廣之「富田幸次郎先生を偲んで」『茨城大学五浦美術文化研究所報』第 6 号、1977 年。

金子喜一『余は如何にして米国少女と結婚せしや』有楽社、1909 年。

京都市総合企画局国際課推進室『ボストンとの姉妹都市綴り 1958 － 1960』、1964 年。

グルー，ジョセフ（石川欣一訳）『滞日十年』毎日新聞社、1948 年。

黒田譲（天外）『名家歴訪録』芸艸堂、1901 年。

國際文化振興會編『ボストン日本古美術展報告書』國際文化振興會、1937 年。

国立国会図書館『第 64 回帝国議会衆議院議事速記録』、1933 年。

国立国会図書館「第 64 回帝国議会貴族院議事速記録』、1933 年。

関場忠武『浮世繪編年史』東京東洋堂、1891 年。

高村光雲『光雲回顧談』萬里閣書房、1929 年。

富田幸次郎「米国ニ於ケル塗料工業」『海外実業練習生報告』農商務省商工局、1909 年。

富田幸次郎「岡倉天心宛書簡」茨城県天心記念五浦美術館所蔵、1913
富田幸次郎「ボストン美術館 50 年」『芸術新潮』8 月号、1958 年。

富田幸次郎（坪井直子訳）「ボストン美術館蔵北魏石室について」『海外の幼学研究』3、2008 年。

富田恭弘「筆者宛て書簡」他。

日本漆工會編『日本漆工會報告書』第二回、1893 年。

日本漆工會編『日本漆工會報告書』第三回、1894 年。

日本漆工會編『日本漆工會報告書』第四回、1895 年。

農商務省商工局編『大正三年十一月一日現在海外実業練習生一覧』農商務省商工局、1914 年。

野中退蔵「ウエーレー氏の司馬江漢論に就いて」『浮世繪志』八、芸艸堂、1929 年。

マックウィリアムス , カレイ（渡辺惣樹訳）『日米開戦の人種的側面アメリカの反省 1944』草思社、2012 年。

松村敏監修、田島奈津子編『「海外実業練習生」報告 2 農商務省工彙報』ゆまに書房、2003 年。

村形明子『アーネスト・F・フェノロサ文書集成——翻刻・翻訳と研究』京都大学出版会、2000 ～ 2001 年。

モース , E. S.（石川欣一訳）『日本その日その日』平凡社東洋文庫、1971 年。

森島守人『陰謀・暗殺・軍刀－一外交官の回想』岩波新書、1950 年。

森島守人『真珠湾・リスボン・東京』岩波新書、1950 年。

矢代幸雄「吉備大臣入唐絵詞」『美術研究』18 号、1933 年。

吉川半七編『百家説林』（巻一～巻十）1890 年。

Bowie, Theodore. *Langdon Warner through his Letters*. Bloomington London: Indiana University Press, 1966.
Cary, Otis. Mr. Stimson's "*Pet City" The Sparing of Kyoto 1945*. 京都：同志社アーモスト館 , 1987.
Dickinson, Harriet E. *Incense and the Japanese Incense Game*. Reprinted from Ostasiatische Zeitschrift 10, 1923.
Headquarters, Army Service Forces. "Army Service Forces Manual, M354-17A, Civil Affair Handbook, Japan, Section 17 A: Cultural Institution, May 1945." Washington: United States Government Printing Office, 1945.
Kakuya Okabe. *Special Exhibition of Swordgurds, April 1907*. Boson: Museum Fine Arts, Boston, 1907.
Kakuya Okabe, *Museum of Fine Arts Boston: Japanese swords guard*. Boson: Museum Fine Arts, Boston, 1908.
Tomita, Kojiro. Davis, Andrew McF. "Ancient Chinese Paper Money as Described Chinese Work on Numismatics." *Proceedings of the American Academy of Arts and Sciences*, Vol. 53. No.7, June 1918.
Tomita, Kojiro. *Exhibition of Modern Japanese Paintings by members of Nippon Bijutsu - in Tokyo, Japan, [held from May 14 - June 2, 1921*]. Boston, Massachusetts: Museum of Fine Arts, Boston, 1921.
Tomita, Kojiro. "Shiba Kokan and Harushige Identical." *The Burlington Magazine for Connoisseurs July - December,* 1929. 66 ～ 74.
Tomita, Kojiro. *Portfolio of Chinese Paintings in the Museum (Han to Sung periods)*. Boston, Massachusetts: Harvard University Press, 1933.
Tomita, Kojiro. *The Romance of Chinese Ar*t. New York: Garden City Publishing Co., INC, 1936.

Tomita, Kojiro. *A History of the Asiatic Department*. Boston, Massachusetts: Museum of Fine Arts, Boston, 1957.

Tomita, Kojiro. *Day and Night in the Four Seasons-Sketches by Hokusai, 1760-1849*. Boston, Massachusetts: Museum of Fine Arts, Boston, 1957.

Tomita, Kojiro. *Portfolio of Chinese Paintings in the Museum (Yan' to Chi'ng Periods)*.T. O. Metcalf, 1961.

Waley, Arthur. "Shiba Kokan and Harushige not Identical," *The Burlington Magazine for Connoisseurs January- June*, London: 1928, 178 ～ 183.

『朝日新聞』。
『大阪毎日新聞』。
『毎日新聞』。
『週刊朝日』。
『東京朝日新聞』。

Boston Globe.
Boston Herald.
The Christian Science Monitor
Museum Fine Arts, Boston, Annual Report.
Museum Fine Arts, Boston, Museum of Fine Arts Bulletin.
The New York Times.
Time.

二次資料

文献

彬子女王「『風俗画』再考——西洋における日本美術研究の視点から」松本郁代、出光佐千子編『風俗絵画の文化学——都市をうつすメディア』思文閣出版、2009 年。

朝倉治彦他編『司馬江漢の研究』八坂書房、1994 年。

浅野秀剛「司馬江漢の錦絵」『大和文華』126 号、2014 年。

愛宕元、森田憲司編『中国の歴史』昭和堂、2009 年。

阿部善雄『最後の「日本人」——朝河貫一の生涯』岩波現代文庫、2004 年。

有馬哲夫『アレン・ダレス——原爆・天皇制・終戦をめぐる暗闘』講談社、2009 年。

五百旗頭真『米国の日本占領政策』（上下巻）中央公論社、1985 年。

五百旗頭真『日米関係史』有斐閣、2008 年。

伊藤隆『昭和史を探る』朝日文庫、1991 年。

茨城大学五浦美術文化研究所編『天心記念館開館記念』茨城大学五浦美術文化研究所、1967 年。

茨城大学五浦美術文化研究所編『茨城大学五浦美術文化研究所報』第 4 号、1974 年。

茨城大学五浦美術文化研究所編『主要所蔵資料目録』茨城大学五浦美術文化研究所、2010 年。

茨城県天心記念五浦美術館編『所蔵資料目録』茨城県天心記念五浦美術館、2007 年。

梅溪昇『お雇い外国人——明治日本の脇役たち』講談社学術文庫、2007 年。

梅原末治『考古学六十年』平凡社、1973 年。

大久保喬樹『岡倉天心——驚異的な光に満ちた空虚』小沢書店、1987 年。

太田尚樹『駐日米国大使ジョセフ・グルーの昭和史』PHP 研究所、2013 年。

岡倉一雄『父岡倉天心』中央公論者、1971 年。

岡倉古志郎『祖父岡倉天心』中央公論美術出版、1999 年。

荻野富士夫『太平洋の架橋者角田柳作——「日本学」の先生 』芙蓉書房出版、2011 年。

小倉和夫『吉田茂の自問——敗戦、そして報告書「日本外交の過誤」』藤原書店、2003 年。

小沢善雄『評伝国吉康雄——幻夢と彩感』福武文庫、1991 年。

五十殿利治編『「帝国」と美術—— 1930 年代日本の対外美術戦略』国書刊行会、2010 年。

川島浩平『都市コミュニティーと階級・エス二シティー　ボストンバック・ベイ地区の形成と変容 1850 － 1940』御茶ノ水書房、2002 年。

木々康子「林忠正と日本の近代」『林忠正——ジャポニスムと文化交流』星雲社、2007 年。

木々康子『春画と印象派』筑摩書房、2015 年。

北村崇郎『一世としてアメリカに生きて』草思社、1992 年。

木下長宏『岡倉天心——物ニ観ズレバ竟ニ吾無シ』ミネルヴァ書房、2005 年。

貴堂嘉之「優性学」有賀夏紀・小檜山ルイ編『アメリカ・ジェンダー史研究入門』青木書店、2010 年
ギュリック , アディソン編（渡辺正雄、榎本恵美子訳）『貝と十字架——進化論者宣教師 J. T. ギュリックの生涯』東西交流叢書、1988 年。

京都国立近代美術館編『皇室の名品——近代日本美術の粋』京都国立近代美術館、2013 年。

京都国立近代美術館編『うるしの近代——京都「工芸」前夜から』京都国立近代美術館、2014 年。

京都国立博物館編『ボストン美術館東洋美術名品展』京都国立博物館、1972 年。

京都漆器工芸協同組合編『京漆器——近代の美と伝統』光琳社、1983 年。

京都漆器工芸協同組合編『京漆器——近代の美と伝統　資料編』光琳社、1983 年。

京都市立芸術大学百年史編纂委員会編『百年史——京都市立芸術大学』京都市立芸術大学、1981 年。

キーン , ドナルド（足立康訳）『果てしなく美しい日本』講談社学術文庫、2002 年。

キーン , ドナルド（篠田一士訳）『日本との出会い』中公文庫、2011 年。

久我なつみ『アメリカを変えた日本人——国吉康雄、イサム・ノグチ、オノ・ヨーコ』朝日選書、2011 年。

朽木ゆり子『パルテノン・スキャンダル——大英博物館の「略奪美術品」』新潮選書、2004 年。

朽木ゆり子『ハウス・オブ・ヤマナカ——東洋の至宝を欧米に売った美術商』新潮社、2011 年。

國雄行『博覧会と明治の日本』吉川弘文館、2010 年。

黒沢文貴『大戦間期の日本陸軍』みすず書房、2000 年。

黒田彰『孝子伝の研究』思文閣出版、2001 年。

コーエン , ウオレン（川嶌一穂訳）『アメリカが見た東アジア美術』スカイドア、1999 年。

児玉実英『アメリカのジャポニズム』中公新書、1995 年。

小林忠『浮世絵の歴史』美術出版社、1998 年。

小林忠監修『浮世絵の至宝——ボストン美術館秘蔵・スポールディングコレクション名作選』小学館、2009年。

小林祐子「図版八柴田是真作富士田子浦蒔絵額」『国華』第1453号、2016年。

ゴルヴィツァー, ハインツ（瀬野文教訳）『黄禍論とは何か』草思社、1999年。

佐々木隆也編『100年前のアメリカ——世紀転換期のアメリカ社会と文化』修学社、1995年。

佐藤道信『明治国家と近代美術——美の政治学』吉川弘文館、1999年。

佐藤道信「近代欧米における日本美術展」『近代画説』26、2017年。

サントリー美術館『世界に挑んだ7年　小田野直武と秋田蘭画』サントリー美術館、2016年。

司馬江漢『司馬江漢全集』（全四巻）八坂書房、1993年。

芝崎厚士『近代日本と国際文化交流——国際文化振興会の創設と展開』有信堂高文社、1999年。

清水恵美子「岡倉覚三のボストン美術館中国日本美術部経営——美術館教育を中心に」『文化資源学』第6号、2008年。

清水恵美子『岡倉天心の比較文化史的研究——ボストンでの活動と芸術思想』思文閣出版、2012年。

清水恵美子「1930年代初頭の米国における現代日本画展覧会」『文化資源学』第13号、2015年。

志邨匠子「冷戦下の1953年アメリカ巡回日本古美術展覧会」『秋田公立美術大学研究紀要』第3号、2016年。

志邨匠子「ボストン日本古美術展（1936年）と矢代幸雄の日本美術論」『秋田公立美術大学研究紀要』第4号、2017年。

スクリーチ, タイモン（高山宏訳）『春画』講談社学術文庫、2010年。

瀬木慎一『日本美術事件簿』二玄社、2001年。

反町茂雄編『紙魚の昔がたり明治大正編』八木書店、1990年。

高橋義雄「美術商と美術市場」瀬木慎一・桂木紫穂編『日本美術の社会史』里文出版、2003年。

竹内博編『来日西洋人名辞典』日外アソシエーツ、1995年。

竹内好『日本とアジア』ちくま学芸文庫、1993年。

橘しづゑ「富田幸次郎とボストン美術館——岡倉覚三の思想の継承とその展開」『ロータス』35号、2015年。

橘しづゑ「蒔絵師富田幸七——漆の近代を見つめて」『ロータス』36号、2016年。

田中英資『文化遺産はだれのものか——トルコ・アナトリア諸文明の遺物をめぐる所有と保護』春風社、2017年。

田中秀隆『近代茶道の歴史社会学』思文閣出版、2007年。

田中優子『江戸の想像力』ちくま学芸文庫、1992年。

辻惟雄『奇想の系譜』ちくま学芸文庫、2004年。

辻惟雄『日本美術の歴史』東京大学出版会、2005年。

辻惟雄・浅野秀剛『すぐわかる楽しい江戸の浮世絵——江戸の人はどう使ったか』東京美術、2008年。

東京芸術大学美術館・名古屋ボストン美術館編『ダブルインパクト明治ニッポンの美』六文舎、2015年。

東京国立博物館・京都国立博物館編『ボストン美術館所蔵日本絵画名品展』日本テレビ放送

網 1983年。

東京国立博物館編『ボストン美術館日本美術の至宝展』東京国立博物館、2012年。

東京国立文化財研究所『今、日本の美術史を振り返る』平凡社、1999年。

東京都美術館他編『ボストン美術館の至宝展――東西の名品、珠玉のコレクション』東京都美術館、2017年。

中西宏次『戦争のなかの京都』岩波ジュニア新書、2009年。

中西道子『モースのスケッチブック』雄松堂出版、2002年。

中野明『流出した日本美術の至宝――なぜ国宝級の作品が海を渡ったのか』筑摩叢書、2018年。

中野好夫『司馬江漢考』新潮社、1986年。

中村隆英『昭和恐慌と経済政策――ある大蔵大臣の悲劇』講談社学術文庫、1994年。

中村隆英『昭和史』（上下）東洋経済新報社、2012年。

名古屋ボストン美術館編『岡倉天心とボストン美術館』名古屋ボストン美術館、1999年。

奈良国立博物館編『平城遷都1300年記念大遣唐使展』奈良国立博物館、2010年。

成瀬不二夫「江漢画の作品価値」朝倉治彦他編『司馬江漢の研究』八坂書房、1994年。

野島剛『ふたつの故宮博物館』新潮選書、2011年。

橋川文三『岡倉天心 人と思想』平凡社、1982年。

長谷川毅『暗闘――スターリン、トルーマンと日本降伏』中央公論新社、2006年。

林美一『江戸艶本への招待』河出書房新社、2011年。

波多野勝編『日米文化交流史』学陽書房、2005年。

美術フォーラム21編集委員編『美術フォーラム21』Vol. 9、2004年。

樋田豊次郎『日本模様図集――明治の輸出工芸図案 起立工商会社の歴史』京都書院、1998年。

広瀬麻美編『超絶技巧！明治工芸の粋』浅野研究所、2014年。

廣部泉『グルー』ミネルヴァ書房、2011年。

廣部泉『人種戦争という寓話――黄禍論とアジア主義』名古屋大学出版会、2017年。

平川祐弘『アーサー・ウェイリー　源氏物語の翻訳者』白水社、2008年。

フェアバンク, J. K（蒲地典子、平野健一郎訳）『中国回想録』みすず書房、1994年。

フォーチュン, ロバート（三宅馨訳）『幕末日本探訪記――江戸と北京』講談社学術文庫、2007年。

フォンテイン, ジャン（石橋智慧訳）「ボストン美術館東洋部を築いた人達――コレクションの歴史に関する諸ノートより」『月刊文化財』234号、1983年。

プライス, ジョー、山下裕二『若冲になったアメリカ人――ジョー・D・プライス物語』小学館、2007年。

堀田謹吾『名品流転――ボストン美術館の日本』日本放送協会、2001年。

ボートン, ヒュー（五百旗頭真監修、五味俊樹訳）『戦後日本の設計者　ボートン回想録』朝日新聞社、1998年。

ボストン美術館編『ボストン美術館ハンドブック－所蔵品ガイド』（日本語版）ボストン美術館、2009年。

堀岡弥寿子『岡倉天心――アジア文化宣揚の先駆者』吉川弘文館、1974年。

堀岡弥寿子『岡倉天心考』吉川弘文館、1982年。

増田弘、佐藤晋『新版日本外交史ハンドブック――解説と資料』有信堂高文社、2007年。

松下隆章他「古美術の海外流出とその対策」『美術批評』8月号、1952年。

松田稔『中国の孝子伝』勉誠出版、2010年。

松本健一『畏るべき昭和天皇』毎日新聞社、2007年。

松本健一『竹内好論』岩波書店、2005年。

蓑原俊洋『カリフォルニア州の排日運動と日米関係』有斐閣、2006年。

宮本昭三郎『源氏物語に魅せられた男――アーサー・ウェイリー伝』新潮選書、1993年。

宗像衣子『響き合う東西文化――マラルメの光芒、フェノロサの反影』思文閣出版、2015年。

村形明子『ハーヴァード大学ホートン・ライブラリー蔵、アーネスト・フェノロサ資料』ミュージアム出版、1982年。

村野夏生『漆の精・六角紫水伝』構想社、1994年。

村松正義『金子堅太郎――槍を立てて登城する人物になる』ミネルヴァ書房、2014年。

本井康博『アメリカン・ボード二〇〇年――同志社と越後における伝道と教育活動』思文閣出版、2010年。

矢代幸雄『私の美術遍歴』岩波書店、1972年。

矢代幸雄『美しき者への思慕』岩波書店、1984年。

安松みゆき「転機としての1935年ロンドン『中国芸術国際展覧会』――1939年の『伯林日本古美術展覧会』の開催経緯をめぐって」『別府大学紀要』、2014年。

山内晴子『朝河貫一論』早稲田大学出版部、2010年。

山岡道男『「太平洋問題調査会」研究』龍溪書舎、1997年。

山岸寿治『漆よもやま話』雄山閣、1996年。

山口静一『フェノロサ――日本文化の宣揚に捧げた一生』（上下）三省堂、1982年。

山口静一『フェノロサ美術論集』中央公論美術出版、1988年。

山口静一「吉備大臣入米始末－重要美術品等ノ保存ニ関スル法律の成立をめぐって」『埼玉大学紀要』46巻第1号、1997年。

山口泰二『アメリカ美術と国吉康雄――開拓者の軌跡』NHKブックス、2004年。

山下裕二・橋本麻里『驚くべき日本美術』集英社、2015年。

山田史郎『アメリカ史のなかの人種』山川出版、2006年。

油井大三郎『未完の占領改革――アメリカ知識人と捨てられた日本民主化構想』東京大学出版会、1989年。

幼学の会『孝子伝注解』汲古書店、2003年。

吉田光邦『日本の職人』講談社学術文庫、2013年。

吉田守男『京都に原爆を投下せよ――ウォーナー伝説の真実』角川書店、1995年。

吉田守男『日本の古都はなぜ空襲を免れたか』朝日文庫、2002年。

吉見俊也『博覧会の政治学――まなざしの近代』講談社学術文庫、2010年。

リアーズ, ジャクソン（大矢健、岡崎清、小林一博訳）『近代の反逆――アメリカ文化の変容1880 – 1920』松柏社、2009年。

脇田修・脇田晴子『物語京都の歴史』中公新書、2008年。

渡辺靖『アフター・アメリカ ボストニアンの軌跡と＜文化の政治学＞』慶應義塾出版会、2004年。

Bredbenner, Candice Lewis. *A Nationality of Her Own Women, Marriage, and The Law of Citizenship.* Berkeley and Los Angeles: University of California Press, 1998.

Brinkley, F. *Japan*. Boston: J. B. Millet, 1897 ～ 1898.
Chisolm, Lawrence. *Fenollosa: The Far East and American Culture*. New Haven: Yale University Press, 1963.
Chen, Constance J. S. "Transnational Orientals: Scholars of Art, Nationalist Discourses, and the Question of Intellectual Authority." *Journal of Asian American Studie*s Vol. 9, No. 3, October 2006, 215 ～ 242.
Gardner, Martha. *The Qualities of a Citizen: Women, Immigration, and Citizenship, 1870-1965*. Princeton: Princeton University Press, 2005.
Green, Evarts. *A New-Englander In Japan Daniel Crosby Green*. Cambridge: Hougton Mifflin Company, 1927.
Jacobs, Justin."Langdon Warner at Dunhuang: What Really Happened?." *The Silk Road*, Vol. 11, 2013, 1 ～ 11.
McCarthy, Kathleen. *Women's Culture American Philanthropy and Art, 1830-1930*. Chicago: The University of Chicago Press, 1991.
Okakura, Kosiro ed. *Okakura, Kakuzo: Collected English Writing*. Tokyo: Heibonsha, 1984.
Thrasher, William. *Tribute to Kojiro Tomita*. Duxbury, Massachusetts: Art Complex Museum, 1990.
Whitehill, Walter Muir. *Museum of Fine Arts, Boston: A Centennial History*. Cambridge: Belknap Press of Harvard University, 1970.

雑誌等

『別冊太陽』。
『芸術新潮』。

富田幸次郎著作目録

富田幸次郎「米国ニ於ケル塗料工業」『農商務省商工彙報』明治42年第11号（1909）。

Tomita, Kojiro and Davis, Andrew, MCF. "Ancient Chinese Paper Money as Described in a Chinese Work on Numismatics." *Proceedings of the American Academy of Arts and Sciences*, Vol. 53, No7 (1918).

Tomita, Kojiro. "Ways and Thoughts of Modern Painters of Japan." *Scribner's* (Field of Art), Vol. LXVⅢ, No. 1 (1920): 125.

Tomita, Kojiro. "Recent Acquisitions of Japanese Prints." *Museum of Fine Arts Bulletin*. No. 108 (1920).

Tomita, Kojiro. "The Thirty-Six Immortal Poets." *Museum of Fine Arts Bulletin*, Vol. 19, No. 111 (1921): 2.

Tomita, Kojiro. *Descriptive text of Japanese prints in the Van Caneghem Collection sold at auction in the Walpole Galleries, Feb. 28 to March 3*. (1921).

Tomita, Kojiro. *Exhibition of Modern Japanese Paintings by members of Nippon Bijutsu-in Tokyo Japan*. Boston: Museum of Fine Arts, Boston (1921).

Tomita, Kojiro. "The Nippon Bijyutsu-in." *Bulletin of the Metropolitan Museum of Art*, Vol. 16, No. 11 (1921): 222.

Tomita, Kojiro. "The William S. and John T. Spaulding Collection of Prints." *Museum of Fine Arts Bulletin*, Vol. 20, No. 117 (1922): 31.

Tomita, Kojiro. "Surimono-Social Cards of Old Japan." *Museum of Fine Arts Bulletin*, Vol. 20, No. 117 (1922): 62.

Tomita, Kojiro. "Snow in Far Eastern Painting." *Asia Magazine,* Vol. XXI, No. 12 (1922): 968.

Tomita, Kojiro. "The Burning of the Sanjo Palace (Heiji Monogatari Roll): A Japanese Scroll Painting of the Thirteenth Century." *Museum of Fine Arts Bulletin*, Vol. 23, No. 139 (1925): 49 ～ 55.

Tomita, Kojiro. *"The Final Refuge: A Japanese Play in one act adapted from the original text."* Walter H. Baker Company (1925).

Tomita, Kojiro. "The Museum Collection of Japanese Gold Lacquer and an Important Recent Accession." *Museum of Fine Arts Bulletin*, Vol. 24, No. 143 (1926): 40 ～ 49.

Tomita, Kojiro. "A Dated Buddhist Painting from Tun-Huang." *Museum of Fine Arts Bulletin*, Vol. 25, No. 152 (1927): 87.

Tomita, Kojiro. "Two More Dated Buddhist Paintings from Tun-Huang." *Museum of Fine Arts Bulletin*, Vol. 26, No. 153 (1928): 11.

Tomita, Kojiro. "Wen-chi's Captivity in Mongolia and Her Return to China: Four Chinese Paintings of the Sung Dynasty (960 － 1279)." *Bulletin of the Museum of Fine Arts*, Vol. 26, No. 155 (1928): 40 ～ 45.

Tomita, Kojiro. "Waves by Koetsu, Sotatsu, and Korin." *Eastern Art*, Vol. 1, No2, (1928): 101.

Tomita, Kojiro. "Lacquer Pictures by Zeshin." *Bulletin of the Museum of Fine Arts*, Vol. 27, No. 159 (1929): 10 ～ 15.

Tomita, Kojiro and Waley, Arthur. "Shiba Kokan and Harushige Identical." *The Burlington Magazine*

for Connoisseurs, Vol. 55, No. 317 (1929): 178 ～ 183.

Tomita, Kojiro. "Japanese Bronze Vase." *Bulletin of the Museum of Fine Arts*, Vol. 27, No. 164 (1929): 81.

Tomita, Kojiro. "American Connoisseurship in Oriental Art." *Review of Chinese Paintings in American Collections*, Osvald Siren, International Studio, (1929): 68.

Tomita, Kojiro. "Chinese Silver of the T'ang Dynasty." *Bulletin of the Museum of Fine Arts*, Vol. 28, No. 166 (1930): 32.

Tomita, Kojiro. "A Bronze Jar of the Early Han Period." *Bulletin of the Museum of Fine Arts*, Vol. 28, No. 167 (1930): 46~47.

Tomita, Kojiro. "A Japanese Lacquer Box of the Fourteenth Century." *Bulletin of the Museum of Fine Arts*, Vol. 29, No.172 (1931): 23 ～ 26.

Tomita, Kojiro. "Chinese Bronze Mirrors of the Second Century B. C." *Bulletin of the Museum of Fine Arts*, Vol. 29, No. 173 (1931): 36 ～ 39.

Tomita, Kojiro. "Scholars of the Northern Ch'I Dynasty Collating Classic Texts: Scroll-Painting of the Early Sung Dynasty (960-1279)." *Bulletin of the Museum of Fine Arts*, Vol. 29, No. 174 (1931): 58 ～ 63.

Tomita, Kojiro. "Portraits of the Emperors: A Chinese Scroll-Painting, Attributed to Yen Li-Pen (Died A.D.673)." *Bulletin of the Museum of Fine Arts*, Vol. 30, No. 177 (1932): 2 ～ 8.

Tomita, Kojiro. "Entry of the First Emperor of the Han Dynasty into Kuan-chung: A Chinese Scroll-Painting: By Chao Po-Chu (First Half of the Twelfth Century)." *Bulletin of the Museum of Fine Arts*, Vol. 30, No. 181 (1932): 69 ～ 72.

Tomita, Kojiro. *Portfolio of Chinese Paintings in the Museum: Han to Sung Periods*. Boston: Museum of Fine Arts, Boston (1932).

Tomita, Kojiro. "A Korean Statue of the Healing Buddha, Eighth Century." *Bulletin of the Museum of Fine Arts*, Vol. 31, No. 185 (1933): 38.

Tomita, Kojiro. "The Five-Colored Parrakeet by Hui Tsung (1082-1135)." *Bulletin of the Museum of Fine Arts*, Vol. 31, No. 187 (1933): 75 ～ 79.

Tomita, Kojiro. "A Han Lacquer Dish and a Koryo Silver Ewer from Korea." *Bulletin of the Museum of Fine Arts*, Vol. 33, No. 199 (1935): 64 ～ 69.

Tomita, Kojiro. "An Exhibition of Japanese Hair Ornaments and Toilet Articles." *Bulletin of the Museum of Fine Arts*, Vol. 33, No. 200 (1935).

Tomita, Kojiro. "The Special Exhibition of Art Treasures from Japan." *Bulletin of the Museum of Fine Arts*, Vol. 34, No. 205 (1936): 64 ～ 77.

Tomita, Kojiro. 1936 "Japanese Art at Boston." *The Burlington Magazine for Connoisseurs*, Vol. 69, No. 403 (1936): 154 ～ 165.

Kojiro Tomita. "Review of Books: The Craft of the Japanese Sculptor by Langdon Warner." *Journal of the American Oriental Society*, Vol. 56, No. 4 (1936): 536.

Tomita, Kojiro. "Screen." *The Romance of Chinese Art*. New York: Garden City Publishing Co. Inc (1936).

Tomita, Kojiro. "Two Chinese Sculptures from Lung-men." *Bulletin of the Museum of Fine Arts*, Vol. 35, No. 207 (1937): 2 ～ 4.

Tomita, Kojiro. "Scroll of [The Nine Songs of Ch'u Yuan]: A Chinese Painting of the Twelfth-

Thirteenth Century." *Bulletin of the Museum of Fine Arts*, Vol. 35, No. 211 (1937): 60 ～ 68.

Tomita, Kojiro. "Statue of Sogyo Hachiman by Koshun Japanese Wooden Sculpture Dated 1328." *Bulletin of the Museum of Fine Arts*, Vol. 35, No. 212 (1937): 78 ～ 81.

Tomita, Kojiro. "A Special Exhibition of the Works of Sharaku." *Bulletin of the Museum of Fine Arts*, Vol. 37, No. 224 (1939): 115 ～ 117.

Tomita, Kojiro. "Snowscape by Shin Chung (A Chinese Scroll-Painting Dated 1504)." *Bulletin of the Museum of Fine Arts*, Vol. 38, No. 226 (1940): 30 ～ 33.

Tomita, Kojiro. "Korean Silver-Work of the Koryo Period." *Bulletin of the Museum of Fine Arts*, Vol. 39, No. 231 (1941): 2 ～ 7.

Tomita, Kojiro. "The William S. and John T. Spaulding Collection of Japanese Prints." *Bulletin of the Museum of Fine Arts*, Vol. 39, No. 235 (1941): 73 ～ 78.

Tomita, Kojiro. "A Chinese Sacrificial Stone House of the Sixth Century A. D." *Bulletin of the Museum of Fine Arts*, Vol. 40, No. 242 (1942): 98 ～ 110.

Tomita, Kojiro. "Two Chinese Painting Depicting the Infant Budda and Mahaprajapati." *Bulletin of the Museum of Fine Arts*, Vol. 42, No. 247 (1944): 13 ～ 20.

Tomita, Kojiro. "Three Chinese Pottery Figurines of the T'ang Dynasty." *Bulletin of the Museum of Fine Arts*, Vol. 42, No. 250 (1944): 64 ～ 67.

Tomita, Kojiro. "The Chinese Bronze Buddhist Group of A. D. 593 and Its Original Arrangement." *Bulletin of the Museum of Fine Arts*, Vol. 43, No. 252 (1945): 14 ～ 19.

Tomita, Kojiro and Chiu, Kaiming A. "Portraits of Wu Ch'uan-chieh (1269 － 1350), Taoist Pope in Yuan Dynasty." *Bulletin of the Museum of Fine Arts*, Vol. 44, No. 258 (1946): 88 ～ 95.

Tomita, Kojiro and Chiu, Kaiming A. "An Album of Landscapes and Poems by Shen Chou (1427 － 1509)." *Bulletin of the Museum of Fine Arts*, Vol. 46, No. 265 (1948): 55 ～ 64.

Tomita, Kojiro. "Three Chinese Mortuary Figures Third or Fourth Century." *Bulletin of the Museum of Fine Arts*, Vol. 47, No. 268 (1949): 29 ～ 30.

Tomita, Kojiro. "A Persian Silver Candlestick of the Twelfth Century." *Bulletin of the Museum of Fine Arts*, Vol. 47, No. 267 (1949): 2.

Tomita, Kojiro and Chiu, Kaiming A. "An Album of Twelve Landscapes by Tao-chi." *Bulletin of the Museum of Fine Arts*, Vol. 47, No. 269 (1949): 49 ～ 58.

Tomita, Kojiro and Chiu, Kaiming A. "Album of Six Chinese Paintings Dated 1618, by Li Liu-fang (1575-1629)." *Bulletin of the Museum of Fine Arts*, Vol. 48, No. 272 (1950): 26 ～ 33.

Tomita, Kojiro and Chiu, Kaiming A. "Shih Hu (Stone Lake). A Chinese Scroll Painting by Lu Chih (1496 － 1576)." *Bulletin of the Museum of Fine Arts*, Vol. 46, No. 276 (1951): 34 ～ 39.

Tomita, Kojiro. "Book Reviews *Jodai Yamato-e zenshi by Saburo Ienaga." The Far Eastern Quarterly* 遠東季刊 , Vol. 10, No. 2 (1951): 191 ～ 196.

Tomita, Kojiro and Chiu, Kaiming A. "Scroll of Six Odes from Mao Shih: Calligraphy Attributed to Kao Tsung and Drawings to Ma Ho-chih Chinese, Twelfth Century." *Bulletin of the Museum of Fine Arts*, Vol. 50, No. 281 (1952): 41 ～ 49.

Tomita, Kojiro. "Exhibition of Japanese Painting and Sculpture Sponsored by the Government of Japan." *Bulletin of the Museum of Fine Arts*, Vol. 51, No. 285 (1953): 42 ～ 77.

Tomita, Kojiro. "Japanese Paintings by Tomioka Tessai 1836 － 1924." *Bulletin of the Museum of Fine Arts*, Vol. 54, No. 296 (1956): 39 ～ 41.

Tomita, Kojiro. *Day and Night in the Four Seasons Sketches by Hokusai* (1760-1849) 四季昼夜画譜 . Boston: *Museum of Fine Arts*, Boston (1957).
富田幸次郎「ボストン美術館 50 年」『芸術新潮』8 月号 (1958)。
Tomita, Kojiro. "Reviews of Books: Japanese Sculpture of the Tempyo Period by Langdon Warner." *Journal of the American Oriental Society*, Vol. 81, No. 3 (1961): 337 ～ 338.
Tomita, Kojiro and Tseng, Hsien-chi. *Portfolio of Chinese Paintings in the Museum (Yuan to Ch'ing Periods).* Boston: Museum of Fine Arts, Boston (1961).